大塚信一

Nobukazu Otsuka

# 河合隼雄
# 心理療法家の誕生

TRANSVIEW トランスビュー

河合隼雄　心理療法家の誕生＊目次

## 第三章 アメリカ体験 

## 終　章　新たな物語のはじまり　320



装幀　高麗隆彦

河合隼雄　心理療法家の誕生

# 序章　物語のはじまり

## 1　ある新書の依頼

今、私は一冊の岩波新書（青版）を手にしている。河合隼雄氏著の『コンプレックス』である。奥付を見ると、一九七一年一二月二〇日第一刷発行、二〇〇八年五月一五日第五八刷発行となっている。

この新書の執筆依頼のために、一九七〇（昭和四十五）年の初秋の頃だと思うが、京都駅前のあるホテルで会ったのが、河合氏との最初の出会いであった。私は河合氏の『ユング心理学入門』（培風館、一九六七年）を読んで興味を抱き、氏にユングの思想について、岩波新書で一冊書いてもらいたいと思ったのである。その時私は、新書編集部に異動して二年目の駆け出し編集部員であった。

当時、私はフロイトや、その展開としてのフロイト左派の人々の仕事に興味を持っていた。特にE・フロムの『自由からの逃走』などには大きな影響を受けたと思う。二十世紀の最大の蛮行とも言うべきナチズムの台頭の原因を、フロムは、当時のドイツにおける下層中産階級の抑圧された心理状況の中に探っていた。またマルクーゼなどの、フランクフルト研究所関係の思想家にも惹かれるところがあった。彼らは現代社会の分析に、フロイトの心理的抑圧という考え方を援用していて、それは当時まだ力を持っていたマルクス主義の欠を補うもののように思えたからである。

と同時に、私には彼らフロイト左派の思想家たちには、共通するある考え方が存在するように思えたのでもある。それは一口で言ってしまえば、フロイトの言うリビドー恒常説を否定する考えであった。フロイトは、性的エネルギーを昇華させることによって、芸術や学問は誕生する、と考えているように思われるのに対して、彼らは性的エネルギーは無限である、だからそれを抑える必要はない、と言っているように、私には思えるのであった。後にライヒの本を読んで、その極端さに反撥を覚えるということはあったが、基本的には長い間同様の考えを私は持っていた。そしてやがて、ユングのリビドーに対する考え方を知り、フロイト派の考え方には限界があると思うようになるのだが、それは少し先のこと。

それはともかく、当時の日本社会では、フロイトはそれなりに知られていたものの、ユングはほとんど知られていなかった。私は河合氏の『ユング心理学入門』を読んで、初めてユング思想の概略を知ることができた。しかし、ユングの思想をかじればかじるほど、当時の知的状況との懸隔の甚だしさを感じないわけにはいかなかったのである。つまり、マルクス主義の正統性は未だ失われておらず、その間隙を縫うかの如く、マックス・ウェーバーが論じられ、他方でアメリカの行動主義的な考え方が導入され始めようとしていた日本の思想状況にあって、ユングの思想がそう簡単に受容されるとは思えなかったのだ。

しかし、私自身、七〇年代の初頭に何をやっていたかと言えば、高橋巌氏の著作によって知った、ドイツの神智学者ルドルフ・シュタイナーの読書会に参加したりしていたのである。カンディンスキーやパウル・クレーをはじめ、多くのヨーロッパの芸術家に影響を与えているシュタイナーの『神智学《テオゾフィー》』を、高橋巌氏の指導を受けながら読んでいくと、そこには正統的なヨーロッパの思想史と並んで、もう一つの思想史とも言うべき思想の流れが、脈々として存在するのを感じないではいられなかった。そしてユングは、明らかにこの思想の流れの中に、位置づけられるもののように思われた。

そこで私は、一計を案じることになる。当時、競合する他社の新書もほとんどなく、初刷三万―四万部という典型的な啓蒙書のシリーズである岩波新書で、ユングの思想をあまり抵抗を受けずに世に広めるのには、どうしたらよいか。その答えとして、河合氏に「コンプレックス」というタイトルで新書を書いてもらう、という案を考え出したのであった。

コンプレックスという言葉は、日常的に用いられている。しかし実は、この言葉はユングによって創られ、ユングの思想の基本的なあり方を示すものでもある。とすれば、この言葉を解説することを通して、ユング思想の全体像を表現することが可能ではないか。

このように考えて、私は天理大学に在籍していた河合氏に、「一度お目にかからせていただきたいのですが……」と手紙を書いた。その結果実現したのが、京都駅前のホテルでの会見であった。

ところで、河合氏はこの最初の出会いについて、著作の中で何回か言及している。まず、一九九一年末の日付がある、『心理療法序説』（岩波書店、一九九二年）の「あとがき」である。

本書の成立にあたっては、岩波書店編集部の大塚信一さんに格別のお世話になった。思い起こすと、一九七一年に岩波書店より筆者が最初に『コンプレックス』（岩波新書）を出版していただいたときも、大塚さんにお世話になったのであった。その後間もなく筆者は京大に奉職し、以後二十年を経て、本書の出版も大塚さんに手がけていただくことになった。

次に、二〇〇一年一月に刊行された岩波新書『未来への記憶――自伝の試み』（上・下）の「あとがき」がある。二〇〇〇年一二月四日という日付が記されている。

考えてみると、大塚さんにはじめてお会いしたのはずいぶん昔のことである。まだ天理大学に奉職していた頃、岩波新書を書かないかと訪ねて来られ驚いてしまった。長髪の好青年で、それまでに書いた私の専門の論文まで読んでおられ、出版企画の意図を的確に話され、ウーンと唸らされた。それから以後も、私の書物の編集を多く手がけていただいた。あれから四〇年近い年月がたっているが、こんなふうな書物を出すことになるとは思ってもいなかった。ありがたいことである。

三番目は、『神話と日本人の心』（岩波書店、二〇〇三年）の「あとがき」である。

大塚信一さんとは、一九七一年出版の拙著『コンプレックス』（岩波新書）のとき以来の編集者として、実に長いおつき合いである。新書の出版の件で、はじめて大塚さんにお会いしたときのことは、今も非常によく覚えている。「一度お会いしたい」とのことで何事かと思っていたら、「岩波新書を書いて欲しい」と言われて驚いてしまった。当時の私はそんなことをまったく考えてもいなかったからである。『コンプレックス』のなかで、スチヴンソンの『ジーキル博士とハイド氏』のことに触れ、発行と共に大人気で、「半年で六万部売れた」ことを書いたのだが、それを読んで、大塚さんが「この本も六万部くらい売れますよ」と言われたときも、実に驚きであった（実はそのとおりになった）。

そして最後は、『心の扉を開く』（岩波書店、二〇〇六年）の第II章「心の深み」に出てくる次の文章である。

大塚さんが、まだ若い編集者の頃、私に『コンプレックス』という本を書けと言いに来られて、あのとき、びっくりしましたね。まだ私は、天理大学で教えてたんです。当時の私は、心理学者とすれば三流か四流で、はなしにならんと皆が思ってたはずなんですが、しかも岩波新書を書けという話でしょう。私はびっくりして、「岩波なんていうのは、僕らは読むばっかりで、自分が書くとは思っていません」て言うたら、「いやいや、書いていただいたらいいんです」と言うことで書いたんが『コンプレックス』だったんです。

そのときに大塚さんが言われたんです。「河合さんは孤立してるんじゃなくて、むしろ心理学以外の世界ではそういうことを考えている人がいるんです。たとえば山口昌男さんがそうです」と。それから、もう亡くなられましたけど、由良君美という東大の教授をしておられた方。そういう方たちを紹介してもらいました。

この四つの短い文章から読み取れることが、少なくとも三つあるだろう。一つは、私が『コンプレックス』の執筆を依頼した時に、河合氏は天理大学で教えていた、ということである。二つ目は、岩波新書の執筆依頼を受けて、河合氏は「驚いてしまった」ということだ。そして第三に、二番目の文章に「出版企画の意図を的確に話され、ウーンと唸らされた」とあるように、ユングの思想を広めるために、その時点では「コンプレックス」というタイトルで執筆をお願いしたいという私の考えを、最初の段階から認めてくれていた、ということである。

ずっと後になって、珍しく京都・祇園のバーで飲んでいるときに（河合氏とバーで飲んだのは後にも先にもこの時だけだ）、河合氏は述懐したことがある。「京大に移ったら、急に原稿の依頼が多くなった。でも大塚さんから最初に手紙をもらったのは、まだ天理大にいた時です。びっくりしたけれど、とても嬉しかった」、と。

それが二つ目のことと関係してくる。半世紀近く前の岩波新書は、いわゆるその道の大家が長年の研鑽の成果を、一般読者向きに平易な言葉で解説する、といったものが多かった。だから、まだ大家でもない自分に、ましてや当時の日本ではほとんど知られていないユングについての執筆依頼が舞い込むなどとは、河合氏としては信じられなかったに違いない。したがって、「驚いてしまった」ということになる。

その上で、当時の知的状況を説明し、それ故この時点では、「コンプレックス」という視点からユング思想の解説に導く方が妥当だという私の考えに、「ウーンと唸らされ」て河合氏は賛同した、というのが三番目のことなのである。

もちろん、右に述べたことは、二番目の引用にある「それまでに書いた私の専門の論文まで読んでおられ」に見られるように、ちょっとうまくできすぎている感じがする。私は氏の専門論文まで読んだ記憶はないのだから。しかし、その時から二十年、三十年と経過するうちに、少なくとも河合氏の頭の中では、そのようなつながりとして考えられるようになっていたのだと思う。

それから四十年近く、私は実にさまざまなことを河合氏にお願いしてきた。氏はそのすべてに快く応じてくれた。そして、それだけではなく、後に書くように、思ってもみない配慮まで示してくれたのであった。

私はこれから、河合氏が残した大きな仕事について、私が聞き手となって成立した『未来への記憶』を導きの糸としながら、一つの物語を語りたいと思う。もちろん、氏の仕事のすべてをカヴァーすることはとてもできない。ただ、氏の多くの仕事に編集者として関わったその経験から見た、河合氏の生涯の前半に関わる物語だと言うことはできるだろう。それは同時に、私自身の物語でもあるのだが。

## 2　的中した戦略

さて、ここで簡単に、『コンプレックス』の内容を見ておこう。すでにその意図について述べたように、一九七〇年代初頭の知的風景の中にうまく収まっているかどうか、結果として前著『ユング心理学入門』とは違う形で、ユング思想の核心を語るものになっているか否か、を見るために。

第一章は「コンプレックスとは何か」である。ここでは、まず主体性をおびやかすものとして、ノイローゼがとり上げられる。続いて言語連想検査のことに移り、無意識内に存在する〝結合されている心的内容の集まり〟、つまりコンプレックスの問題へと読者を導いていく。同時に自我とコンプレックスの関係が明らかにされる。

第二章は「もう一人の私」として、二重人格や二重身（ドッペルゲンガー）の問題が扱われる。そして、フロイトの性欲説とアドラーの〝権力への意志〟を対比しながら、〝心の相補性〟について明らかにしていく。そこから心全体（意識も無意識も含めて）の問題に移り、その中心にあるものとしての〝自己〟、というユングの考え方を説明する。

第三章は「コンプレックスの現象」である。まず、自我とコンプレックスの関係を明らかにするために、カイン・コンプレックス（旧約聖書のカインとアベルの神話に基づく兄弟間のコンプレックス）やメサイヤ・コンプレックス（メサイヤは救世主〈メシヤ〉。人助けをせずにはいられない心理状況）について述べる。そして、ユングが言うように「コンプレックスは心的生命の焦点であり、結節点である」ことを明らかにし、もしそれがなくなれば「心の活動は停止してしまう」ことも説明する。その上で神経症（ノイローゼ）の様々な症例について興味深い例をあげ、人間関係こそコンプレックスと深く関連するものであることを説く。その過程で〝スケープゴート〟の現象についても触れる。そして人間の内界のコンプレックスと、外的事象との間にできる〝布置〟ということを考える。

第四章は「コンプレックスの解消」であるが、ここでは、コンプレックスとの対決という厳しい問題について述べ、その上でそこに現われる〝トリックスター〟とその重要な役割が明らかにされる。そうした困難な治療体験の実例を通して次に示されるのが〝死の体験〟であり、王殺しの例に典型的に見られるような〝儀式の意味〟である。こうしたプロセスを経てコンプレックスは解消されていく。

第五章は「夢とコンプレックス」で、この章から（つまり、この本の最後の三分の一に至って初めて）ユングの思想の中核へと、著者は読者を誘っていくのである。まず、コンプレックスの人格化ということから、夢の意味を明らかにする。そして、そこに現われる男性像（アニムス）と女性像（アニマ）について、ユングの考えを説明し、その前提としての〝元型〟の問題にも触れる。

そして第六章「コンプレックスと元型」において初めて、河合氏はユングの基本的な思想について語るのである。その前提としてフロイトの言う〝エディプス・コンプレックス〟について考え、それをさらに文化差の問題から深く追究する。その結果、ユング思想の核心とも言うべき〝元型〟の考え方に至るのだ。それはとりも直さず、〝自己実現〟というユング心理学の最重要問題について語ることでもあった。

ここでは、グノーシス主義や錬金術、易《えき》の話やマンダラなどについては、一言も触れられていない。しかし、河合氏の心理療法の体験から得られた興味深い（換言すれば、深刻な）諸例を通して、ユングの思想が見事に語られている。だからこそ、本書は四十年近くもの間、世代を超えて、多くの読者に読み継がれてきたのだと思う。その意味で、われわれ（河合氏と私）の戦略は見事に的中した、と言っても過言ではないだろう。

# 第一章　丹波篠山に生まれて

## 1　両親の人となりと弟の死

河合氏の父方の家系は、代々、篠山《ささやま》から少し離れた口《くち》坂本という所の大きな庄屋であった。父秀雄は次男だったので、検事（『未来への記憶』では弁護士となっているが誤り）の資格を取るべく京都に出る。河合氏によれば、その時秀雄は、「おれは一生白いメシを食える人間になる」と言って憤然として家出した（以下特に断わりのない場合、引用は『未来への記憶』による）。当時の習慣では長男だけが大切にされ、次男以下は差別されていたからである。しかし、勉強を続けていくうちに、どうも検事は自分の性に合わないのではないかと思い始める。それで変更して、今度は歯医者への道を目指すことになる。京都の歯科医の書生となって勉強し、資格を取得した。当時は検定試験に通れば、歯科医の資格を取れたようだ。

資格を得たので秀雄は、まず歯科医の見習いとして、奈良県の松山（現・大宇陀町）というところに行く。そこで歯科医の修業をしている時に、母静子（戸籍名とは違うようだが、皆このように呼んでいた）と出会う。静子の出身地は奈良県吉野郡吉野村滝野で、家は林業を営んでいた。生家は「山峡《やまかい》にある十数軒の小さな村落の中の、みごとな吉野杉に囲まれた古い屋敷だ」った（河合雅雄『少年動物誌』福音館、一九五七年）。山奥のこの村から、静子は奈良の師範学校に行った。そして卒業すると、同じく師範学校を卒業して教師をしていた兄を頼って、松山に赴任することになる。たまたま歯の治療に行って知り合った秀雄を、「信頼できる青年」と見込んだ兄は、「妹と結婚させたいというんで申し込んだ」。

当時、静子は、「スカートをはいて、テニスをしたり、ヴァイオリンを弾いたりしていた」「ハイカラなモダンガール」だった。しかし年齢的には静子の方が、秀雄より四歳年上だった。婚約中に秀雄は、東京歯科医専（歯科医学専門学校）で一年間勉強し、研鑽を積む。その後、結婚して、丹波の篠山で歯科医を開業する。

河合氏は両親の結婚について、次のように言う。「だから、今でいえば国際結婚みたいなものですね。また、母親も丹波篠山へまでよう行きましたよ、教師をやめて行李《こうり》ひとつの親父のところへ。柳行李ってあるでしょう。金もなにもないのに。ところが、歯科医を開業したらものすごく流行って、それで経済的に安定した」。

このような経歴を見ると、河合氏の両親は「独立独歩の精神の持ち主」であることが、よく分かる。そして「うちの親父がしょっちゅう言っていたのは、自分は絶対に子どもたちを区別しない、長男から下まで全部同じだ、と。長男との差別を経験していますからね」。

篠山に帰ってきたのだが、実家から援助を受けることはなかったようだ、と河合氏は言う。実家を継いだ長男は、農業に従事していた。しかしこの長男は、「仕舞や謡《うたい》に関してはプロ級」だった。「長男で大事にされて、庄屋の家でしょう、だから遊び人で、それで財産をつぶしているんです。そのために、私の両親は相当に苦労したんですね」。一時、所有する土地のほとんどが売られ、元禄時代から続く墓だけが残った、とも言われている。

が、やがて河合氏のこの伯父は立ち直った。後に、河合氏が神戸工業専門学校に通っていた折には、その伯父の家に下宿した。ときおり、祝い事があると、伯父がやってきて謡をうたい、舞を舞う。「それがものすごくカッコええんですよ。こっちは昔のことを知らんもんやから、カッコええなあ思ってね。でも、うちの両親はそういう芸とか芸人に金を使うのはなんとなく抵抗がありました」。そして河合氏は続ける。「親の財産をほんとうにキープしてそのままいくか、めちゃくちゃにするか。うちの親父が飛び出たように、その伯父さんも内奥になんかあったんでしょうね。進取の気性があったんでしょう。だから農業を継いだままの生涯は送れなかったんじゃないでしょうかね」。

それはともかく、父秀雄は経済的に安定したこともあって、篠山の北新町《きたしんまち》に大きな家を建てた。末弟の逸雄《いつお》氏（一九三三〈昭和八〉年生まれ、故人）が生まれる少し前の、昭和七年のことである。それまで住んでいた家は「旧館」と呼ばれ、大きな家は「新館」と言われた。

新館は二階建てで、築山と池を囲むかのようにL《エル》字形をしている（二六頁の図参照）。Lの長い側の一階縁側の上の梁は、五間通しの吉野桧の丸材である。河合氏の母親の実家から運んだそうだが、五間（約九メートル）の長尺ものの両端の直径が同じという、実に立派なものだ。

子どもたちの部屋は二階にあり、一番奥には洋室があった。子どもたちはその洋室を洋館と呼んでいた。小さなオルガンが置かれていて、折々に集まって皆でコーラスを楽しんだりしていたので、特別な意味があったのだろう。

新館が建てられる時までに、河合家には隼雄氏を含めて、六人の男の子が誕生していた。一九一九（大正八）年生まれの長男仁《ひとし》、次男公《ただし》（故人）、三男雅雄、四男迪雄《みちお》、五男隼雄（一九二八〈昭和三〉年生まれ）、そして六男昭雄である。六男の昭雄は、二歳の時にドブに落ちるという事故が原因で肺炎になり、亡くなってしまう。

その弟のお棺を出す時に、五歳くらいの隼雄氏は、「捨てたらあかん、捨てるな」と泣き叫んで出棺を止めようとした。その子が死んでしまったので、母親は抑うつ的になって、お経ばかり読んでいたようだ（『泣き虫ハァちゃん』新潮社、二〇〇七年、では、「毎日、仏壇の前で御詠歌を涙ながらにあげ続けた」とある）。当時、河合氏はまだ幼稚園児にすぎなかったが、人間の死について、考えさせられた。「息を止めたり、目をつぶってみたりしたんですがね。自分の意識が、無くなるということがどういうことかというのは、考えられないことでしょう。それを一生懸命考えたのですね。そのことは兄弟や親には内緒で、自分だけで思っていた」。

六男の昭雄についての記憶が、河合氏の最初の記憶であった。河合氏が病いに倒れる直前まで書き続けていた『泣き虫ハァちゃん』には、次のように描かれている。

ハァちゃんは何も覚えていなかった。しかし、あきちゃんと一緒に遊んだ姿はすぐ思い浮かんだ。あきちゃんがジンベさんを着て、棒をふりあげ、兵隊さんの真似をして、「トッカン！」と走るのだ。

お母さんは着物姿だった。どんな着物かわからないが、ともかく美しくて、にこにこと笑いながら、あきちゃんの走る姿を目で追っておられる。ハァちゃんも負けずに、何か棒を持って、「トッカン！」と走る。それがやたらに嬉しく楽しかった。

それからもう一つ、昭雄に関する記憶が河合氏にはあった。旧館のある部屋、皆が一緒に寝る部屋のなかに、タンスが置いてあり、そのいちばん上の戸棚にお菓子がしまってあった。弟は小さくて、それを取れないので、タンスの下に来て「なんのおっち」と言いながら、タンスを揺っている。当時、子どもたちはお菓子のことを「なんど」と言っていた。つまり、「なにかいいもの」ということだ。だから、お菓子屋にものを買いに行くときには、「一銭でなんど！」と言った。弟は「なんぞほしい」とか「お菓子がほしい」とうまく言えないので、「なんのおっち、なんのおっち」といってタンスを揺すっていたという。

旧館に関わる河合氏の記憶はこれくらいで、後はすべて新館でのことらしい。新館の南側には大きな竹藪があった。だから新館にはあまり陽が当たらない。しかし旧館の、特に二階の南側にはよく陽が差した。子どもたちが病気になった時には、そこへ行って日光浴をしたりした。その部屋には天皇家の御真影が掛けられていた。

家の宗教は仏教で、浄土宗だった。仏事は行なっていたが、父親はむしろ無宗教に近かった。

墓参は父の里の庄屋のところで行なったが、父親が出かけることはなかった。行くのは母親と子どもたち。親類とのつきあいも、結局母親がやっていたようである。このように、「おれは行かん」と言ったら、父親は絶対に行かなかった。同様に父親は、手紙をほとんど書かない。すべて母親が代筆した。

こうした父親の気性は、子どもたちにも受け継がれていると、河合氏は言う。「これはしないといったら絶対しない、みんなそれぞれ似ていますよ、常識とちがうんです」。

## 2　篠山、少年たちの宇宙

篠山は、兵庫県の東部、篠山盆地の真ん中にある。松平氏、青山氏が治めた六万石の城下町。徳川家康が西国大名ににらみを利かすために、一六〇九年に築城させたという。山陰道の宿駅として栄えた。青山藩の藩主が学問を奨励したこともあって、文化の程度は高かった。河合氏によれば、人口は六千で、この数字はずっと変わらなかった。

町の中には、篠山という名が示すとおり、竹藪がたくさんあった。「篠山通れば　笹ばかり猪出てきた　ホーイ　ホイ」という歌が昔から歌われていた、という（河合雅雄『少年動物誌』）。

篠山城跡を中心に構成されたこの町は、それ自身一つの宇宙を形づくっていた。つまり、自足していた。鉄道さえ町中を通ることはなかった。福知山線に篠山口という駅ができて、そこから軽便鉄道に乗り換えて、ようやく町に着く。だから子どもたちにとっては、大阪（京都ではなく）

は遥か彼方の別世界であった。たまに宝塚まで遊びに行くのは、大冒険であったろう。ましてや、海を見るというのは、修学旅行で初めて体験することだった。「海に対するなんともいえん憧れが今もやっぱりありますね。「海は広いな、大きいな」という歌は好きですね」。

こうした篠山の町で、「それにしても兄弟は自然のなかでころげ回ってよく遊びましたよ」。その様子は、河合雅雄氏の名著『少年動物誌』に活写されている。この本の中では、隼雄氏はまだ小さくて、冒険を共にすることは少なかったようだ。雅雄氏のすぐ下の迪雄氏がパートナーとして描かれているが、それでも『少年動物誌』に、隼雄氏は何回か登場する。

例えば、「蛇わたり」という章には、次のような印象的な光景が出てくる。

　驚いたことには、三十四匹あまりのカラスヘビが、こうしてつぎつぎにアヤメの陰から現れ、池を横切っていったのである。小さいのは二十センチくらい、大きなのは五十センチをこえ、二、三匹ならんだり、すこし間をおいて一匹で現れたりした。霧雨で靄《もや》が降りたようにかすんだ水面を、黒い影がうねり、赤い斑紋が花火のように閃《ひらめ》いて、妖しい幻想的な雰囲気がかもしだされた。ぼくと道男［迪雄］はまるで夢を見ているような気持になり、茫然とこのふしぎな光景に見入っていた。

（中略）

　気がつくと、うしろにオキヤン［仁］と速男［隼雄］が立っていた。二人とももののいわず、呪文をかけられたように硬直し、異様な光景に見入っていたのだった。雨はひとしきり激しくなった。しばらくようすを見ていたが、蛇はもう一匹も現れず、アヤメの中でもハイビャクシンの木陰でも、こそっと音もしなかった。

もう一箇所、「森と墓場の虫」という章から引用しよう。

諏訪さん［諏訪神社］から東へ、草原を通る一本道を行けば、クヌギ酒場から灰小屋へ至るいつものコースなのだ。ところが、いりくんだ迷路にまぎれこんだように、ふいと横にそれ、いつのまにか、ぼくたちはあの墓地への道を歩んでいた。行手には、巨大な森が静まりかえり、もうろうとした陰鬱な影のように、たちはだかっている。その真中に、暗黒の洞穴のような淀みがあり、周囲から竹藪がこんもりとそれを包んでいた。小径は、その暗い淀みに通じている。竹がざわざわと揺れ、いまにもその淀みに崩れ落ちそうだ。

（中略）

体が捻れてちぎれるほど激しく回転させ、ぼくは、いきなり全速力でうしろへ走った。速《はや》男［隼雄］をつきとばして横に押しやり、小さい乙《いっ》男［逸雄］の腕をかすめて、ぼくは駆けぬけた。妖しい物音とともに、ぞっとする怖さが、黒いヴェールとなってかぶさってくるのを、必死になってはらいのけ、つんのめりながら、百メートルばかり、命がけで走った。

（中略）

速男はよろめきながらたどりつき、蒼ざめておびえた顔をして、すがりつくような目でぼくを見る。なんという恐ろしさだったろう。あの一瞬に逃げなければ、みんな殺されていたかもしれないという恐怖が、ずきずきと疼《うず》いていた。

「なんやねん、どうしたんや。急に逃げて。急に走りだすさかい、ぼうっと立っていたら、そのうちむちゃくちゃに怖くなってきた」

ぼやくようにいって、乙男は棒でやたらに草を叩いた。

「怖かったのう。なんやわからんけど、ものすごう怖かった」

速男はおどおどした目をしばたたかせ、大きな深呼吸を数回する。

『泣き虫ハァちゃん』にも随所に、自然の中で遊ぶ子どもたちの姿が描かれている。例えば、第五話「怪傑黒頭巾」には、次のような記述がある。

城山［河合］家を出て北西の方に十分間も歩けば、憲兵隊の建物があり、その裏手に出ると、もう田圃《たんぼ》になり、田圃道をさらに十分間ほど歩くと、権現山の麓《ふもと》に着く。その麓に沿って北西の方に迂回してゆくと、篠山連隊の練兵場に至る。練兵場に入ってしまうと、演習などがあると困るので、権現山の麓周辺およびその山――といっても小さい山だが――が城山家の子どもたちの大切な遊び場である。そこには、くぬぎの木があって昆虫採集の貴重な場であるし、チャンバラでも何でも伸び伸びと遊べるのだ。

また、第六話「川へ行こう」には、以下のような文章がある。

> 城山家の子どもたちが泳ぎに行くのは篠山川で、子どもの足で三十分足らず。城山家から、西南の方に田圃のなかの道を歩いてゆく。篠山川に行くまでに小さい川があり、城山家の子どもたちはいつ頃からか、これに「イクマデ川」という名をつけている。
>
> （中略）
>
> 橋を渡って川原に行き、ここで一同裸になる。小学生は晒《さらし》のふんどし、中学生は「黒猫」という黒い三角の布だけの水着である。黒猫組は家を出るときから、それをパンツの下につけてきているので、さっと裸になって水に飛びこんでゆくが、ふんどし組は暑くて家からつけてくることはできないので、川原でふんどしを巻きつける。
>
> しばらく水遊びをした後で、皆は水から出て太陽に背中を干したりしながら休憩。寝ころぶと、川原の石は熱く、濡《ぬ》れた体はすぐ乾いてしまう。空には白い雲がぽつぽつと浮かんでいる。

例をあげだすときりがないので、ここで『泣き虫ハァちゃん』と『少年動物誌』を手がかりに、河合兄弟の〝コグニティヴ・マップ〟とでもいうべきものを作ってみよう、と思い立った。それで出来上がったのが、二四―二五、二六頁の地図である。しかし、実はこの地図は、河合雅雄氏と迪雄氏の合作によるものなのである。

どうしてそういうことになったのか。その間の経緯をごく簡単に書いてみよう。後に詳しく書くように、二〇〇八年五月末、私は篠山を訪ね、河合兄弟（仁、雅雄、迪雄の三氏）に会い、さまざまなご教示をいただいた。それに基づいて、一応それらしきコグニティヴ・マップをつくり、雅雄氏に校閲をお願いした。そして、しばらくたって送付されてきたのが、二四―二五頁、二六頁の地図なのである。

地図に同封された雅雄氏の手紙には、次のような文面がある。お許しを得て引用させていただく。「私たち少年期の地図を描いてみました。大塚さんの地図は、よく描けていますが、少しはずれた所があるので、見比べて下さい。／迪雄と話しながら、少年期のなつかしい想い出に浸りました。どっぷり自然に漬かったいい時代だったと思います」。また、次のような文章もある。「大塚さんのお蔭で、記憶の底からいろんな事象を汲みあげて楽しみました」。そして最後には、以下のように書かれている。「軽便鉄道というおとぎの国の汽車が走っていたのを知る人も少なくなりました。戦争が始まり、産業鉄道の国鉄篠山線が敷設されるにともなって廃線になりました。今あれば、観光列車として最高と、惜しむ声あり、です」。

〝河合家の少年たちの篠山〟を描いた私の大ざっぱなマップをきっかけに、雅雄氏と迪雄氏は、兄弟たちにとっての篠山の、正確なコグニティヴ・マップを作製して下さったのである。それは思いもかけぬ出来事だった。しかし、この地図をくり返し眺めているうちに、篠山という町が少年たちにとってどんなに大切な場所《トポス》であったか、そこで育まれた共有の記憶こそ兄弟にとって何物にも代え難い宝物であること、そして雅雄氏と迪雄氏にとってこの地図をつくることは、先に

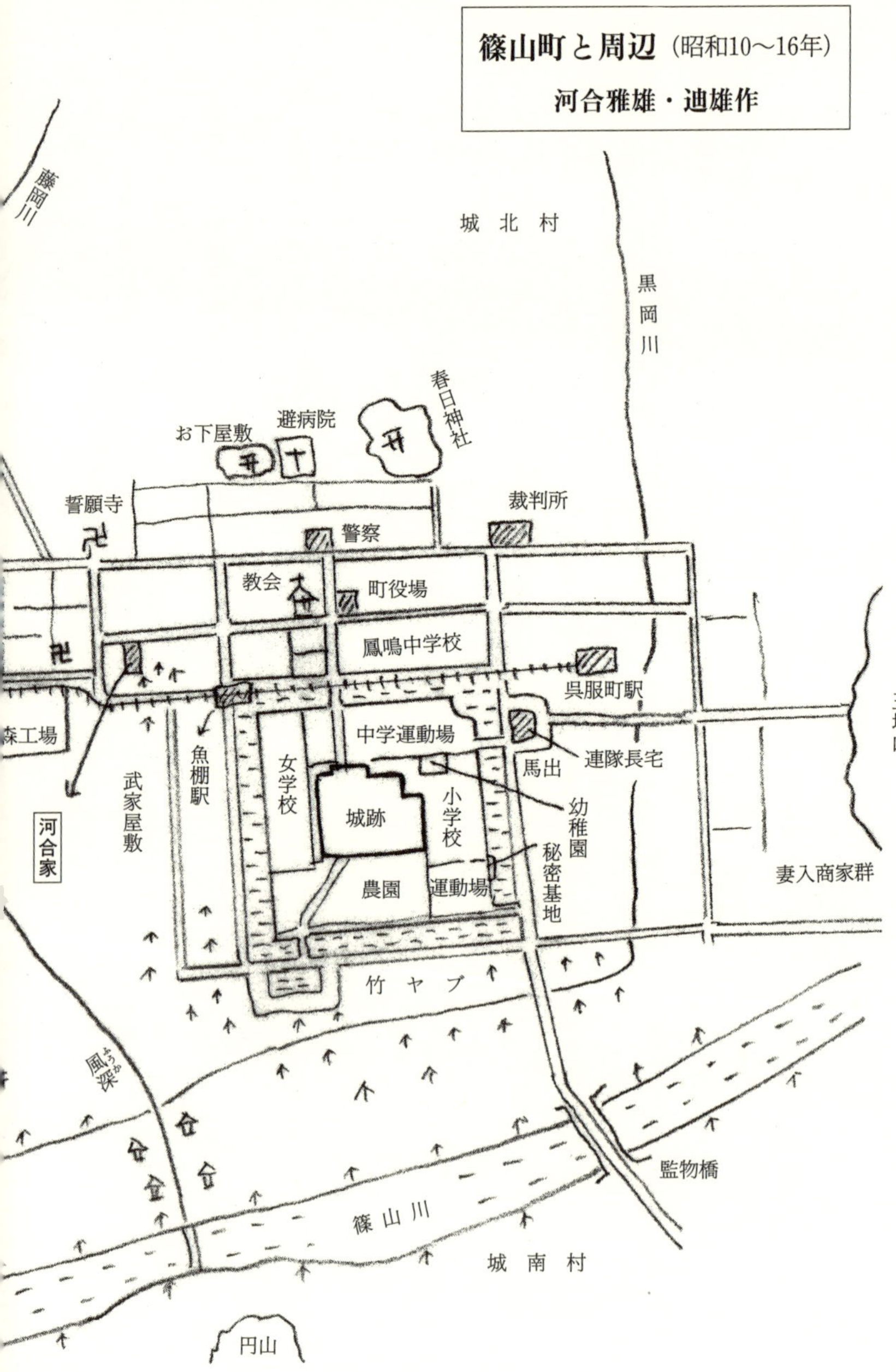
篠山町と周辺（昭和10〜16年）
河合雅雄・迪雄作
藤岡川
城北村
黒岡川
春日神社
避病院
お下屋敷
誓願寺
裁判所
警察
教会
町役場
鳳鳴中学校
呉服町駅
王地山
森工場
中学運動場
連隊長宅
馬出
魚棚駅
女学校
城跡
小学校
幼稚園
武家屋敷
河合家
秘密基地
妻入商家群
農園
運動場
竹ヤブ
風深《ふうか》
監物橋
篠山川
城南村
円山

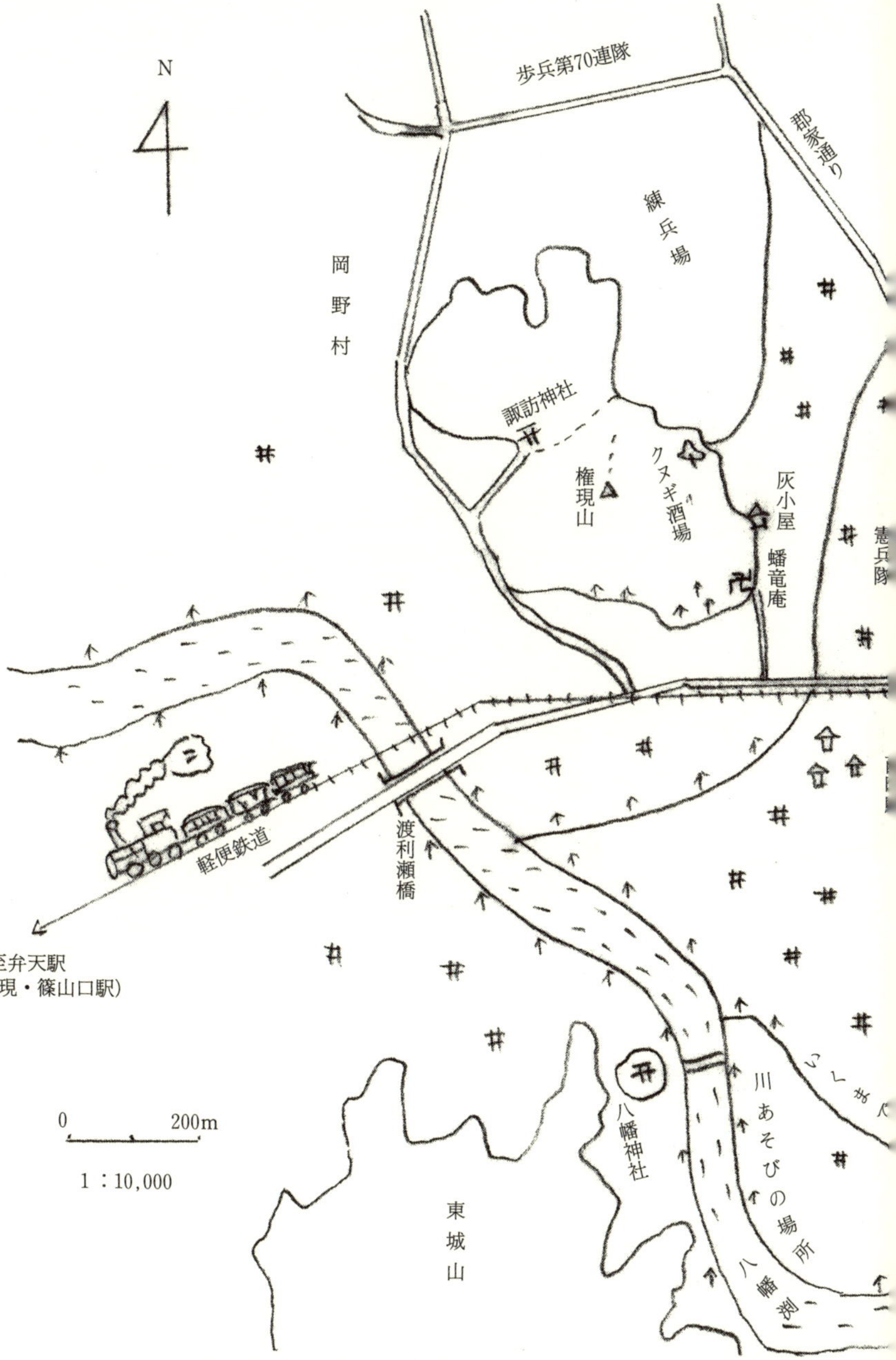
N
歩兵第70連隊
郡家通り
練兵場
岡野村
諏訪神社
権現山
クヌギ酒場
灰小屋
蟠竜庵
憲兵隊
軽便鉄道
渡利瀬橋
至弁天駅
（現・篠山口駅）
八幡神社
川あそびの場所
八幡渕
東城山
0
200m
1：10,000

**河合家周辺略図**
（昭和７～20年）

**河合雅雄・迪雄作**

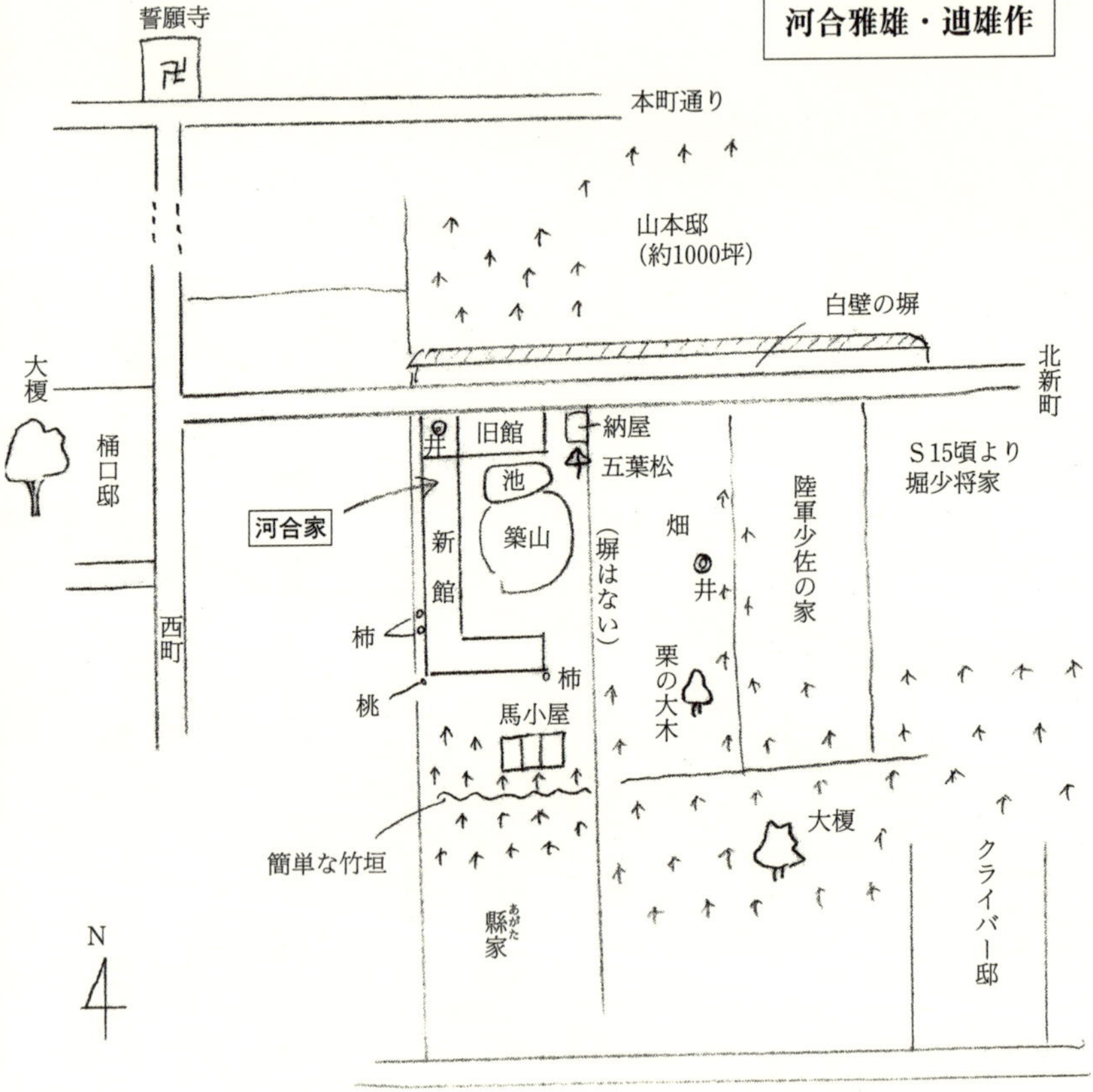

逝ってしまった兄弟たちへの鎮魂の行為に他ならないこと、に私は気づかざるを得なかった。同時にそれは、隼雄氏がそのように導いてくれた結果であるようにも、私には思われたのである。私は、隼雄氏が亡くなってから初めて、不覚にも涙ぐんでいる自分に気がついたのであった。

二〇〇八年、雑誌『飛ぶ教室』冬号（no.12）の「追悼・河合隼雄　河合さんと子どもの本の森へ」に、河合雅雄氏は「「ぼく、土の中の虫は、みんなキライや」――泣き虫ハァちゃん異文」を寄稿している。雅雄・迪雄両氏合作の地図を眺めた上で、この文章を読むと、兄弟それぞれの性格と関係が、目の前に浮かんでくる。

少し長くなるが、二箇所ばかり、お許しを願って引用させていただくことにする。

　丹波太郎と呼ばれる巨大な入道雲が、高城山《たかしろやま》を覆うようにそびえている。夕立が来るな、とマト［雅雄］は思い、灰小舎をちらと見る。降りそうだと、ここへ逃げこめばいいのだ。灰小舎の中の籾が燃えていて、一度やけどをしそうになったことがある。今日は煙が出てないな、とマトは思う。危険に対する心構えもガキ大将の要件の一つだ。

　もうすぐ、待望のクヌギだ。この樹液にはいろんな昆虫が集まっている。今日は何がいるか、考えるだけでも胸がどきどきする。マトは山法師［捕虫網］をゆすりながら歌いだす。

〝ポンポンポン〟すぐにみんなが唱和した。

　ポン　ポン　ポン

　屁をこいた

ヘコキの屁は　ああ臭い

マト自慢の昆虫採集の歌だ。それをハトポッポのメロディーで歌うのである。ヘコキというのは、ヘコキムシという甲虫の名である。図鑑を見るとミイデラゴミムシとあるが、ヘコキの方がはるかにぴったりだ。押さえると〝プスッ〟と音をたて、尻から煙があがる。すごく臭い。この歌は実感がこもってるとマトは得意だが、中二のタント［公《ただし》］兄ちゃんにけなされてクシュンとなった。「ヘコキの屁はああ臭いって、あたり前や。もうちょっと詩的に表現せえ」と。タント兄ちゃんは俳句や短歌が上手で、小五のとき篠山新聞の俳句欄に特選で載ったことがある。「ヘコキの屁が臭いというのがあかんのやったら、どう言うねん？　おいしいとかええ匂いとか言えるか」と、実感派のマトはがんばったが、「アホか」と一発でいなされた。

歌い終ってアハハと大笑いし、しばしの沈黙が訪れた時、ハァちゃんが言った。

「マト兄ちゃんなあ、ヘコキってなんで屁こくねん？」

「人間でも屁こくやないか。お前こかへんのか？」

「うーん。ぼくもするけど――臭いのやら、においのせんのやら、音がせえへんのやらいろいろや。ヘコキのはみんな臭いだけやろ」

「人間やから、いろんな屁するんや。ヘコキは人間とちがうさかいな、一色《ひといろ》なんや」

「けど、カブトムシやらトンボは、屁、せえへんもんな」

ハァちゃんは納得しない。マトはしだいに腹が立ってきた。せっかくクヌギ林を目の前にして楽しい気持になっているのに、ハァちゃんはこ理屈をこねて気分をこわしやがって――。マトはハァちゃんを睨みつけて言った。

「ぐじゅぐじゅ屁理屈を言うな。屁ぇかますぞ！　屁ぇこくからへコキムシ言うんじゃ、わかったかあ！」

ハァちゃんはあっけにとられたような顔で大きな目を見開いてマトを見た。「ウン」と小さく言って、うなずいたが、何を言われているのかよくわからなかった。ガキ大将の一喝に、反射的にうなずいたが、納得したわけではない。〈屁理屈だって理屈や〉と内心思っている。

木の幹の皮をめくっていたミトが、よろこびの声をあげた。

「マト、いたぞ。ヨツボシケシキスイや」

握った拳をあけると、指の間に漆黒の小さな甲虫がもぐりこんでいる。マトはそれを取りあげ、掌にのせて「かわいらしいやつやな、こいつ」とほれぼれとした目で見つめた。一センチほどの甲虫で、漆を塗ったような黒光の甲に、ルビーをはめこんだような四つの赤い斑点がなんとも美しい。マトのお守りの虫だ。

ミトに渡すと、すぐ掌の指の間にもぐりこんだ。「こそばいっ！」とはしゃいで「ハァちゃん、持ってみ、おもろいで」と、渡そうとした。

ハァちゃんは小さくびくっとふるえて、二、三歩後ろへ下がった。

「こんなかわいいやつ、ハァちゃん嫌いなんか？」

ミトは怪訝な顔をした。ハァちゃんはちょっと困った顔をして、手を後ろに隠した。

「ハァちゃんの好きな虫は、なんやねん？」

マトが真顔で聞いた。

ハァちゃんの顔に、さっとおびえが走った。三白の目でちょっと見つめてから下を向き、泣きそうなかぼそい声で言った。

「ぼく、土の中の虫は、みんなキライや」

本当は虫はみんな好きじゃないと言いたかったけど、それではマトの心を傷つけてしまう。「ハァちゃん、けんかしてもええけど、嘘ついたらあかんで」とミト兄ちゃんに言われたことが、心にしみついている。その葛藤が、「土の中の虫」という答になった。

一瞬しらけた気分が沈黙を呼んだ。

マトはどきっとした。信じられない言葉を聞いた気がした。虫捕りというこんな楽しいことを、ハァちゃんも同じように楽しんでいると思いこんでいた。ヨツボシケシキスイの妖精のようなかわいらしさを、誰も共有していると信じていた。その思いこみが一瞬にして崩れてしまったのである。「そうか、ハァちゃんは虫が好きでなかったんか」そこに別のハァちゃんがいるような気がして、マトはハァちゃんを見た。

ハァちゃんの大きな三白の目がうるみ、口をきゅっと結び、みるみるうちに涙があふれてきた。

ミトが、明るい声をかけた。

「けどな、ハァちゃん、オオムラサキはきれいやし、ノコギリクワガタはかっこええもんなあ」

ハァちゃんは、小さくうなずいた。

最初の引用では、マト兄さんのガキ大将ぶりとハァちゃんの理論家ぶりが描かれている。『飛ぶ教室』の同じ号で、日高敏隆氏が「変わり者どうし」という文章を寄せているが、そこでも二人の兄弟の少年時代について、次のように書かれている。

鼎談はそれから始まった。先生［今西錦司氏］は隼雄さんに「雅雄さんはあんたのお兄さんですか？」と聞く。あの高名な霊長類学者、河合雅雄さんのことである。

「そうです。あの兄貴にはしょっちゅう殴られました。」

「殴られた？」

「そうです。ぼくが何か言うと、うるさい、と言って殴るのです。」話はさっそく脇道にそれてしまった。

だいぶあとで、ぼくは雅雄さんにこの話を確めた。「いやそのとおりです。ぼくがひとこと言うと、あいつがそれはおかしい、筋がとおらないと言うんです。うるさいから殴るほかなかった。」

なるほど、隼雄さんは小さいときから理屈っぽかったんだなとぼくは納得した。

二番目の引用では、隼雄氏が子どもながらに押し隠そうとしていた本心について、暖かいまなざしがそそがれている。

その隼雄氏の本心とは、どういうものであったのだろう。

先に引用した言葉「それにしても兄弟は自然のなかでころげ回ってよく遊びましたよ」に続けて、河合氏は次のように言うのだ。


けどね、ぼくだけはちょっとちがったんです。兄弟はだいたいが外へ出て遊ぶんですが、ぼくは家で本を読んでいたんです。そこらがちょっとちがう。そして、あの頃は本を読んでいる子どもは不健康だといわれた。だから、本を読まないで外へ出るようになりたい、ならなければならない、そういう思いがあるのだけれども、実際にはぼくは家にいた。だから幼稚園で他の子とワーッと遊ぶなんて絶対できない。うちの兄貴なんか外へ出てバーッと遊ぶ。兄貴からみてもぼくはちょっと異常だったのではないですか。兄たちは弱虫のぼくのことをかばってくれた。

ぼくは小さいときはものすごい内向的でしたね。それでも兄がおったおかげでけっこう外で遊ぶ面白さも知ったわけです。


幼稚園と小学校時代の河合氏は、この言葉どおりの生活を送っていた。『泣き虫ハァちゃん』

には、その様子が活きいきと描かれている。河合少年は実に様々なことを体験したのだった。この本の最後の文章は、次のように書かれている。


考えてみると、ハァちゃんにとって小学校四年生は、「冬の時代」だったかも知れない。生まれてはじめて通信簿に「乙」がついたし、何とも言えない不安と孤独感のなかで、うっかりするともっと恐ろしい世界へと落ちこんでいったかも知れない。

しかし、ハァちゃんは冬が去って春が来つつあるのを感じとっていた。「鶯《うぐいす》でも鳴くんとちゃうやろか」。そんな晴れやかな気持で庭の景色を眺めていた。


スポーツとか体を動かすことについて言えば、兄弟のうちで隼雄少年だけが運動神経に欠けていた。一番すごかったのは雅雄兄で、いつも運動会の花形だった。

小学生最後の運動会で、隼雄少年が徒競走の二位になったことがある。それは、二位と三位で走っていた子どもたちがコースを間違えて、偶然手にしたものだった。ブルーのリボンをもらって帰宅したら、皆にさんざん冷やかされた。「おまえが二等になったとはなあ」、と。

そんなこともあって、自分だけこの家の子ではないのではないかと、隼雄少年はどれほど考えたか分からないという。「ぼくだけちょっと顔がちがう。それから運動神経がない。それに、上のほうはみんな生まれたときの写真があるのに、ぼくだけないんですよ。ぼくは幼稚園まで写真がないんです。これはどうも怪しい」。

小学校の高学年になると、河合少年はいろいろな本を読んだ。すでに四年生の時に、先生がアルセーヌ・ルパンの『レギュイユ・クルーズ（空洞の針）』（モーリス・ルブラン作、邦題『奇岩城』）を読んでくれて、隼雄少年は夢中になった。

『少年倶楽部』は兄弟が争って読む雑誌だった。家庭の教育方針で、土曜日以外は本を読むことができなかった。が、ある時母親が「隼雄は教科書以外の本も読んでいることによって評価されている」と、父親にとりなしてくれた。その結果、日曜日も読んでいいことになる。「そして、日曜日になるでしょう。本を読みたくてしかたがないんだけど、兄弟は全員外で遊んでいる。それで思い出しますが、雪が降ったりすると、雪合戦をやろうとする、兄弟全員が。ぼくはそれやったら『少年倶楽部』の臨時増刊号を読んでたいんやけど、そんなときに『少年倶楽部』を読んだらどんなにばかにされるか。だから、心を残しながら参加しました」。

その『少年倶楽部』（大日本雄弁会講談社）には、高垣眸の「怪傑黒頭巾」や佐々木邦の「出世倶楽部」などが連載されていた。講談社からは、山中峯太郎の『太陽の凱歌』なども刊行されていて、河合兄弟は競い合って読んだ。

ヒュー・ロフティングの『ドリトル先生航海記』も『少年倶楽部』に連載されたものだ。「『少年倶楽部』のなかに黄色いページがあるんですね。そこをパッと開けるとドリトル先生があって、喜んだ。私も兄貴の真似をして、このドリトル先生を切り抜いて本を作りました。上・下二篇にして、いま、篠山へ行ったらあるんじゃないかと思いますけどね。世界に一冊しかない本と威張っています。それも何か、いままで読んでいた日本の物語と違って、どこか心の響き方が違う感じがありますね。もっと深いところに働きかけてくる、そういうものを感じておりまして、「すごいなあ、西洋は」というふうに思っていました」（『深層意識への道』岩波書店、二〇〇四年）。

もう一つ、本に関わっての興味深いエピソードがある。兄の雅雄と迪雄は中学校に行っていた。カバさんというアダ名の川端先生が国語の時間に、万葉集は素晴らしいが古今とか新古今はだめだという話をした。兄は家に帰ってきて、母親にそう語った。それに対して母親は「なにを言うとるねん、和歌は古今集のほうがよっぽどいいんや、百人一首を見てみい」と反論する。兄は「なにを言うとるんや、あんなもんは全部歌やないよ、歌は万葉集や」と反駁した。その時に母親が言ったセリフが忘れられない、と河合氏は述懐する。「あんたらカバさんが言うたとおりを言うとるんやないか、カバさん抜きで自分の意見を言ってみい」。つまり、カバさんは正岡子規の言ったとおりに言っていたわけだ。それで「兄貴は黙ってしもうて、ああ、これは母親のほうが勝ったなと思うた」。

## 3　中学時代の本との出会い

さて、一九四一（昭和十六）年に、隼雄少年は鳳鳴《ほうめい》中学校に入学する。一クラス五十人で、二クラス。それで篠山とその周辺すべてをカヴァーしている。選ばれて入るのだから、中学生になることには大きな意味があった。

先に、小学校四年生のときに、初めて通信簿に乙をつけられた、ということがあった。実は、それは操行に対する評価だったのだ。隼雄少年は、権威とか形式的なものに抵抗を感じる子どもだったようで、先生には反抗的なこともあったからである。

ここで兄・雅雄氏の貴重な証言を聞いておこう（「隼雄の想い出――少年期から出立まで」『こころの扉――河合隼雄講話集』〔CDカセットの副読本〕、ユーキャン、二〇〇八年）。

子どもの時から正義感が強く、真偽の判断に敏感で、人の心の動きをよく見抜いていた。後年私たちは隼雄に〝見抜き人〟という渾名《あだな》をつけていた。少時から、将来臨床心理学をやる素質を十分備えていたことが伺える。先生や親は、ときに子どもをうまくだましたりごまかしたり、曖昧《あいまい》にしたりするものだ。その心の動きをいつも見破っていた。理屈っぽくてこましゃくれていたから、かわいげのない子だったろう。学年の終りに先生が何かくれたり、やさしい言葉をかけることがあった。「本当はぼくが一番なんやけど二番にしたから、それをごまかすためにしてるんや」と思ったと言う。

この話は長じてから本人から聞いたのだが、こんな子を生徒に持つと先生もやりにくかったことだろう、と隼雄は苦笑いしながら話してくれた。隼雄は自分の狷介不羈《けんかいふき》な性質を自覚し、その葛藤《かっとう》が将来臨床心理学者になる培地《ばいち》となったのだろう。母親が「隼雄は怖い」と漏らしたのを覚えている。やりにくい子だったろう。しかし、両親の教育の根本は、「六人の子はすべてかわいい、えこひいきをしない」という方針だったので、出る杭《くい》は叩かれることなく、温い心に包まれて隼雄の個性は育ったのだと思う。

それまでずっと全甲だったのに、初めて乙がついてしまったので、父親に通信簿を見せるのが怖かった。子ども心に、親父は怒るに違いないと、おそるおそる見せた。ところが父親は、「小学校はちょっとやんちゃということで操行乙のこともある。これは大したことではない。しかし中学校で操行乙いうたら不良だ」と言った。河合少年は、ほっとするとともに、「中学生はなんとすごいんだろう」と思う。その中学生になったのだった。

得意の科目は、数学と国語。苦手なのは英語だった。数学は考えれば分かるけれど、英語はどうしたらいいのか、勘がつかめない。「英語は苦手やという意識はずっとつきまとって今でもあります」。国語はとくに文法が好きだった。だから家では、〝文法博士〟というアダ名がついていたくらい。しかし総じて言えば、中学時代を通して、クラスで二番か三番の成績で、どうしても一番にはなれなかった。

初めて映画を見たのは、中学校に入る直前の春休みのことだった。二番目の兄・公《ただし》が京都にいて、京都大学臨時医学専門学校に通っていた。その兄が連れて行ってくれたのが、総天然色映画「ロビン・フッドの冒険」だった。「こんな世界があるのか！」と感動する。それに比べて、日本はなんとうす汚れて見えたことか。だから「鬼畜米英というけどほんとにそうなのか？」とずっと思っていたという。「ヨーロッパへなんか一生行けないやろうけど、いっぺんは行ってみたかった。だけど、それは人に言えないしね、とくにぼくなんか田舎でしたから」。

中学に入って早々に、河合少年は大きなカルチャー・ショックを受けることになる。それは、一番上の仁兄《ひとし》さんが、「中学校に入ったらそろそろ岩波文庫ぐらい読んでもいいんじゃないか」と言って、『坊つちゃん』と『シャーロック・ホームズの冒険』を送ってくれたことによる。

当時、河合少年は、岩波文庫は大人が読むもので、「もうむちゃくちゃ難しい本やと思っていた」のだ。ところが、二冊とものすごく面白い。「なんや、こんな面白いものがあんのに読まなかったら損や」と思う。仁兄さんは、そんなに喜ぶのだったらと、『草枕』や『吾輩は猫である』などを送ってくれた。

どれほど面白かったかと言えば、河合少年は本に出てくるセリフを全部覚えてしまったくらいだ。『吾輩は猫である』なら、「この日や天気晴朗とくると必ず一瓢を携えて墨堤に遊ぶ」といった具合に。

こうしたカルチャー・ショックとも言うべき岩波文庫との出会いが、河合氏にとってどれほど深い体験であったか、私自身が経験したエピソードを紹介しておこう。

一九七二年の初め、岩波新書の『コンプレックス』が刊行されてから一月ほど経った頃、当時岩波書店の社長であった岩波雄二郎氏が、河合氏を東京・赤坂の中華料理店に招待した。感激した河合氏は、少年の頃の岩波文庫との出会いについて熱く語った。そして「あんなに熱心に読んだ本を出していた出版社から、自分が本を出すなど夢にも思わなかった」と岩波氏に言った。岩波氏も、自分の父親の創った岩波文庫をそんなに愛読してくれた人が、丹波篠山にもいたことを知り、深く感動していた。

仁兄さんは、岩波文庫に続いて、家にある新潮社の黄色い背表紙の世界文学全集を読むように、弟に勧めた。まず『アイヴァンホー』（ウォルター・スコット）を読み、それから『モンテ・クリスト伯』（アレクサンドル・デュマ）を読んだ。「好きになって好きになって、あんまり好きになって、なにかあるとモンテ・クリストのことを言うから、兄貴に「おまえはモンクリ党や」と言われましたね」。兄さんたちも同じような本を読むわけだから、面白い文章やセリフを皆知っている。例えば『モンテ・クリスト伯』の場合なら、モンテ・クリストが初めてアルベールの前にあらわれてくるときに、「貴族だ、これは純粋な貴族だ」というセリフがあるが、これを皆で劇のようにして、言ったりした。

後に、河合氏は『日本人とアイデンティティ――心理療法家の着想』（創元社、一九八四年。後に講談社+α文庫に収録）の中で以下のように書いている。

モンテ・クリストの話のなかで悪党のカドルッスの人物に心を惹かれたものだ。私は小さいときから悪人の意識が強かったので、このような悪党にはどこかで「似てるな」と感じるところがあった。それで、その悪党カドルッスが、死ぬ瞬間に「神さま、あなたはおありです」と、神の存在を確言するところが非常に印象的であった。

これは、その後に感激して読んだ『クォ・ヴァディス』のなかの悪党、キロ・キロニデスが、やはり崇高な死を遂げるところと重なっているように思われる。死の間際に、神の存在をはっきりと知ること、このために彼らの人生、したがってすべての悪行があったのだ、などと考えたことも覚えている。

「この一冊」などというと、もっと立派な本をあげる人も多いだろうが、私にとっては少年時代を振り返るかぎり、やっぱりモンクリをおいて他にはない。そう言えば、大学生の頃は、みんなが哲学書や、文学の話をよくするのに、私は哲学も文学もあまりわからず、モンクリの愛読者と言うのも少し気がひけるような気持ちを味わったこともある。

このように書いた河合氏であったが、ここに見られるように、死の問題は子どもの頃から、いつも氏の念頭から離れることはなかったのだろう。

そしてこの文章に続けて、次のように重要な発言をしていることを知るならば、河合氏にとってモンクリこそは、「この一冊」であったことがよく分かる、というものだ。

「待て、而《しか》して　希望せよ」というのは、モンテ・クリスト伯の最後の言葉であるし、長々と語られるモンクリ物語も、ただこのことを言うためのものだと言ってもいいくらいであろう。そして、非常におもしろいことに、私の職業はまさにそれにぴったりなのである。自殺しようとする人、子どもを見放そうとする親、教師、それらの人に「待て、而して　希望せよ」と繰り返すのが私の職業である。

すべてが駄目と思われるときでも、待つことと希望することを、しぶとくやっていると、不思議な解決がそこにもたらされてくる。私には困っている人、悩んでいる人を救うために何か手出しをすることなど必要ではない。

そもそも、簡単に他人が手助けして救われるような人は、私のところなどへやって来ないのである。そこで、私は「待て、而して　希望せよ」を繰り返すことになるのだが、少年時代に読んだ一冊の本の価値はやはり大きいようである。

世界文学全集には、『レ・ミゼラブル』（ヴィクトル・ユーゴー）や『クオ・ヴァディス』（シェンキェヴィチ）、『緋文字』（ホーソン）なども入っていた。「『レ・ミゼラブル』も、子ども用に『ああ無情』という本がありまして、そんなのも読んでたんですけども、大人用を読むとものすごく長いですよね。長いのを読むのがまた嬉しくて、誇らしくもあった」（『深層意識への道』）。

しかし、中学校の国語教科書（岩波書店が刊行していた）にある、名文と言われる文章には全く感心しなかった。吉田弦二郎とか長塚節《たかし》などの文学者の文章も面白いと思わなかった。河合少年には、物語が面白かったのだ。「ああ、ぼくは文学的才能がないなあ」とその頃から思っていたという。したがって、短歌とか俳句も、何がいいのか分からなかった。子規の「鶏頭の十四五本もありぬべし」という句について、「こんなんは子規がつくったと思うからみんなほめているのであって、そこらのおっさんがつくったらだれも顧みないんじゃないか」と言って、ひどく怒られたこともある。

それから中学校一年から二年にかけて、『南総里見八犬伝』を、「長いあいだかかって必死になって読んだ」。それもお兄さんが持っていた。「いまでも覚えているのは、あのなかに船虫いう毒婦が出てくる、「船虫春をひさぐの図」という、なにを言うているんかわからないが、どうもよくないことをしているらしい。なんか売っているらしいけど、なにを売っているのかよくわからなくて、でも、これはどうも他人に訊くべきことじゃないと思ったことを覚えていますよ」。

物語が好きだったので、河合少年はグリム童話もよく読んだ。アルスの日本児童文庫には、昔ばなしがたくさん入っていたので、これも愛読した。古事記などはとても面白かったが、当時の軍国主義の風潮には反感を持っていたので、「おもしろさを認めたくない」。しかし、「イザナギの黄泉《よみ》の国へ行く話とか、ああいうのは本質的に好きだった」。

一方、雅雄兄さんの影響で、地球の歴史など科学読物も愛読していた。兄さんは二浪して新潟高等学校に入ったのだが、肋膜炎で休学して家で寝ていた。中学生の河合少年は、帰宅するとまず兄の病床へ行って、宇宙のことや「モンクリ」のことをしゃべる。その頃は雅雄兄が指導者だった。

一番上の仁兄さんは東京へ行っていたが、帰郷する時に洋楽のレコードを携えてくる。初めて聴いたのは「森の水車場」という曲で、非常に感激した。それから「カルメン」とか「セビリアの理髪師」に進んだ。シャリアピンの「蚤の歌」は、「あれはすっごい体験でした」。

前に見たように、母親はヴァイオリンを弾くので、河合家にはヴァイオリンがあった。そして仁兄さんはヴァイオリンを習いたかった。しかしその当時は、「男の子はヴァイオリンなんか弾くもんやない」と言われていたので、それは実現しなかった。仁兄さんも次の公《ただし》兄さんも、夏休みには帰ってくる。「そして西洋の歌を教えてくれたり音楽を教えてくれたりする。それで、ぼくは音楽によって勇気づけられたり慰められたりしたのだけれども、そのうちに戦争になって、そういうことが全部消えていくでしょう。なんともいえない気持ちだったですね。だから、音楽との関係でいうと、ぼくの青春時代は中学校二年ぐらいで終わっているのです」。

とはいえ、この時代こそ、河合氏にとって青春時代の始まりだった。兄弟は男ばかりなので、開明的な両親は近所の女の子を呼んできて、一緒に歌をうたったり散歩したりするように仕向けた。家にはオルガンがあって、母親が弾く。兄さんも弾いた。それに合わせて、皆で歌う、「巴《パ》里《リ》の屋根の下」とか「会議は踊る」とかを。タンゴもよかった。「薔薇のタンゴ」「想い出のカプリ島」、そして「小さな喫茶店」「ラ・クンパルシータ」など。「それはほんとにわが青春という感じがあります。そしてそこから急激に灰色になって、青春がいっぺんになくなってしまうのです。ぼくは青春時代というと、いまでもあの頃にうたった歌を思い出しますよ」。

## 4　陸軍士官学校を断わり神戸工専へ

二番目の公兄さんは陸士（陸軍士官学校）に行きたかったのだが、陸士の試験に落ちて臨時医専（医学専門学校）に入った。本当は軍人になりたかったので、卒業後軍医になる。しかし軍隊に入って初めて、その実体を知り、「陸士に行かなくてよかった」と思うようになった。

その兄さんが、いよいよ戦地に向かうという時に家に帰ってきて、隼雄少年に言った。「戦《いくさ》のようなばかなことはおれたちがやるから、おまえは絶対軍人になるな」。この言葉が、後になって河合少年が陸士の推薦を断わるときに、大きな支えになった。

それは河合少年が中学四年生の時、終戦のすこし前のことだ。陸士が生徒を確保するために、推薦制度をつくった。それで鳳鳴中学校では河合氏を推薦することに決めた。ふつう、陸士にはなかなか入れないし、名誉なことなので、父親は喜ぶ。母親はありがたい話だとは言うが、本心はそうではなかった。

先生も父親も喜んでいるのだが、河合氏は困った。絶対行きたくないのだ。それでとうとうその日の晩に、父親に手紙を書くことにする。「その手紙の中に、二番目の兄貴が戦《いくさ》はわれわれがやるからおまえは軍人になるなと言ったと、それに一番上の兄貴が軍人になるばかりが国に尽くす道ではない、本人の本分を尽くすのが本当であって、ぼくは軍人に向いていないと言ったという二つのことを引用して書いて、親父の枕許においておいたのです」。

翌日学校へ行ったものの、心配で仕方がない。帰宅して父親に会うと、「うん、あれは断わっておいた」と言った。それだけだった。「どう断わったか、いまだにわからない。言うたら国賊みたいなもんでしょう。下手したら、非国民という非難をこうむるんですからね」。

ところが、それが思わぬ波紋となって現われることになる。河合少年は中学四年生だったが、戦局が厳しくなったので、中学校は四年で卒業させるということになった。つまり五年生と四年生の両方が卒業するのだ。高校入試も書類選考で大方ふるいにかけ、残った学生だけを面接して入れる。河合氏は、前に見たように、いつも二番か三番の成績だった。だから、三高はどうか分からないが、姫路高校なら絶対間違いなし、と考えた。

それで姫高に応募したのだが、何と一次、つまり書類選考で落っこちた。そんなはずはないというので、父親が姫路まで落ちた理由を聞きに出かける。「当時は空襲に次ぐ空襲で汽車に乗るのは大変やった時代」だったが、なぜ落ちたか聞いてきた。理由は教練が「丙」だからだった。陸士の推薦を断わったので、教練の教官が「丙」を付けたのだ。姫高では教練が丙の者はすべて落とす方針だった。それで仕方なく、神戸工業専門学校電気科に入ることになる。しかしそれは少し先の話。ここでは戦時下の中学生の生活について、触れておこう。

河合少年は、学徒動員で伊丹の工場で旋盤工をやらせられていた。海軍用の鉄砲の弾を削る作業だ。しかし中学生にできることはたかが知れている。他の人に比べたら、「ぼくはできていないからだめだといつも思っていた」。ところがある日、班長が「おまえはこれをやれ」と、すでにオシャカになったのを、もう一度使えるように救うことを命じた。そして「この子は熟練工やからなあ」と言った。河合少年は「ヘェーッ」と思う。なぜなら、自分の考えていることと他人の評価が全く異なっていたからだ。河合氏は言う。「そのパターンは人生に何度も出てくるんです。自分はだめや思うてるのに他人の評価がちがう」。

空襲は毎日あった。特に神戸の空襲のときには、伯父さんの家があるので、次の日に見に行ったのだが、全部焼野原になっていた。「蔵だけがポツンポツンと残っていた」。河合少年は伊丹にいたので直接空襲を体験しなかったが、「大阪や神戸に焼夷弾が落ちて燃え上がるのは何度も何度も見ましたね」。

河合少年は熱心な愛国者だった。国のために働かねばならないという気持ちを強く持っていた。しかし一方では、国のやっていることは論理的におかしいとも感じていた。「非常に矛盾した状態でした。そして軍人になるのがいやだという気持ちがあったから、軍人の横暴には腹が立つし、なんかアンビバレントな感じでしたね」。

ある時、偉い軍人が講演にきた。世界の歴史を見るならば、侵略者は必ず負ける。アメリカは今、サイパン島を侵略し、ついに日本を侵略しようとしているが、侵略軍が勝つわけがない。だから皆がんばれ、という話をした。その話を聞きながら、河合少年は、「初めに中国を侵略したのは日本でしょう。日本はそれをいまやっているんや、負けるほうを。だからこれは絶対に負けるにちがいない」と思う。そしてそれを雅雄兄さんに話した。兄さんは顔色を変えて、「絶対に言うたらあかん、だれにも、両親にも言うな」と答えた。「ぼくの考えが正しいとか正しくないとは言わなかった」。

これと同様なことが、実は、小学校の時にもあった。雅雄氏の証言を見よう(「隼雄の思い出」)。

何でも疑って本物は何かと知りたい［という隼雄少年の］性分は、ときに危険な淵《ふち》に落ち入りそうなことがあった。時は超国家主義の時代、よく考えればおかしなことがたくさんあった。小学校には奉安殿《ほうあんでん》があり、両陛下の御真影が収めてあった。登校下校の際は、まず奉安殿にお辞儀をしなければならなかった。隼雄が〝影〟にお辞儀をするのはおかしい、と言い、ついで天皇陛下って本当に偉いのかと問いかけてきた。私は「それだけは言ってはいかん、牢屋へ入れられるぞ」と、厳重に口封じをした。

中学を四年で終えて、河合氏は神戸工専に入った。そして寮に入ることになるのだが、その直前、つまり中学四年の終わりの頃に、肺浸潤に冒されてしまう。二カ月間の静養を命じられて、家で寝ていなければならなくなった。後に聞いた話では、診断をした医者は、河合氏が「大愛国少年という顔をして、食うものも食わんとヒョロヒョロになって死ぬ思いで働いていたから、もう見るに見かねた」のだろう、ということだった。

家では、前に述べたように、雅雄兄さんも病気で寝ている。二人で床を並べてよくしゃべった。原子爆弾が落ちたときに、兄さんは「もうあかん」と言った。その時には原子爆弾かどうかは分からなかったが、理論物理学の本などをよく読んでいた雅雄兄さんは、「これはもうぜんぜんちがう爆弾や」「もうそれができたんや」と言ったことを、河合氏は後々まで覚えている。

工専の校舎は焼けてしまったが、授業は寮の中で行なわれていた。肺浸潤が直ったので学校へ行ったが、すでに授業は進んでいて、追いつくのに大変苦労する。電気の授業が主であったが、数学もあった。校舎が焼けてしまったので、幸いなことに、河合氏の嫌いな実験はしなくてすんだ。電気科の出身なのに、ほとんど実習をしていない。兄さんによく「おまえヒューズの換え方知らんやろう」と冷やかされた。

そのうち神戸工専では、工場が皆疎開しているので、そこへ行けということとなる。結局、自宅から通える篠山近くの疎開先へ行った。その頃は食べ物がないので、よく川に魚を釣りに行っていた。雅雄兄さんは魚の釣れる場所をよく知っているので、兄さんの指令のままに、その日も魚をだいぶとって帰ってきた。

そうしたら、大事な放送があるというので、近所の人がたくさん、河合家に集まってきている。ラジオのある家が、周りにはほとんどなかったのだ。両親も、雅雄、迪雄兄さんもいた。よくわからない放送だったが、その中に「ポツダム宣言を受諾するのやむなきにいたった」という言葉があったので、負けたことが分かった。何とも言えない気持ちだった。

その時にまず思ったのは、「兄貴が死なずに帰ってくるということです。二人の兄貴は戦場に行っていますから。そして、それをすぐ心の中で打ち消したのを覚えていますわ、もっと国のことを考えなければいかんのに、すぐ私情を入れてはいけない、とね。愛国少年のくせで、それをまず思った」。

戦争が終わって、教育制度が変わった。工専の卒業生も大学を受験できるようになる。それまでは、工専をやめて高等学校を受験しようかどうか、悩んでいた。しかし制度が変わったのなら、工専を卒業して大学を受けた方がいいと思うようになった。だから、工専は大学受験のために行くということにした。兄さんたちとあれこれ相談した結果でもある。「それから以後、ぼくにとっては高等学校を出ていないという劣等感がずっと付きまとうわけです」。

工専で電気のことを学びながら、一方で自己流に大学の受験勉強をした。当時、理科系へ行くためには、英語、数学、物理そして化学が必要だった。受験勉強のかたわら、河合栄治郎の本を読む。西田幾多郎の『善の研究』にも挑戦したが、「ぜんぜんわからない。はなからわからないんです」。

哲学の本は敬遠したが、兄弟は『狭き門』や『アルト・ハイデルベルク』などを読んだ。「あれはぼくの家のひとつの定番みたいになっていた。みんなロマンチストが多いから。いまでも兄弟が集まったら、うちの一番上の兄貴なんか『アルト・ハイデルベルク』の歌をうたいますよ。あれには歌があるんですよ、「いざや入りませ我が家に」という……。終戦後の自由な雰囲気がものすごくあったですからね」。

工専時代の大きな出来事は、初めて本物のクラシック音楽を生《なま》で聴いたことだ。藤原歌劇団の『カルメン』が、大阪の朝日会館で上演される。夜警のアルバイトをしてもらった五十円が切符代だった。朝比奈隆氏の指揮による関西交響楽団の演奏も聴いた。バレエの「白鳥の湖」には「死ぬほど感激した」。

学校の外では、急激な変化が起こっていた。新しいことがどんどん入ってきて、希望に満ちていた。河合氏にとって嬉しかったのは、論理的な思考が認められるようになり、それを公言できるようになったことだった。

当時、「日本はアメリカの物量に負けた」とよく言われていた。物量戦には負けたが、精神は負けていない、と。河合氏はそれに大変腹を立てた。「日本は精神に負けたのだ、アメリカの合理精神に負けている、だから物に負けたというのは大間違いであると思いましたね。あの頃は日本の国のために自然科学で頑張らないかんと、思っていたわけですね」。

工専時代に最も大切なのは、大学受験に合格することだった。それも京都大学に入りたかった。学科はどこでもよかった。ある時、長兄の仁兄さんから「おまえどこに行くんや」ときかれて、「鉱山科に行こうかな」と答えて、説教される羽目に陥る。「おまえは京大に入ることを目的と考えているんとちがうか。京大に行かなくてもいいんやから、自分がなにになりたいかいうことを考えて学校を選ばないかん」。鉱山科と答えたのは、そこが一番易しいと言われていたからだった。

結局、数学が得意なので、河合氏は数学科を受験することにした。併せて東京工大の電気科も受けた。東京工大の場合には、受験前夜に吉川英治の『宮本武蔵』をほとんど徹夜で読んだこともあって、失敗する。京大の数学科志望も、そうはっきりした意図があったわけではなかった。鉱山科に行こうと考えたりしたのだから。ただ河合氏は、自分は工学部向きではない、と考えていたようだ。神戸工専の電気科も、製図のないところだったからだという。「ですから、ほんとうはなんにもわかっていないのですよ。（中略）でも、よう京大に合格したと思いますね。それでも動機不純で大学に入っても、あとは何とかなるものですね。苦労はしますが」。

## 5 京大数学科のころ

一九四八（昭和二十三）年、河合氏は京都大学理学部の数学科に入った。自分は数学ができると思っていたし、試験に受かったのだから、何とかついていけるだろうと考えていた。しかし、講義を聴いても全然分からない。急にガラッと変わって、純粋数学の基礎を教えられるので、「どの講義も聴いてて全部わからないんですよ、ほんとに」。

演習の時間には、講師の先生が出した問題を、学生が黒板の前で解くということをする。必ず出題される有名な問題があるのだが、高等学校から来た人たちは、先輩などに聞かされていて、答えまで分かっている学生すらいる。だから、そういう人たちは前に出て行って、すらすらと解く。河合氏は、皆分かっているのに、自分だけ分からないと思った。

ある時、当てられて、ある問題を黒板の前で解くことになる。必死の思いで、自分なりの解答を出した。ところが自己流の解き方なので、先生もそれが合っているかどうか、分からない。さんざん苦労したあげく、やっぱり間違っていることが分かった。河合氏は、「しまった。やっぱりあかんなあ」と思う。

その時の講師の人に、後で一緒になったら、「河合君は三高からですか」と質問された。冷静に考えれば、恐らくその講師は、河合氏の解き方をちょっと面白いと感じたのだろう。ところが、河合氏はすごく冷やかされたと思ってしまう。「あんなばかなことをやるのだから三高じゃないだろう、そう先生は考えたにちがいない」と落ち込む。「ほんとに劣等感の固まりになっていたわけですね」。

教師の方も、すべての学生たちに期待していたわけではなかったようだ。入学の時に教授に言われた。「入学おめでとうと言いたいんですが、われわれは、君たちにはほとんど期待をしておりません」、と（『深層意識への道』）。できる学生が三年に一回ぐらい出てくるのだが、それは例えば広中平祐氏のような特別の人だった。クラスメイトの大半も、後から考えると、自分はだめだと思っていたようだ。同級生は二十五人だったが、大学院に残ったのは、たった一人だった。

数学科の先生たちとの個人的接触は、ほとんどなかった。しかし教室では、教授たちの迫力はすごかった。秋月康夫先生はノートなしで講義をする。黒板に書くことも、その場で分かる学生は少なかった。一人だけ分かる学生がいたが、そのことに皆は驚いた。射影幾何学の蟹谷《かにたに》乗養《じょうよう》先生は、黒板に書くことは書くのだが、すぐに消してしまうので、ノートに取っても何が何だかさっぱり分からない。試験になると、三、四人集まってノートをつき合わせるのだが、それでもなかなか分からないことが多かった。

偉い数学者が、数学の美について語ったりすることがある。河合氏も、それなりにそのことを感じたと言う。それは氏の思想形成に影響を与えたものだ。「そういうのは臨床心理とはまったく関係なさそうだけど、深いところではやっぱりあると思います」。

また、数学は学問の女王だとも言われるが、そうした感じはあったと、河合氏は言う。だから、今でも数学をやっている人は尊敬するとも言う。そして、「女王さんをチラッと見たけど、女王は結婚の相手にならない。でも、路地のほうへ行って糟糠の妻＝臨床心理学と知り合った」と冗談を言うのである。

数学の専門書は、当時、フランス語の本が多かった。それで日仏学院に通って勉強し、一応上級まで行った。「フランス語はわりと楽に読んでましたが、それでも数学の本ですからね、そんな大したことない」。

その頃京大の理学部では、アメリカから帰国した湯川秀樹氏が量子力学の講義をしていた。河合氏も聞いた。また、荒勝文策《あらかつぶんさく》先生の物理学通論は面白かったという。天文学の宮本正太郎先生は、煙草を吸いながら講義をしていたが、学生にも「吸いたい人は吸いなさい」という雰囲気だった。

とにかく、こういう状態だったので、数学の研究者になるのは、「一年生のところでほとんどあきらめ」ていた。「いまから思うと、ぼくには大学に入って研究するという姿勢がなかったんです。どういうふうにしたらいいかわからなかったんです」。数学科をやめるとして、それではどうするか。他の学部へ行くのがよいか。転部することは可能だとしても、そこで本当に一流の仕事が自分にできるのか……悩みに悩んで、河合氏は結局一年休学することにした。「雅雄兄貴も一年間休んでゆっくり進路を考えればいいんだと言う」。

ところで、雅雄兄さんは、河合氏が入学した翌年に、同じ理学部の動物学科に入ってきていた。進学が遅れたのは、結核のために自宅で療養していたからだ。動物学科の教室は、数学科の隣りにあったが、教育の仕方は全く違っていた。数学科では卒業論文がない。「おそらく論文を書ける人はいないだろう、だからいままでやったことを習うだけでよろしい」というのだ。一方、動物学科では一年生の時から、ちゃんと一人ずつ専用の机と椅子を与えられ、研究者扱いされていた。そして自由な雰囲気だった。

その頃、雅雄兄さんがとても興奮して帰ってきたことがある。当時大学院生だった梅棹忠夫氏が、教授に立候補したのだという。雅雄兄さんの話では、宮地伝三郎先生が「ともかく京都大学に入ってきたのですからできない人はいません」と言って、どんな学生でも丁寧に扱っていた。「そうすると、みんな伸びてくるんですよ。生態学のほうはすごい教室だといわれているでしょう」。

結局、一年間休もうということに気持ちは固まったものの、両親に何と話したらいいのか、大いに悩んだ。「ぼくはあのころ結核やったらどんなにええやろと思ったですね。なんでもないのに一年休むのは難しいですから」。

しかし、案ずるより産むが易しで、母親に話したらすぐ賛成してくれた。問題は、父親を何と説得するかだ。父親のモットーは、自分の本分を尽くすということだが、学生の本分は勉強することに他ならない。「一年間休んで家でブラブラするなんていうこと」をどう説明すればよいか。結局、母親と雅雄兄さんが助け舟を出してくれるというので、思い切って父親に話をした。そうしたら父親は「ああ、休んだらええ」と答えた。理由はないが、父親の直感で「それは休め」ということになった。「ぼくら子どもが親父に奉っていたアダ名が「直感断定派」。直感でバッと断定した。それはだいたいたい狂いがない」。

それは大学二年の終わりの時で、三年に進級してしまえば、後は卒業だけ。その時期での決断だった。河合氏は言う。「ぼくがそういう体験をしているということはいまでも役に立っていると思います。いまからいうと無気力学生みたいなもんですからね。つまり進路がわからない、なにしていいかわからない」。

ところで、休学以前に、河合氏が何をしていたかと言うと、まず京大オーケストラに入ったことをあげなければなるまい。「どうせドンチャンやっているぐらいだと思って練習場を見に行ったのです。そうしたら、ベートーベンの［交響曲］二番の二楽章をやってたんですよ。あんなに感激したことはなかったですよ」。その時に指揮していたのは、敦煌の研究者として著名な長広敏雄氏だった。

最初はオーボエをやりたいと思っていたが、高くて買えない。それでフルートをやることにした。フルートなら中古で買えるからだった。三千円で買った。ところでその金をどうして手に入れたかと言うと、夏休みに篠山の家で数学を教える塾を開いたのだ。「「河合塾」本家ですよ。高等学校へ行ってチラシを配ったかな、篠山鳳鳴高校の子がうちへ十人ぐらい来ましたかね」。それは雅雄兄さんの示唆と指示で、始めたのだった。どこからか座り机の長いのを借りてきた。その時に鳳鳴高校から京大へ五人も受かった、普通は一人くらいなのに。

こうして手にしたフルートを持って、河合氏は〝ヤマチュウさん〟こと山田忠男さんのところへ習いに行く。山田氏は京大オーケストラの指揮者だった（長広氏は特別に一年間だけだったようだ）。そして一生懸命にフルートを練習する。オーケストラの方もがんばってはいたものの、腕が追いつかない。京大オーケストラは輝かしい歴史を持っていて、メンバーの中にはとても上手な人がいた。例えば当時チェロを弾いていた島さんという人は、卒業と同時に関響（関西交響楽団）に入った。そういう連中にまじって必死にやっているのだが、また劣等感の固まりになってしまう。

河合氏が演奏会でやった最初の曲は、メンデルスゾーンの交響曲「イタリア」だった。フルートのパートが非常に難しいので、トラウマになってしまい、しばらくこの曲を聞くことができなかったと言う。他にブルッフのヴァイオリン協奏曲や、あまり知られていないグレートリイという人の組曲などを演奏した。

京大オーケストラには物知りがたくさんいた。そうした人たちの感化を受けて、河合氏は音楽関係の本をずいぶん読んだ。ところで、休学する前の年のことだが、オーケストラの責任者である総務に、河合氏を推すという動議が出された。というのは、当時京大オーケストラには危機感があったからだ。「ある程度のレベルを維持するために先輩がきて演奏する。ところが、先輩が演奏するから学生の腕が伸びないのです。結局、先輩のためのオーケストラみたいになっていく。下手でも現役が演奏するのが大学のオーケストラではないか、現役をもっと出したらどうだ、という流れのなかでぼくを総務にしようという動きが出てくる。そして推薦されるんです」。

こうした動きに対して河合氏は、皆が意地悪しているのではないかと思った。一番へたな自分を総務にして物笑いの種にしてやろうと、皆は考えているのではないかと勘ぐり、ものすごく憤慨した。「そんなもんやるか」と断わったというのだ。

演奏旅行などもあったが、日本社会特有の人間関係がここにもあって、それが嫌いで、一定の距離を常に取っていた。復学してからの一年間は楽しくやっていたが、フルートの方はそんなに上達しなかったという。

このように、「数学もできないし、音楽もできないし、つまり劣等生であるという気持が強かった」とは言うものの、京大の雰囲気が驚くほど自由であったのは、本当によかった。そうした中で、河合氏は、他の学生がやっているように、哲学の本を読もうと努力したのだが、前にもあったように『善の研究』は全く分からないし、当時よく読まれていた桑木厳翼の『哲学概論』も途中で放棄してしまう。「哲学は非常に論理的に構築されている学問やと思うんやけど、数学の構築されているのとぜんぜんちがうでしょう。そこでつまずいてしまうんですね。いまでもそうじゃないかなと思うんですよ」。

しかし、実際には、河合氏は一九七〇年代以降、中村雄二郎、市川浩、坂部恵、村上陽一郎といった哲学者と親しく交流し、あるいは互いに影響を与えあった。それはいずれ詳しく見ることにしよう。

## 6　ロマン主義、フロイト、漱石

挫折した哲学書以外に、大学生時代の河合氏はどんな本を読んでいたのだろう。『深層意識への道』では、第I章の中の「ロマン主義」と名づけた節で、次のような書名をあげている（すでに言及したものは除く）。


ホフマン『黄金宝壺』石川道雄訳、岩波文庫、一九三四年（『黄金の壺』神品芳夫訳、同、一九七四年）。

ホフマン『牡猫ムルの人生観』（上・下）、秋山六郎兵衛訳、岩波文庫、一九三五・六年。

ヘルマン・ヘッセ『デミアン』高橋健二訳、岩波文庫、一九三九年（実吉捷郎訳、同、一九五九年）。

夏目漱石『門』岩波文庫、一九三八年。

夏目漱石『道草』岩波文庫、一九二八年。

小宮豊隆編『寺田寅彦随筆集』(全五冊)、岩波文庫、一九四七―八年。

ジグムンド・フロイド『精神分析入門』(上・下)、井村恒郎・馬場謙一訳、日本教文社、一九五二年。

ジグムンド・フロイド『夢判断』(上・下)、高橋義孝・菊盛英夫訳、日本教文社、一九五四・五年。

宮沢賢治『宮沢賢治詩集』『銀河鉄道の夜』『風の又三郎』、岩波文庫、それぞれ一九五〇年、五一年、六六年。


河合氏は言う、自分にとってロマン主義というのがとても大事なものだった。「つまり、この世の世界と違うところにすごい世界がある、と。それは努力することによって到達できるかもしれないし、できないかもしれないということ、そしてそのなかに必ず男女の愛というのが入っている。そういう素晴らしい男性と女性の恋愛ということがあって、それが成就されるはずだというふうな、そういうロマン主義というのが、私の学生時代の大切なテーマだったと思います」(『深層意識への道』)。

そしてまず、すでに見た『アルト・ハイデルベルク』をあげる。次にホフマンの『黄金宝壺』――いまは『黄金の壺』となっているが――を取り上げる。これはアンゼルムスという大学生の恋愛物語で、まさにドイツの浪漫主義の本だ。「この主人公のアンゼルムスは最初のところで、やることなすことうまくゆかず、チグハグして失敗ばかりします。私がこのような状態のときだったのですごく共感しました。青年期のぎこちなさ（adolescent awkwardness）が見事に描かれています。ホフマンという人の面白いところは、音楽ができて、法律もできて、裁判官になってみたり、音楽の楽長をしてみたり、小説も書いたりという人生を送ったところです」（同）。

『牡猫ムルの人生観』は面白い本で、一説によれば漱石の『吾輩は猫である』は、この本を下敷きにしているとも言われた。漱石は、もちろん知らなかったので、腹を立てたと言われている。河合氏はホフマンが好きになって、古本屋で見る限りのホフマンの本を買って読んだ。

ヘッセの『デミアン』については、一冊の本になるくらい話したいことがある、と河合氏は言う。実は、ヘッセはユングと深い関係を持っていた。ヘッセは一九一六年に深刻な神経症を病み、ユングに受診する。「ユングは自分のような人間だと影響を与えすぎるからと言って、自分の弟子のラングを紹介」（同）した。ヘッセは、このラングとの分析体験を基にして『デミアン』を書く。しかし当時としては、相当ラディカルな本だったので、エミイル・ジンクレールというペンネームを使った。ユングは読んだとたんに、これはヘッセが書いたと判断する。それでヘッセに、「あなたの素晴らしく真実に満ちた本『デミアン』に対して心からお礼申し上げます」という手紙を出す。

『デミアン』に大きな影響を与えたものこそ、ユングが匿名で書いた『死者への七つの語らい』という小さな本だった。それをユングは親しい人だけに贈っている。「その『七つの語らい』に書いてあったことが、実は『デミアン』の思想的背景にずいぶん入り込んでいると思います。アブラクサスという神の名もそこに出ています。『デミアン』を若いときに感激して読んだのですが、ヘッセとユングがここまで深い関係と知らずに読んでいたわけですね」(同)。

漱石についてここであげられているのは、後期の作品である。ずっと後になって、河合氏は『中年クライシス』(朝日新聞社、一九九三年)という本を書くが、そこで「『門』に始まって『道草』で終わる」(同)という構成にした。中年の危機を迎えて、「その「門」に入れるのか、入れないのかという感じがよく出ている」(同)『門』と、道草ばかり食っているように見える自己実現について見事に描いた『道草』。

河合氏は漱石の全作品を読破した。そして漱石について書かれたものや、漱石門下生の作品にも手を延ばすことになる。寺田寅彦もそうだった。「寺田寅彦という人は非常に好きで、寅彦のいろいろな随筆を読みました。ちょっとした文章でも、すごく考えさせられることが多い。寅彦という人は、皆が迷信みたいに思ったり、いい加減にしてるようなことでも、よく考えたら科学的に説明できることであったり、科学的に考えるとこういうことがわかるんだということをわかりやすく書いてる人です」(同)。

ずっと後になって、京大を定年で退官する時に、河合氏は『心理療法序説』(岩波書店、一九九二年)を書いた。それは、寺田寅彦の『物理学序説』を「真似した」のだという。寺田は、「なぜ物理学の「序説」かというと、もちろん東大の教授だから物理のことはよく知ってるけれど、自分の書くものは物理学の始まりなんだと。ほんとうの物理学というのは、そう簡単に書けるものではない。だから、自分が東大の教授として書くことになったのは物理学の序説なのだ」(同)

と言っている。その考え方が好きだ、と河合氏は言う。

その頃、フロイトの本が訳され、少しずつ読まれるようになっていた。雅雄兄さんが、「すっごくいい、恐しい本がある」(同)と言って教えてくれた。当時とすれば〝エディプス・コンプレックス〟の、父を殺し母と結婚したい願望などという、普通では信じられない話が堂々と書かれている。それが『精神分析入門』だった。

そう思って読んで、僕は、恐ろしいというよりも「すっごくおもしろいことが書いてある本や」と思って、「僕もこういうことができたらいいのになあ」と思いましたが、まさか自分があとで夢分析をする人間となるとは、このころ、とうてい思っていませんでした。私は、「すっごく面白いなあ」と思いながら読みましたが、読みながら思ってたのは、「これはしかし、自然科学とは違う」と。僕は数学科にいましたから、自然科学とは違うものだと。しかし、自然科学と違うから信用できないとか、自然科学と違うから駄目だというのはおかしいので、こういう大事なことは考えなければならないけど、自然科学と違うということをどう考えたらいいんだろうというのを疑問のままで、こういう本を読んでいたことを覚えています。そのことは、まさに私の仕事とあとのほうで直結してくることになります。(同)

宮沢賢治は大学一年の時に知った。三高出身の友人・林博男氏が、童話と詩を集めた本を貸してくれて読んだのだが、初めて読んだときに、「こんな面白い本が世のなかにあったんか」「読まずにいたのは大損害だった」(同)と思ったという。家中、すっかり賢治のファンになってしまった。

映画について言うと、河合氏は一年生の時には三本しか見ていなかった。当時は、ひたすら下宿で本を読むか、フルートを吹くかしていた。ところが雅雄兄さんが一緒に住むようになって、映画にも連れ立って出かけるようになる。ジャン＝ルイ・バローの「しのび泣き」や「天井桟敷の人々」、長兄の仁兄さんにさんざん聞かされていた「舞踏会の手帖」とか「巴里の屋根の下」など。またジュリアン・デュヴィヴィエ監督の作品はすべて見ている。

日本映画は、「わが青春に悔なし」に感激したが、西洋かぶれだったので、あまり面白いとは思わなかったと言う。「小津安二郎の作品なんかは、いまはおもしろいと思いますけど、あの頃はぜんぜんおもしろくなかった。それよりはコクトーのつくった『美女と野獣』や『オルフェ』などがすごく好きでした」。

## 7　高校教師志望と元祖「河合塾」

こうして河合氏は、一年間休学して、篠山の家で過ごすことになる。まず試みたのは、数学の勉強を必死にやり直すことだった。どこまでできるか、自ら取り組んだのだ。しかし、結論的には、「まあ、そこそこできるけど、やっぱり学者にはなれんのやないかなと思った」。

また、雅雄氏の話によれば、隼雄氏はこの時期に作曲法の勉強をしていた。

雅雄兄さんとよく話をした。京大には学問の鬼みたいな人がいるが、自分たち二人は絶対に学問の鬼にはなれない。どこにいっても二流にはなれるけれど、ちゃんとしたことはできないだろう。本当に意味のあることをするためには、何になればよいのか——そう考えて、河合氏は、高校の教師になる道を選んだ。「高校の教師やったらぼくは絶対に超一流になってみせる。教えるのも好きやし、実際に「河合塾」をやったでしょう。この「河合塾」は毎年やって毎年成功したんですよ。ぼくは弟にも「河合塾」で教えているんです。そんなんで教えるのがものすごく好きやし、教育が好きやから高校の先生になろうかと思った」。

ところで、高校の教師になるのはいいとして、ひとつ心配なことがあった。それは、高校の教師を見ると堕落していく人が多い、ということだ。初めは情熱を持っていても、「実際にやってる人を見ると、高校の先生いうのは、どうもくすんだような人が多い」。「四十歳ぐらいで、ああいうふうになって、ブツブツやってるのかなあ、これは困ったなあ」（『深層意識への道』）と心配する。

そこで思い出したのが、凰鳴高校の国語の先生、小島正敏先生だった。中学生の時に、河合氏も兄さんたちも教えてもらった。東大出身だったが、風格のある先生で、授業がものすごく面白かったのだ。そこで小島先生の家に訪ねて行って、質問をした。「じつは高校の教師になろうと思うんだけども、正直なところ、ほかの先生はどうも感心せん。ところが、先生のような生き方をしてるんやったらいいと思うけど、それはどうしてなんでしょうか」。それに対して、小島先生は次のように答えた。「中学校とか高校の教師は同じことを教えているので自分たちが進歩しなくなる。なんにも進歩しない人間というのは魅力がない。自分は国文学についていつも研究している。それは学界から見れば大したことないかも知らんけれども、自分なりにずっと研究は続けてきている。自分がどこかで進歩しているということを、中学生、高校生にはなにも教えないのだけれど、みんな感じているんじゃないか。だから、べつに数学でなくてもいいから、自分が進歩し続けられるものをしっかり持っている限りは高校の教師になってもいいと自分は思う」。

いいことを聞いた、と河合氏は思った。しかし、数学では進歩するのが難しい。それなら、子どもの心理の研究をしよう。「心理学の勉強をしながら一生高校の教師をしようと、休学しているうちにもうはっきりきめるのです」。その頃、河合氏は、心理学の研究の主流が実験心理学だということを、まだ知らなかったのである。

このようにして、高校の教師になることを決心すると、光が見えてきた。心理学を勉強しようと決めた後には、文学部に心理学の講義を聴きに出かける。矢田部達郎先生や正木正《まさし》先生の講義を聴き、全部ノートに取った。最初に心理学の講義を聞いた時には、「なんやこれ、そのままわかるやないか」、「聞いてそのままわかる講義なんて、これは楽やな」と思った。数学の講義とはだいぶ違っていたのだ。

復学して、再び下宿生活を始めた。河合氏は、「ものすごく節約して生きて」いた、と言う。喫茶店に入ったことがない。食べるものもできるだけ節約した。試験の時に、高木貞治の『解析概論』を下宿に籠ってひたすら読んだ。白菜とブタ肉を買ってきて、白菜を刻んでコンロにかける。コンロは暖房兼用だ。白菜を炊いて、そこにブタ肉をちょっと入れると味がつく。食べているうちに味がなくなってくる。そうするとブタ肉をちょっと入れる。そしてまた白菜を入れる。それを食べながら『解析概論』を勉強していたら、雅雄兄さんが篠山から食い物を持ってやってきて、「やっとるな、溶鉱炉の火は消えずやなあ」と言った。

このような生活だったので、河合氏は「結局大学時代には恋愛もないし研究もないんです。ひたすら自分のなかにいろいろ溜め込んでいたんですね、本を読んだりして」、と言う。「そういう意味ではずいぶん独特の大学生活を送ったということになりますね。だからノイローゼのことなんかよくわかるはずですよ。自分がなってきているわけだから。まあ、お先真っ暗でしたからね」。

という具合だから、大学時代に友人はそんなにできなかった。しかし、前に出てきた林博男氏とはよくつきあっていた。林氏はヴァイオリンが上手で、そのお兄さんもチェロを弾く。もう一人ヴァイオリンをやる沢田達郎氏という、後に物理の教授になる人がいた。彼ら三人と河合氏は、カルテット（四重奏団）をやっていた。ハイドンとかモーツァルトの弦楽四重奏を、河合氏が第一ヴァイオリンのパートをフルートで演奏し、林氏がヴァイオリン、沢田氏がヴァイオラ（ヴァイオリンにビオラの弦をはったもの）をやった。少し後には、末弟の逸雄氏がそのヴァイオラを受け持つことになる。メヌエットばかりやるので、メヌエット・カルテットと呼んでいた。

最後に、大学時代に河合氏がやっていた予想外のことに触れておこう。それはなんと、学生運動だった。

その頃、自治会があった。自治会の委員は、各学科から一人ずつ出ることになっていた。しかし、数学科の学生は政治に関心がないので、誰も立候補しない。それでは名簿の番号で投票して決めよう、ということになった。河合氏は、自分に決まるのではないかと、「あやしい予感」がしたという。「なんでかというと、ぼくは17番なんです。パッと素数だという感じがわかるような数やからみんな書くんとちがうかなと思ったのです。その結果、ぼくは自治会の委員になった。大学一年のときです」。

自治会の体験は役に立った、と河合氏は言う。理学部は比較的先鋭だった。当時のことだから共産党員が多い。河合氏も「クソ真面目に考えるほうやから、だいたい共産党的な考え方になってきた」。ちょうどその頃〝看護婦事件〟が起きて、学生たちは結集した。他学部の連中ともまじわるようになる。しかし、活発に運動する学生たちを見ていて、だんだんいやになってきた。「要するに、ぼくはクソ真面目共産主義やからね。自分の生活はできるだけ切り詰めているのに、連中はわりあいに派手に金を使っているし、勝手なことをして言行一致しないんです」。

二年の時も委員をやっていたのだが、その時の動物教室の委員は伊谷純一郎氏だった。伊谷氏とは友だちになって、よくしゃべった。彼はものすごく過激で、無期限ストに突入ということになれば、あくまでも闘い抜こうと主張した。大方の学生は、無期限ストと言っても、すぐ無期限でなくなり、妥協してしまうのだったが。

〝総長缶詰め事件〟のときも、総長室の廊下に座り込みに行った。ところが、河合氏が座り込んでいたところへオーケストラの顧問をしている人（当時、大学の本部に勤めていた）がやってきて、「きみ、きょうオーケストラの練習があるから絶対に出てもらわないと困る」と言った。それで仕方なく練習に加わった。その後に機動隊が入って、全員が捕まってしまう。つまり、その人は河合氏を逃がしてくれたのだった。

当時は、よく全学学生大会が開かれていたが、河合氏はそうした会にはすべて参加した。そこで話を聞いたり、運動の実態を見たりしたことによって、「運動というものがいかに生きている人間から離れてしまうか」を感じざるを得なかった。それで、結局はやめることになるのだが、皆は河合氏のことを冗談に「京大理学部の右翼」と言っていたという。

当時、共産党に入っていた学生たちも、後でやめる人が多かった。理学部の学生たちは非常に純粋に考えている人が多く、河合氏もその一人だった、と言うことができるだろう。

# 第二章　心理学者への道

## 1　立身出世主義でなく

本章では、河合氏が心理学者になるまでの軌跡を明らかにするつもりである。が、その前にどうしても言及しておきたいことがある。

二〇〇八年五月末、私は思い立って丹波篠山を訪ねることにした。現在、長年住み慣れた犬山市から故郷の篠山に戻って居を構えておられる河合雅雄氏に、面識もないのに〝ご教示いただきたいことがあるのですが〟と連絡を差し上げたところ、〝ぜひ拙宅にお立ち寄り下さい〟との返事を頂戴した。

ご好意に甘えてお訪ねしたところ、雅雄氏ご夫妻はさまざまなことをご教示下さっただけでなく、篠山の町や城跡を案内して下さり、果ては隼雄氏の生まれた家で、篠山在住の隼雄氏のご兄弟、仁、迪雄両氏に引き合わせて下さった。そして仁氏夫人のご案内で、大きな家中を限なく見て回ることができた。

新館がそれを囲むように建てられている築山と池。その池は、前章で引用した「蛇わたり」の背景である。二階の子供部屋からは、権現山が見える。

二階の「洋館」には、今でも小さなオルガンが置かれている。このオルガンの回りに集まって、母親の伴奏で兄弟たちはいろいろな曲を合唱したのだった。

オルガンの横にある窓から、外にある大きな柿の木を伝って、雅雄少年は二階の屋根に登ったらしい。迪雄氏は、〝いくら雅雄兄さんでも、あれは危なかったよ〟と言い、雅雄氏は苦笑した。

そのような八十歳を越えた兄弟のやりとりを聞いていて、私は隼雄氏が語った家族の情景を、あれこれと思い出さずにはいられなかった。それらの多くは前章で紹介してある。ここでは雅雄氏の証言を聞いておこう（「隼雄の思い出」）。

両親が生きてる間はもちろんのこと、その後も長兄の仁《ひとし》が跡を継いだ本家に、隼雄はよく帰ってきた。できるだけ兄弟が集って、飲食を共にし、話に興じ、子どもの時のエピソードを語り、冗談音楽を奏でて笑いころげた。妻たちは、初め「男の子ってこんなに笑うのか」と異様な感じを持ったと言うが、そのうち笑いの渦に巻きこまれていった。

私は六人兄弟の三男、隼雄は五男で、隼雄とは四つ違い、私は早生まれなので学年は五つ違っている。男ばかり六人だが、兄弟喧嘩《げんか》をした覚えはほとんどない。殴りあいの喧嘩は一度もない。それぞれ性格は非常に異なっているのに、どうしてこんなに仲がよかったのかわからない。親の育て方が上手だったのだろう。大人になってからも、お互いが開けっぴろげで本音で話をし、人生の支えを見出すことができた。

雅雄氏の言うとおり、ご両親の育て方が上手だったのだろう。それはそのとおりだと思う。しかしそれと同時に、私は河合家の家族のあり方に、近代日本の光景のなかではめったに見ることのできない一つの特質を、強く感じないではいられないのだ。

それは、〝立身出世主義的ではない、自足した家族のあり方〟と言うことが可能かも知れない。明治維新以来、日本という国を良くも悪くも支えてきたのが、かつて神島二郎氏が言ったように、〝立身出世〟という考え方であった。地方から東京や大阪という大都会に出てきた青年たちは、そこで身を立て、故郷に錦を飾るのが夢だった。末は大臣か、大将か——中央にある高等教育機関も、このような考え方によってランク付けされた。とすれば、少しでもランクの高い学校に入らなければならない。そして、自らの立身出世は、とりも直さず日本という国の力を増強することに他ならない、と考えられた。

したがって、故郷は、そこから中央に出て行く出発点としての意味しか持っていない。成功した人の場合には、帰郷する頻度が高くなるかも知れない。しかし、故郷に帰って再び家族と生活することはほとんどなかった、と言えるだろう。なぜなら、出世した人のレベルは故郷のレベルより、立身の度合いが高ければ高いほど、異なったものになってしまうからだ。

しかし、河合家の場合は違っていた。両親がそうであったように、篠山という場所において自足していた。篠山という町自体が自足したところだった。何よりも、両親と兄弟たちだけで十分に自足した家族だった。それは経済的な自足だけではなく、精神的・文化的な自足でもあったはずである。

兄弟たちで遊んだり、本を読んだり、合唱や合奏をしたり、議論したりすることができた。だからこそ、これから見るように、雅雄氏が犬山の研究センターに行くか行かないかで、大変な議論になったのだった。事実、兄弟の半分は、故郷の町で医者や歯科医として過ごすことに誇りを抱いていた。

兄弟のうち三人が京都大学に進んだが、隼雄氏の場合はこれから見るように、高校の教師になって嬉しくて仕方がなかった。両親や兄弟も喜んでくれた。雅雄氏は後に、日本が世界に誇るべき霊長類学の先達と目されるようになったが、その学問の方法が実に独特のものである如く、いわゆる立身出世の世界とは異なる場での、活躍であった。若くして逝った末弟の逸雄氏も、京大助教授の肩書きを投げうって専門の癲癇研究のために尽くした医学者だった。

つまり、兄弟のうち誰一人として、官僚や企業家になり立身出世を目指した人はいなかったのである。

このように見てくるならば、河合兄弟はやはり、近代日本の社会では稀有な存在であった、と言えるだろう。そしてこのことが、後の河合氏の仕事を支える大きな原点であり、エネルギー源であったとも思うのだ。

ここで米山俊直氏の著作『小盆地宇宙と日本文化』（岩波書店、一九八九年）に触れておこう。この本は、「小盆地宇宙（Small Basin Universe）というイメージを出発点として、日本文化の単一性の「神話」に対する反措定を試みた」ユニークな内容を持つ。日本各地に散在する、時に〃小京都〃とも称されることのある、「小盆地宇宙」について、米山氏の言葉を引用する。

小盆地を中心とする文化領域は、いわばひとつの世界である。この世界を、私は「小盆地宇宙」という名で呼ぶことにしている。小盆地宇宙とは、盆地底にひと、もの、情報の集散する拠点としての城や城下町、市場をもち、その周囲に平坦な農村地帯をもち、その外郭の丘陵部には棚田に加えて畑地や樹園地をもち、その背後に山林と分水嶺につながる山地をもった世界である。典型は遠野のように、孤立して四方が尾根に取囲まれているが、盆地に集まった水は一方の方角から盆地の外へ流出している。このような地形を特徴とする世界で、住民が構築してきた精神世界を、小盆地宇宙と呼ぶのである。

この小盆地宇宙は、それぞれ個性を持ちながらも、同時に歴史時代の千年に先立つ数千年、ないし一万年ほどの先史時代の記憶をその空間のなかに残存させていて、それが弥生時代以降の歴史と重なりあい、いわば統合されているという点では共通性を持っていると思われるからである。

篠山は、こうした小盆地宇宙の一つの典型であった。米山氏は篠山盆地について詳しく説明し、その出身者の代表格として、河合兄弟にも言及している。そして米山氏は、ジュリアン・H・スチュワードの「社会文化統合のレベル」という概念を援用しつつ、日本における統合の諸レベルについて述べる。①家族のレベル、②家のレベル、③親族・家連合のレベル、④仲間のレベル、⑤近隣のレベル、⑥集落のレベル、⑦集落中心のレベルに続いて、「小盆地宇宙のレベル」について、次のように説明する。「かつては言語（方言）、物質文化、生活慣習、宗教行事、生業、経済組織などが、このレベルでほぼ完結したミクロコスモスを作っていた。多くの場合、藩ないしそれと同格の政治的統合もこのレベルで生まれ、城や城下町の象徴性が生まれた」。

こうした小盆地宇宙のレベルは、次に「国ないし天下のレベル」、「世界のレベル」へと展開する。明治以降の日本の軌跡は、まさにこの展開の過程であった。

このことは、小盆地宇宙の文化統合との関連で考えるならば、いわばその小さい宇宙を否定し、より大きい国家のレベルへ、個人のアイデンティティをおきかえることである。廃藩置県以来、国民皆教育、国民皆兵、そして各地の殖産振興策などを通して、小盆地宇宙はその文化統合を破壊もしくは弱体化され、日本人――帝国臣民という全国ひとつの枠組のなかに組みかえられていったのである。篠山は六百年にわたる藩主青山家への忠誠のかわりに、帝国陸軍の連隊がおかれ、国家とその軍隊への忠誠がもとめられた。高山も伊賀上野も、それぞれの小盆地のしずけさの中にとどまることは許されなかった。

（中略）

各地の「小京都」や「京町」が、明治以前の都ぶりの伝播とすれば、今日各地に見られる「銀座」は、明治以後の同じような中央模倣の結果であるといってよいだろう。しかしこのゆるやかな相互関係は、明治以降の強い中央集権の推進によって、しだいにより直接的な中央従属のかたちに移行してゆく。さらに、工業化の大波は、小盆地宇宙のかなりの部分を破壊し、奪い去ってゆくことになる。その代りに、篠山のように軍隊が配置されたり、新しい高等教育機関（旧制の大学、高等学校、専門学校、あるいは中学校）が配置されたりすることによって小盆地は国家の一部分としての役割を分担させられることになる。

このように見てくるならば、第一章で見た河合兄弟の行動が、大きな社会変動＝国家的統合の波のなかで、いかに特異なものであったか、理解することができるはずである。この点においてこそ、私は河合兄弟を、立身出世主義的でない稀有なあり方の一つの具体例として、位置づけたいのである。

最後に、この本を米山氏に執筆させる契機になった問題意識を、確認しておきたい。それは以下の文章に読み取ることができる。

　小京都と呼ばれるような小盆地宇宙の中心は、一方でその盆地宇宙の文化中心であると同時に、それは外世界、とくに日本文明の二つの中心の発信する文化情報に対してはそれを受けとめる端末としての機能を担っている。このホロニックな性格は、そこが小京都と呼ばれているかどうかにかかわらず、小盆地宇宙の中心である都市ないし町に課せられた役割である。望むらくは、これらの小京都群ないし城下町群が相互に連帯するとともに、それぞれが日本文明の二中心だけではなく広く海外と直結してゆく回路を、確保し、それぞれ独自の連帯が生まれることである。国レベルの関係を超えたそのような関係が、それぞれの地方文化に与える影響は小さくないだろう。

このような米山氏の願いに即して言うならば、河合雅雄氏や河合隼雄氏の壮大な仕事こそ、小盆地宇宙から発して、東京や大阪のみならず、国家レベルの関係を超えて世界に拡がる回路を構築した、顕著な例と言うことができるだろう。

## 2　教師兼大学院生

一九五二（昭和二十七）年、河合氏は京都大学理学部数学科を卒業し、奈良の私立育英学園に数学の教師として就職する。この学校は中学・高校の併設校だった。

就職のきっかけは、河合氏の従兄の坂口文男氏がこの学校にいて、「こいこい」と言ったからであった。当時、数学科を出ても、京都の公立高校の教師になるのは難しかったという。だから皆、京都以外のところへ行くか、私立校に行くか、保険会社に就職するかした。河合氏の友人の林氏は人事院に入った。

「高校の教師になったときはうれしゅうてうれしゅうてしかたがなかった。ほんとに「わが生涯の最良の年や」って高校の教師になったときは言うてたぐらいです。大学の先生みたいなアホなもんにはならないと豪語してたんですよ」、と河合氏は言う。

常勤並みに働くのだが、専任にはなれなかった。月給は六八六八円。「なぜ覚えているかというと、ロハロハいうてね」。贅沢はできなかったが、自活できるということで、「あんなうれしいことはなかったですね。もう親に金をもらわんでいいから」。

イギリスでは、オックスフォードやケンブリッジで古典学や哲学を勉強し、卒業後は小学校の教師として一生過ごすということがあると聞いていたが、河合氏も同様に考えていた。「ぼくは完全にそれやと思ったですね。とくに私立へ行っているから、校長さんなんかになるはずがないでしょう。そこで勉強しながらほんまに教師で過ごせる。ぼくにとっては理想的やったんです」。

当時、育英学園は生徒数を増やしていたので、新任の教師が七人も入った。京大卒の人が五人くらいいたという。「まさに清新の気が満ちているわけで、同僚がすごくおもしろかった。みんな教えることにほんとに熱心でした。あのころはまだガリ版を使っていたのですが、生徒に渡す教材のガリ切りをしょっちゅうやってましたね」。担任は持たなかったが、当時から学校が熱心に取り組み始めた一流大学への進学のために、生徒たちを一生懸命に教えた。

高校生といっしょにテニスを楽しんだり、人形劇もやった。人形劇部をつくったのだ。後に、小川未明の『赤い蠟燭と人魚』を、人形劇でやったことがあった。バックミュージックを京大の心理の梅本堯夫《たかお》先生に作曲してもらい、それを河合氏がフルートで吹いた。ものすごく忙しくて、新聞を読むひまさえなかった。「服を着たままで寝てることもあるぐらいでした。それほど自分にとってもおもしろかったんです」。

中・高の併設校だったので、中学生にも教えた。「中学校の一年生というのはやたらに可愛らしい顔しているんですよね。教室に入っていって見たら、急におかしくなってぼくはバーッと吹き出してしまったことがあるんですよ、あんまり可愛らしいので。それで中学生ってみんなワーッと笑うでしょう、彼らが笑うたら、またぼくもワーッと笑いだしてね、「もう笑うのやめて勉強しよう」言うたとたんにまたワーッとだれか笑う。結局、一時間中笑っていたことがあるんですよ、なんにもせんで」。

すごく自由な雰囲気だった。生徒と先生の仲がよかった。生徒たちは、しょっちゅう職員室にしゃべりに入ってきたし、先生たちも生徒の中に入っていった。「ほんとに楽しかったですね。あんな楽しいことないというぐらいの感じでした。自分のやりたくてしかたないことをやって、経済的にも自立しているし、自分の意思で生きられるわけでしょう、適当に勉強もできるし」。

教師仲間で、「高校の教師はなんらかの意味で進歩していなければならない」と話し合って、それではフランス語の本を読もうということになった。英語を教えている、京大のフランス語卒の小柳保義氏の指導で、週に一回読書会を開いた。メリメとかシャトーブリアンを読んだが、特にメリメの『マテオ・ファルコーネ』は印象に残っているという。

同時に、そのフランス語の読書会の前に、毎回岩波新書を種にして話し合うこともした。各メンバーが順番に一冊ずつ、好きな本を選ぶのであった。『深層意識への道』の第Ⅰ章に、当時河合氏が選んだ岩波新書があげられているので、見ておこう。

マルセル・パニョール『笑いについて』鈴木力衛訳、一九五三年。
桑原武夫『文学入門』一九五〇年。
吉田洋一『零の発見』一九三九年。
遠山啓『無限と連続』一九五二年。

河合氏は、笑いについて子どもの頃から関心があった。長じて、〝日本ウソツキクラブ〟の会長になる素質は、幼い頃から具わっていたようだ。「僕は子どもの時から人を笑わせるのが得意で、ジョークや駄洒落、パロディなんかを頻発していました。父親以下兄弟も好きで、家族中でやってきた感じがあります。パニョールは簡単に言ってしまうと、「笑い」には二種類あって、笑い手の笑われる人に対する突然に生じる優越感によるものと、第二の方は第一のように積極的ではなく、相手の劣等性を笑うものです。そして、多くの笑いはこれらの結合であったり、中間にあったりする、というのです」(『深層意識への道』)。しかし、河合氏は、パニョールの考えている理論に全面的に賛成するわけではない。「大切な一面をついている、という感じで、これですべての笑いを説明するのは無理だと思っていました」(同)。

一方、高校教師として多忙な生活を送っていた河合氏は、週に一日半だけ京大に通っていた。それは、大学四年生の時に、一流の高校教師になるぞと心に決めた折、雅雄兄さんが「それやったら大学院に入っとけ」と忠告してくれたからだった。当時は旧制だったので、大学院には先生が「入れたろ」と言えば、入ることができた。雅雄兄さんは、心理学の苧坂《おさか》良二先生のところへ河合氏を連れて行った。

　この間の事情を雅雄氏に直接確かめると、以下のようなことであった。まず、隼雄氏が本当に人間のことを勉強するつもりなら、大学院で勉強することが必要だとアドヴァイスした。次に、なぜ苧坂氏のところへ連れて行ったかというと、当時雅雄氏はいろんな研究会に参加していたのだが、苧坂氏が『社会心理学』という小冊子を刊行したところだったので、研究会で報告してもらったことがあった。加えて苧坂氏は広い視野を持っていたが、行動主義的な心理学を専攻していたので、電気と数学を勉強してきた隼雄氏にはぴったりだろうと考えた、とのことであった。

　その結果、隼雄氏は旧制の文学部の大学院（心理学科）に所属してはいるものの、実際の勉強は教育学部でする、ということになった。なぜかと言えば、苧坂先生は教育学部の先生だったのだ。当時、教育学部には心理学の先生として、苧坂氏の他に、末永俊郎氏と梅本堯夫氏がいた。

　何とか心理学の知識を早く身につけたいと考えていた河合氏であったが、ちょうどその頃、中山書店から日本応用心理学会編の『心理学講座』（一九五三年〜、第16回配本まで）が出版されることになった。心理学の全領域をカバーする企画だったので、当時の河合氏にとっては、最適のものであった。この講座のことについて、河合氏は後に次のように言っている（『日本人とアイデンティティ――心理療法家の着想』創元社、一九八四年。後に講談社＋α文庫に収録）。

　生活費から考えて、やや思い切って注文したような記憶が残っているが、それだけに毎回の配本を心をおどらせて待つようなところがあった。こんなところは、現在の豊かな時代の学生よりは、かえって幸福だったとも言える。配本されてくる一つの巻は、その領域によって細分され、それぞれ分冊になっているのが斬新に感じられたものである。

心をおどらせて配本を待った、と言っても全部読んだわけではない。考えてみると講座と名のつくものを端から端まで読んだのはひとつもないように思う。そのような読み方は私の性に合わないようだ。講座というものはいささか「お守り」のようなところがあって、書棚にそれだけの知識が並べられていると、何となく気丈夫になるところに、その効用もあるのだろう。

「お守り」的ではなく、割に読んだものとして、上記の心理学講座に続いて出版された、みすず書房の『異常心理学講座』〔第一次・全八巻、一九五四―五八年〕がある。これもなかなか素晴らしい講座であった。考えてみると、配本を待ちかねるような気持ちで購読した講座は、この二つだけと言えるかもしれない。

大学院生といっても、旧制のときには籍があるだけで、資格もない。授業料も払わないでいい。河合氏は十年間近く、大学院に籍を置いていたという。学割があるので、何かにつけて便利だったからだ。天理大学の教師になっても籍を置いていたが、京大の非常勤講師になった時に、事務の人から「これはあんまりですよ」と言われて、ついにやめた。

両親と兄弟は、河合氏が育英高校の先生になったことを、本当に喜んだ。兄弟は医者になる人が多かったが、二男の公兄さんがよく言うように、皆「自分は田舎医者や」ということに誇りを持っていた。「社会的な肩書きよりも、実質的な生活の中身というか人間関係を大事にするということですね。人間が好きで楽しうやっているから、そっちのほうにみんな一生懸命だったのです。／それで学問なんてするもんやない、したって、そううだつも上がらんやろうしというんで、それでほとんど自分の行き先がきまってくる」。

雅雄兄さんにしても、京大を卒業して、兵庫農大の助手になって、篠山へ帰ってきた。両親は、「行くゆくはそこの教授になったらええわ」と考えているようだった。「ぼくだって高校の教師になってよかったなあって、みんなそういう考えやったんですよ」。「ぼくもある程度たったら篠山鳳鳴高校の教師ぐらいになって、あそこの校長さんになっていたかもしれない……」。

しかし、と河合氏は言う。それには「プラスの意味とマイナスの意味があった」と。兄弟がそれぞれ自立して、楽しく好きな仕事をしながら一人前になっていく、というのはプラスの側面だ。しかし、なんとなく両親の下に集まってくる、つまり「篠山求心的」なのは、消極的だと言えないこともない。だから、雅雄兄さんが愛知県犬山のモンキーセンターから来ないかと言われた時には、大変なことになった。「あのときのことを覚えてます。集まってみんなでどれだけ話し合いしたか。両親は行かせたくないんですわ、体が悪いからね。それに、モンキーセンターですよね。あとで霊長類研究所に発展しますが、はじめは海のものとも山のものともわからない。あんなところへ行くよりもここで助手をしていたら、ちゃんと兵庫農大の教授になれるやろ、というわけです」。

一方、今西錦司、宮地伝三郎、伊谷純一郎といった先生方からは、何とかこの新しい施設を実現しなければというので、強く説得される。河合家では何回も話し合いをしたが、結局雅雄兄さんは行くことにする。「そこらからちょっと変わってくるんですね。もっとも、そのときはまだぼくはずっと一生高校の教師でいるつもりでしたけどね」。

## 3　ロールシャッハ・テストから臨床心理学へ

京大の大学院へは、週に一日半行った。当時のことだから、心理学といえば〝科学的〟なそれを意味し、臨床心理学などは学問とは認められていなかった。先生方の講義はずっと聞いてはいたが、それらは河合氏が本当に望むものではなかった。「フロイトはほんとにおもしろいと思うんだけど、そんなものは学問じゃないからだれも問題にしない、という状況が一年近く続いたんじゃないでしょうか」。

雅雄兄さんは、河合氏を行動主義的な心理学を研究している苧坂先生のところへ連れていったが、前にも見たように、自分では異常心理学とかフロイト派、あるいはネオ・フロイディアンなどにも興味を持っていたのだ。当時、〝サイコソマティック〟（心身療法）が流行り出した頃でもあったので、兄弟はよくそうしたことを議論していた。

そういう河合氏に対して、心理学の先生方から、佐藤良一郎氏の『統計学概論』について講義してほしいという要請が持ち込まれる。数学科出身だから、統計学はお手のものだろう、というわけだ。それで、苧坂、梅本、末永といった先生方を相手に、河合氏は毎週統計学の講義を行なった。言うまでもないことだが、統計学は〝科学的〟心理学の基礎をなすものと考えられていたのである。

ところで当時、奈良の少年鑑別所で心理テストをやっている、高橋雅春さんという人がいた。後に関西大学の教授にもなり、ロールシャッハ研究者として有名になるが、当時は鑑別所の課長だった。高橋さんも京大の心理の出身だったが、鑑別所に入ってもっぱら心理テストを試みているという「非常に変わった人」だった。苧坂先生に相談すると、「なんでも好きなことをしたらいい」というので、河合氏は「京大へ行く時間に京大には行かんで、自転車に乗って勤めている学校から奈良の少年鑑別所まで行って、そこで高橋さんにロールシャッハ・テストを習った」。

実は、河合氏がロールシャッハ・テストを学び始めることには、下地があった。数学科の学生の最後の頃、すでに心理学に興味があったのだが、雅雄兄さんも関心を持っていて、何かと手引きしてくれていた。その一つとして、当時植物学から人類学へ移ってきた藤岡喜愛《よしなる》さんがロールシャッハを始めて、誰でもかれでもテストしまくっていたのだが、それを受けた雅雄兄さんが、河合氏に教えたのだ。「それで二人はものすごく感激した。ここまで人間のことがわかるのか、と」。こうした体験があったので、河合氏はロールシャッハ・テストを習いたいと思ったのである。

ずっと後の一九九二年に、河合氏はその前年に亡くなった藤岡氏を悼んで、次のような文章を書いている。（「藤岡喜愛さんを偲んで」『からだの科学』評論社、一九九二年五月。のち『「出会い」の不思議』創元社、二〇〇二年、に収録）。その一部を引用しよう。

藤岡さんと私のおつき合いは実に長い。藤岡喜愛という人の名をはじめて知ったとき、私は京都大学理学部数学科の学生であった。

当時、動物学教室にいた兄の雅雄の影響もあって、私は心理学に関心をもちつつあった。そんなとき、兄がいたく興奮して下宿に帰ってきた。植物学科を卒業後、心理学を勉強し「不思議な心理テスト」を好きになっている藤岡さんという人に、そのテストを受けてきた。そして、それによる「性格の診断」がこれだと言って、紙切れを見せてくれた。それを読むと、兄の性格の微妙なあやが巧みに記述されていて感心してしまった。

心理学の本などを読んで、質問紙のテストを自分でやってみたりして、もの足りなく思っていたときだったので、藤岡さんの所見には感心してしまったわけである。兄はそこでそのテストが「ロールシャッハ・テスト」というものであり、日本でそれを使える人は少ししかいないという。このときの体験は、私に実に大きな影響を与えた。後になって、私が心理学を学ぶようになったとき、まず熱中したのが、このロールシャッハ・テストだったという事実がそれを立証している。こんなわけで、私にとって、藤岡さんは実に重要な先達だったのである。

そして続けて以下のように書いた。

詳細は略すが、後に私がロールシャッハに取り組んでいたころ、われわれの仲間がロールシャッハの原本やクロッパーの本などを読んで、外国の知識を吸収するのに一生懸命になっているとき、藤岡さんは京大の人文科学研究所において、ロールシャッハに独自で取り組み、自分の発想を生かして努力しておられた。当時、L・C・コンビネーション（ロールシャッハ・テストのLocationとContentの結びつき方に注目して見てゆこうという考え）というユニークな考えを、どこかの研究会でお聴きしたことがある。「自分の考え」をもって研究をすすめようとしている人がいる、というので、深くこころに残ったことを、今もよく覚えている。

藤岡氏の名前が出てきたので、余談ではあるが、私が岩波新書編集部員として、河合氏の『コンプレックス』の企画をつくった時のエピソードを紹介しておこう。

「序章」で書いたように、私は河合氏の『ユング心理学入門』を読んで、ぜひ氏に新書を書いてもらいたいと思った。そして、すでに述べたように、〝コンプレックス〟という切り口でまとめてもらうという企画を考え出した。それはよかったのであるが、実は当時、東京で河合氏の名前を知る人はほとんどいなかった。それで困っている時に、岩波書店の編集責任者だったN氏が、「京都の藤岡さんが河合さんのことを非常に高く評価している」という情報を伝えてくれた。その結果、社内の会議で企画を通すことができたのであった。

話を元に戻すと、鑑別所では、高橋さんが子どもたちにテストするのを見たり、やり方を習った。ある程度習得した段階で、教えている育英学園の中学生、高校生に「すまんけど、やってくれんか」といってテストした。普段から子どもたちの性格については、よく考えていたので、これは「非常によい方法を自分でしていたと思う」、と河合氏は言う。

つまり、この子はこういう性格だから、こういうことを言うに違いない、と河合氏は考える。思ったとおりの結果が出る場合には非常にうれしいのだが、ぜんぜん違う場合がある。となると、「ロールシャッハがおかしいか、ぼくがおかしいか、ということになる」。

それについて一生懸命考えた結果、「ウーンとわかってくることがあるんですね」。例えばロールシャッハの解釈で、〝これはアグレッシヴである〟と出ると、すぐ〝攻撃性がある〟とか〝ケンカを売る〟というようなことを想像するのだが、元来の英語のアグレッシヴには、〝エネルギッシュ〟とか〝バリバリ仕事ができる〟という意味があって、そう考えれば納得が行くのであった。

さらに、ロールシャッハを子どもたちに行なっていくと、その時には分からなくても、「あとで納得がいったケースがだいぶあるのですね、それから五年後、十年後に」。河合氏は学校を辞めてからも、生徒たちとつきあいがあった。そうすると、十年もたってから病的傾向が顕在化するケースがある。ロールシャッハはそれを予見していたのだから、「『もうまいった!』と思ったことがありましたよ」。

河合氏が高橋さんの所で学んでいる間に、高橋さんは京都の少年鑑別所の課長になる。それをきっかけに、高橋氏を中心に、京都で京都ロールシャッハ研究会が結成された。研究会のメンバーは、鑑別所や児童相談所で実際にロールシャッハをやっている人だったが、中には文学部の学生の池田徹太郎さんのような変わり種もいた。池田氏は、京大人文研の藤岡喜愛さんや牧康夫さんとも知り合いだった。おまけに河合氏とは家が近かったので、よく話し合った。河合氏は言う。「その頃、一番関心のあるのは高校で教えること。その次に、人間を理解するために、というのでロールシャッハに熱心だったんです」。

こうして三年間、高校の教師をしながら、ロールシャッハの実践を含めて、心理学の勉強を続けてきた河合氏だったが、少しずつ心の中に変化が生じていた。自分は人間を理解するために心理学を勉強しているのに、実験心理学や当時アメリカから輸入され始めた〝ビヘイビアリズム〟(行動主義)ばかり。今ふうに言えば、〝臨床心理学〟こそ「非常に重要なことであるのに、まるきり無視されている」状況だ。とするならば、「どうしても臨床心理学をだれかが本式にやらないかん、という気持ちが非常に強くなってきたのです」。

と同時に、高校教師としても、河合氏は自ら危惧の念を抱き始めていた。「ぼくがあまり必死になると、むしろ生徒のほうがつぶれるんですよ、ぼくが若気のいたりでカンカンになりすぎると」。つまり河合氏は、自ら言う如く、「その頃は育てる教師じゃなしに、教える教師のカンカンの典型」だったのだ。だから「これでは高校教師をしていたらだめだ、という気持ちがしてきたのです」。

ちょうどその頃、河合氏の従兄に当たる人が天理大学の学長をしていた。当時は新制の大学ができあがってくる時期だったので、ポストはいっぱいある。「親類のよしみもあって、教育心理学を教える人がいないから来ないかいうことになった」。それでこれ幸いと、河合氏は天理大学

（四年制）の教育心理学担当の講師となる。ただ、河合氏の気持ちとしては、大変複雑だったようだ。「自分としてはちょっと残念、敵前逃亡みたいな、せっかく高校の教師をやろうと思ったのにという気持ち」と、「しかし一方、これはもう臨床心理学を必死になってやるよりしかたがないという気持ちも」あったと言う。

ずっと後の一九九四年、国際日本文化研究センター退官を期に、河合氏はプリンストン大学東洋学部の客員研究員となって、二カ月間アメリカで過ごした。プリンストンには四月初旬に行ったので、初めは木々も冬の様子だったが、次第に芽ぶき出し、やがて春を満喫することができた。五月にはミネアポリスの箱庭療法研究会に招かれたが、そこもまた春だった。そして五月末に帰国途上立ち寄ったアンカレッジ――これも箱庭療法の研究会だった――では、まさに春たけなわであった。河合氏はこの年、春を三回も経験したのだ。アンカレッジで河合氏は不思議な夢を見る。「シリーズ・生きる」（岩波書店）の一冊として刊行された、河合氏の著作『青春の夢と遊び』（一九九四年）のエピローグから、引用してみよう。

> 私は「春」のコンステレーションのなかにいるなと思っていたら、アンカレッジで不思議な夢を見た。
>
> 夢の中で、私はあらたに就職することになっていた。不思議なことに私は大学を卒業してはじめて就職する、という感じになっていた。就職するのは神戸のあたりの高校ということだった。私は神戸工業専門学校というのを卒業しているので、また神戸の友人たちとつき合

うことになり、なつかしいなと思い、友人のHのことを思い出す、そして、もう一人の友人Iのことを思い出したときに、おかしいなIは亡くなっているはずなのだが、と思ったときに目が覚めた。

これは私にとって極めて印象的な夢であって、退官後にどんなことをしようかとか、どんな方向にすすむのかなどと思っていたが、夢は明確に私が高校の教師になることを示していた。このことは、私が大学を卒業したときに一生高校の教師をすると明言していたことと密接に関連している。そして僅か三年で高校をやめて大学に移ることになったとき、「敵前逃亡」のような後ろめたい気持を感じながら最後の挨拶に生徒たちの前に立ったことを覚えている。夢は幸いにも私に青春が返ってきて、再び高校の教師に挑戦し得ることを示している。

ここで二人の友人、HとIのことを想起しているのも面白い。この二人は神戸工業専門学校電気科に在学していたときの親しい友人で、Hは高校の教師になりIは大学の教官になった。Iが亡くなったのも事実で、最近亡くなったのだが、私は葬式に参列できず心残りがしていた。しかし、ここで夢がこの二人の友人を選んだのは特徴的で、大学の教官の友人の方が死亡しているのは、私が大学を退官し、再び「高校の教師」となることを暗示している。Hはおそらく高校教師のベテランとして私のよきガイドになるに違いない。

ここで、高校の教師になるということを文字どおりにとる必要はない。私はもう残念ながら高校の数学の教師にはなれないだろう。しかし、高校生程度の学力のある人たちに役立つ仕事を私が今後続けてゆくべきこと、および、「大学教授」として何だか難しいことを言う必要がないことを示している。しかし、夢の最後のあたりで、私が青年教師として就職するということと共に、大学を退官した老人であることも意識しているわけだから、この両者を兼ねそなえた意味での「高校教師」でなければならない。

本書はこんなわけで、私の「高校教師」としての第一作になったが、読者の方々はどのように受けとめられるだろうか。

この文章のなかに読者は、六十歳台半ばになった河合氏が、いまだに「高校教師」であることの意味を深く考え続けている事実を、見ることができるであろう。

私は、河合氏の、高校教師となって、嬉しくて嬉しくて仕方がなかったという言葉を、河合兄弟の生き方のなかに置いてみるとき、そのとおりに受け取りたいと思う。

## 4　ロジャーズのカウンセリング

天理大学の講師になったものの、四年制大学が形成途上にあるので、大学自体まだシステムが整っていない。「ぼくはほんとにここの講師になっているのかなと思って心配した」。おまけに河合氏は、「自分は大学の教師になるようなガラやないという気がずっとあるわけ」なので、不安で仕方がなかった。「そのときもまた劣等感の固まりみたいなもの」だった。

それに比べて、天理大学の短大の方はよかった。長谷山八郎という教育学の先生がいたが、実践的なことにも関心の深い教育者で、当時保育科の主任だった。この先生と出会ったことで、河合氏は四年制と同時に短大でも教えることになった。そして短大では教育相談なども始めることになる。「それでも、ぼくは短大の先生方に会うのでもほんとにヒヤヒヤでしたね。馬鹿にされないかと思って」。

当時、河合氏がどれほど劣等感にさいなまれていたかを、よく表わすエピソードがある。天理大学はできたばかりなので、はじめのうちはあまり教えなくてもよかった。だから以前よりも多く京大に行くことができた。皆が集まっているところで、倉石精一先生が「天理大の講師の河合君」と紹介してくれる。先生はたんに「講師になった」と言っているのだが、河合氏はなんと「できもせんのに講師になったやつがおる」と言われているのではないかと思い込んでしまい、辛い思いをしたというのだ。

それはともかく、当時臨床心理学の指導者はいなかったと書いたが、京大には他の大学に比べると、臨床心理学に関心を持った先生方がいないわけではなかった。性格心理学を専門にしていた正木正先生や、倉石先生、それに非常勤講師の黒丸正四郎《しょうしろう》先生（後に神戸大医学部教授）などである。これらの先生方が教育相談を京大でも始めだしていて、そこに河合氏も参加することになった。

このように、京大でも次第に臨床をやりたいという人が出てくるようになる。当時、臨床を希望する人たちに一番アピールしていたのが、カール・ロジャーズのカウンセリングの考え方であった。一九〇二年生まれのロジャーズは、コロンビア大学の教職課程で心理学を学び、三一年に臨床心理学の学位を取得。非指示的カウンセリング、クライアント中心療法の提唱者として、知られていた。

アメリカでは第二次大戦中、ナチスから逃れるために、多くの精神分析学者が亡命してきた。ヨーロッパでは、精神分析はアカデミズムの世界に入っていなかったのだが、アメリカに渡ると、「それは完全に科学として受け入れられた」。まるで自然科学のように。したがって精神分析家は非常に優勢になる。しかし、フロイト派の場合には、医者でないと駄目なのだ。そこに明確なヒエラルキーができた。「サイコロジストはずっと下のほうなんです」。

そうした状況の中で、ロジャーズは、クライアントに会う場合、カウンセラーが指示しないことが大切だという、「非指示的（ノンディレクティヴ）カウンセリング」ということを言いだした。これが一世を風靡して、日本の臨床心理学界にも導入される。「ノンディレ、ノンディレ」という言葉が流行った。ひとつには、このノンディレクティヴ・カウンセリングをするのには、「あまり理論が要らないわけです。へたに理論を知っているやつはかえってだめなのです」。もうひとつは、カウンセラーは自分のやることを、すべて録音するということがあった。その結果、患者に対してどのような応答をすれば話が深まるかを、理解することができた。

例えば、クライアントがきて「私は父親を憎んでいるんです」と言った時に、「それはエディプス・コンプレックスです」と断定すれば、話はそこで止まってしまう。そうではなくて、「お父さんを憎んでいるのですか、辛いでしょうね」と応えれば、話は進むといった具合に。これは実際に、ものすごく説得力があった。河合氏も、初めてロジャーズの『非指示的カウンセリング』を読んだ時には、本当に感激したという。

後に河合氏は『カウンセリングの実際問題』（誠信書房、一九七〇年）の第七章で、次のように書いている。「ロジャーズの理論が日本に入ってきたことは非常に大きい意味をもっています。まず、日本ではカウンセリングはそんなに発達していなかった。何もそれを勉強していないのに、実際問題としてはカウンセリングをしなければならない状態が多い。その場合に、ロジャーズの考え方を守ってやればあまり勉強していないものでもうまくゆくことが多い。このため、ずいぶん多くの人が助かったし、私もそのひとりです」。「それと、もうひとつの大きい意味は、とかく日本の教育者とか宗教家など、りっぱな人は、説教するのが非常に好きでして、そういう日本の教育者の説教ぐせに対して、ロジャーズの理論はそれを真っ向うからぶちこわす役割をもった。（中略）また、やってみると説教などするよりはるかにうまくゆくということが分ってきたわけです」。

しかし、河合氏はロジャーズの本を読んで感激はしたが、さりとて自らカウンセリングをやろうという気にはならなかった。それよりも、「もっと自分を知り、人間を知るということが先決と思った」。「自分はノンディレをしなかった、というよりか、ようしなかったと言うべきでしょうね」。それでもっぱらロールシャッハに熱中した。このことを、『深層意識への道』で河合氏は次のように言っている。「そのころ、臨床心理学を始めた人ですぐにカウンセリングをする人がおられたんですが、私はする気が起こりませんでした。人の相談をするほど私は人間のことがわかっていない。わかっていないのに相談するのは申しわけないから、人間の心をもう少し研究してからカウンセリングをやったほうがいいだろうというので、もっぱら心理テスト――ロールシャッハテスト――を勉強しておったんです」。

ちょうどその頃、学界では論争が起こっていた。ロジャーズが言うように、「人が言ったことをほんとに非指示的に聞いていたらよいわけだから、診断なんか要らん、むしろ診断は有害や」という考え方が一方にあった。ロジャーズ自身、後に非指示的というのを「受容する（アクセプトする）」という言い方に変えたのだが、そうすると、「クライアントに会って、これは分裂病やと考えると、それは外側からものを見ているんであって、受容の妨害になる。だから診断は無用どころか有害だというのですね」。

他方ロールシャッハをやっている河合氏たちは、必死になって診断を考えていた。「ぼくらはもっと人間を知って、病理を知ることがまず大事と言うし、ロジャーズ派の人たちはそれは有害やと言うし、診断が第一か治療が第一かという、いまから見たらナンセンスなことですが、そんな論争になりました」。このような論争に、河合氏も加わって、診断は重要だと主張していたのだった。

ロールシャッハについては、学会でいろいろと発表したりしたので、少しずつ認められるようになってきた。「ロールシャッハの河合」と言われるぐらいに。つまり、「ぼくは実験心理学も困る、ノンディレクティヴ・カウンセリングも困るというので、テスト、テストでロールシャッハばかりやっていたのが実情です」。

## 5　アメリカ留学の決心

ところで、高橋雅春さんのグループで読むのは、英語の本ばかりだった。ブルーノ・クロッパーという、アメリカで活躍しているロールシャッハ研究グループの旗頭ともいうべき人がいて、いろいろ本を書いていた。高橋さんたちとは、こうした本を読んでいたのだ。ちなみに、河合氏の最初の出版は、このクロッパーとH・デイヴィッドソンとの共著である *The Rorschach Technique* (1962) の翻訳だった（『ロールシャッハ・テクニック入門』ダイヤモンド社、一九六四年）。クロッパーは、当時、『投影法ジャーナル』(*Journal of Projective Technique*) という雑誌を出していたので、その雑誌に掲載された論文も読んでいた。

河合氏は述懐する。「いまから思うとウソのようですが、雑誌論文ひとつ読むのに長い時間がかかるんです。全部ノートに写して、一週間かけて日本語に訳す、とそんな読み方をするでしょう。そうするとどう考えてもおかしいところが出てきたんですよ」。それで、クロッパーに手紙を出そうということになる。貴誌掲載の論文のこの箇所はどうもよく理解できない。私が思うには、こうなるはずなのだが、と河合氏は書いた。あまり期待もしていなかったのだが、クロッパーから返事がきた。そして「これはあなたのほうが正しい。この『ジャーナル』を読んだ人はたくさんいるが、これに気がついたのはあなただけです」、と書いてあるではないか。河合氏はものすごく感激する。「ぼくはいっぺんにクロッパーが好きになったんです。すごい人やと思った。

それでアメリカへ行こうと思ったのです」。それは一九五六、七（昭和三十一、二）年のことだった。

クロッパーの手紙は、ロールシャッハ研究会のメンバーを大いに勇気づけた。そして誰かがアメリカに留学する必要があるということになる。当時は、「向こうのほうがよっぽど進んでいるんですから」。それでグループで英会話を習い始める。金がないので、知り合いのアメリカ人の神父さんに来てもらって勉強した。

その時のことを、河合氏は次のように言っている。「ぼくはいまでも覚えていますが、その英会話の時間には初めから終いまで笑っていましたよ。なんでやいうと、その人の言うことがなんにもわからなかったからです。同じ人間でこんなわからんことをようしゃべっているなって、おかしくておかしくてしょうがなかった。ちょっと英会話ができる人はまだいいのですが、ぼくはなんにもわからない。ゲラゲラゲラゲラ笑うていたんですよ」。

これは恐らく、今の若い世代の人たちには分からない特別な感覚だろう。しかし、六十歳以上の人たちにはよく理解できる、半ば西洋人に対するコンプレックスの入り混じった、特殊な感情だと思う。それはともかく、こうした地点から出発しながら、河合氏は進駐軍の放送を聞いたり、三本立て三十円という映画館で洋画を見たり、天理大学の英語学科の会話の時間で勉強したりしていく。

そんな時に、ミシガン大学の臨床心理学のボーディン教授という人が来日し、京大で集中講義を行なった。それを聴いた河合氏は非常に感激する。そして「ああ、臨床心理学は学問として体系づけられているな」と痛感せざるを得なかった。とすれば、何としてもアメリカで勉強する必要があると、ここでも決意を新たにしたのであった。クロッパーのところへ行くか、ボーディンのところへ行くか、大いに迷ったが、とにかくフルブライトの試験を受けようということになった。

ボーディン教授の集中講義には、京大人文科学研究所の助手をしていた牧康夫氏も参加していた。それで牧氏とは、以後親しくするようになる。河合氏は、実験心理学に対する懐疑とか、ロールシャッハとプロジェクティヴ・テクニック（投影法）のことなど、自分が考えていることを牧氏にぶつけた。理論家の牧氏はそれに対して、「三時間でも四時間でもしゃべってくれて評価してくれるんやから、ぼくもまんざらではない、そういう感じでしたね」。

その頃、人文研では、シェルドン（William Herbert Sheldon, 1899-1977）の人格理論が流行っていた。それは人間の精神身体的な三基本型について、外胚葉型（ectomorphic type）・内胚葉型（endomorphic type）・中胚葉型（mesomorphic type）の三体型と、それぞれの気質の特徴を明らかにする理論だったが、牧氏が導入したと言われていた。雅雄兄さんと試してみたら、河合氏は「典型的なセレブロトニア、神経緊張型で、要するに、ただガリガリで神経がピリピリとしている性格ということになった」。ところが、それとは対照的なヴィセロトニア（内臓緊張型）の要素も出てくる。それで雅雄兄さんは、「おまえは典型的セレブロトニアだけど、年がいったらヴィセロが出てくるかもわからんで」と言った。

という具合で、人文研では「藤岡さんがロールシャッハ派で、牧さんがシェルドン派」と言われていた。

ところで河合氏は、一九六七年に最初の著作『ユング心理学入門』を出したが、それは牧氏が培風館に推薦してくれたおかげで実現したと語っている（『日本人とアイデンティティ――心理療法家の着想』）。

さらに、牧氏の助言で、最終章の最後の節「日本の課題」のなかで検討しようと考えていた、遠藤周作氏の『沈黙』に関わるコメントを削除した、とも言っている。原稿を読んだ牧氏が、「遠藤周作という人はウルサイ人だから、文句つけられたら、ひとたまりもないぜ」と忠告してくれたからである。河合氏は原稿を書き直すことがほとんどないので、これは珍しいことであった。

『日本人とアイデンティティ』には、削除した原稿の全文が載っているので、引用しておこう。

その例として最近話題になった遠藤周作の『沈黙』をとりあげてみよう。この小説は、幕府の迫害によって絶えかかっているキリスト教を何とか守りぬき、「信徒達を勇気づけ、その信仰の火種をたやさぬためにも」、日本に敢然と渡ってきたセバスチャン・ロドリゴという司祭について語っている。ロドリゴは予想される多くの困難や危難にもかかわらず、フランシスコ・ザビエルが言った「東洋のうちで最も基督教に適した国」である日本へ渡ってくる。そして、其の後、日本の役人に捕えられた後は、最後にとうとう踏絵を踏むことになる。しかし、これは迫害に耐えかねて転向したのではない。彼は、「踏むがいい」というキリストの声にしたがって銅版を踏むのである。この信仰厚い司祭が踏絵を踏むに到るまでの過程を、この小説家は生き生きと的確に表現しているので、興味のある方は小説を読んで頂くとして、筆者がここに問題にしたいのは、ここに司祭に対して「踏むがいい」と語りかけてきたのは誰であったかということである。私はここでやはり、土のおそろしさということを感じずにはいられない。司祭が本国にとどまるかぎり彼の信仰はそのままであったことだろう。しかし、彼が日本のトモギ村の土を踏み、日本の塩魚を食べる過程で、それらは抗しがたい力をロドリゴ司祭の心の奥にまで及ぼしていったのである。日本の土はキリストまで変えてしまったのか、それは解らない。しかし、少なくともロドリゴ司祭の耳に聞こえて来るキリストの声の内容は変ったのである。この際、「踏むがいい」と言ったのは仏様であると思う人はあるまいし、またサタンの声であるとも言い難い。それはしかし、天上から彼に語りかけるキリストではなく、彼の足下から語る、日本の土の中から掘り出された銅にきざみこまれたキリストなのである。「踏むがいい。お前の足の痛さをこの私が一番よく知っている。踏むがいい。私はお前たちに踏まれるために、この世に生れ、お前たちの痛さを分つため十字架を背負ったのだ」と、銅版のあの人は司祭にむかって言ったと作者は述べている。

それから十五年後の一九八一年に、河合氏はカソリックの雑誌『あけぼの』の対談で、初めて遠藤氏に会った。対談後の食事の折に、河合氏は『ユング心理学入門』に入れる予定だった『沈黙』についてのコメントを、友人の忠告で削除したことを伝えた。遠藤氏は「それは残念なことでした。もし改訂版を出されるのなら、是非入れておいてください」と答えた。

それに続けて河合氏は次のように書いている。「私は長年月のつかえがスーッと消えたような気持ちになった。しかし、帰途について考えたことは、やっぱり牧さんの忠告は正しかった、ということであった。おそらく、十五年も以前に、私の書いたコメントに対して遠藤氏が、何をこの若僧がと感じてつめよられたら、牧さんの言ったとおり、「ひとたまりもなく」ふっとんでしまったことだろう。／ものごとをするには、それ相応の「とき」というものがある。こんなことを考えると、牧さんは先の先まで読める人だから、今日のこのことを読んでいたのではないかと思う。それにふさわしい「とき」が来るまで待つことを、彼は私に忠告してくれたのであろう」。

その頃より十年ほど後になるだろうか、私は牧氏の岩波新書『フロイトの方法』（一九七七年）を編集した。この新書のことについては、前著『理想の出版を求めて』で詳しく書いたので、ここでくり返すことはしない。ただ、牧氏はフロイト理論を自らの身体と生き方をかけて追求しようとしていたこと、つまりフロイトのいうニルヴァーナ原則を徹底的なヨガの修行を通して追体験しようと試みていたことだけは、言っておかなければならない。しかし、牧氏は『フロイトの方法』の原稿が完成する前に、自らこの世から姿を消した。残された原稿を、牧氏の人文研における先輩である上山春平氏の強力な助けの下に編集したのが、『フロイトの方法』だった。

私は、上山春平氏に助力をお願いして後に、牧夫人マリ子さんからの手紙（一九七六年六月二十二日付）によって、河合氏が牧氏の遺稿をまとめるべく協力を夫人に申し出ていたことを知った。牧氏と河合氏は本当に親しい友人であったのだ。

牧氏の葬儀の折、友人を代表して河合氏があいさつに立った。「夢の中でよく牧さんを見ました。牧さん、と話しかけると、いつもふり返って笑顔で応えてくれました。しかし、今回は、いくら呼びかけても、こちらを向いてもらえませんでした」と話した河合氏は、そこで絶句し、話を続けることができなくなった。

こうしてアメリカ留学の前から始まった牧氏とのつき合いは、留学から戻ってからも、牧氏の死に至るまで、ずっと続いたのだった。

## 6 「ロールシャッハの鬼」

フルブライトの試験には、二度目の挑戦で合格した。一回目の時には、学科試験は通ったが、面接で落とされた。しかし、当時のフルブライトはとても難しかったので、学科試験が通ったことが評判になった。受験者は京都だけで百五十人くらいで、一次の学科試験に通るのは十五人ほど。最後に残るのは、わずか三人だった。河合氏によれば、「面接で落ちたのはあたりまえで、会話なんてまったくできなかったのですからね」。

翌年、再挑戦した河合氏は見事に合格した。しかし、誰も「偉い」とは言わないで、皆「うまい」と評した。それは、河合氏が「むちゃくちゃに」要領がよいのを、友人たちは知っていたからだという。もちろん、会話の試験にも通ったのだが、相変わらず英語の会話はうまくない。それで不思議に思った河合氏は、「なんでぼくのような人間が通るのかと」試験官の一人に聞きに行った。

そうしたら、以前は確かに英会話の点数を重視していた。英会話ができない人が留学しても意味がないというので。しかし追跡調査をした結果、会話のできる留学生は帰国してからあまり貢献していないことが分かった。とすれば、会話の能力よりも、勉強しようとしている学問に対して明確な目的意識を持っているか否かをこそ問うべきで、そうしたことすべてを考慮して選考すべきだというように方針が変わったのだ、との答えだった。

試験を通った後に、河合氏は「あなたは英会話ができないので東京で特訓をするから来なさい、受けねばなりません」という手紙を受け取る。結局、一カ月半ほど、全国から集まってきた他の四人とともに、英会話の特訓を受けた。

両親や兄弟たちは、河合氏が高校の教師をやめて、好きなことをやるということに関して賛成してくれた。が、「アメリカへ行く」と決めたのは、大変な衝撃であったに違いないと言う。「当時そんなことをだれも考えていなかったですからね。自分でも不思議だった」。

それはともかく、河合氏は天理大学で教育心理学を教えていた。他に青年心理学も教えた。ある時、「きみたちは青年なんや、だから自分たちのどういうことがいちばん知りたいのかということを調査しようやないか」、と言って統計をとったことがある。天理大学なので、一番は宗教、二番が恋愛だった。それを承けて、河合氏は学生たちに次の三冊の本を読んでレポートを出すように言った。シェンキェヴィチ『クォ・ヴァディス』、倉田百三『出家とその弟子』、そして芹沢光治良『教組様《おやさま》』の三冊で、つまりキリスト教、仏教、天理教に関わる本だった。学生たちの書いたレポートの中から面白いのを選んで、皆の前で紹介し、議論させたりした。

天理大学で臨床心理学を教えることはなかった。けれども臨床心理学の学会では、いろいろと発表した。最初のうちは「天理大学からポッと出てきて学会で発表したって「なんや」てなもんですね。しかし、だんだんやっているうちにみんなが評価してくれるようになった。だから、学会いうところはええとこやなと思うた」。

その頃、大阪大学医学部の講師をしていた辻悟《つじさとる》さんが大活躍していた。河合氏は辻氏相手でも平気でディスカッションを挑み、また辻氏も受けとめ評価してくれる。辻氏と「ワーワー言い合いしたり」「わたり合っている」ということで、学会で認められるようになった。

ロールシャッハをやる人は、もちろん東京にもいた。片口安史氏が非常に熱心に研究していたが、所属は精神衛生研究所だった。大学に籍があるのは辻氏のような精神科医だけ。だから河合氏は、児童相談所とか鑑別所とか精神病院とかで研究している、現場の人と親しくなり、それが大いに役立ったという。アメリカに留学する前には、鑑別所の所長や児童相談所の所長をしていた林脩三さんに頼まれて、大阪の児童相談所にロールシャッハを教えに行った。週一回行って、ひと月三千円もらい、ものすごく嬉しかった。

このように、河合氏は「ロールシャッハの鬼みたいになってやってい」たのだが、ある時、親しくしていた若い人が自殺してしまった。それで、もう臨床心理学はやめようと思い、先輩の理解ある精神科医・林脩三さんを訪ねる。「ぼくはいちばん身近なものの自殺がわからなかった。もうやめたいと思う」と言うと、林さんは「身近なもののことは絶対にわからない」と答えた。

そして「じつはぼくにもある、ほとんど同じ経験だ。あとで考えたら、それは身近なものに対してはずっと希望的観測をするからわからないのだ」と続けた。

そんな経験をしながら、河合氏はロールシャッハの研究を続けた。そして後には、辻悟氏、藤岡喜愛氏と河合氏の三人で、関西でロールシャッハの講習会を開くことになる。またロールシャッハそのものについても、「その本質的な要素はどういうことなのか」、議論を重ねたという。

スイスのロールシャッハという精神科医が創始したこのテストは、十枚のインクのしみのある図版を被検者に見せて、その反応を調べるものだ。ロールシャッハ以前にも、こうした方法が試されていたのだが、「何に見えるかという点にみんな注目」した。つまり内容的側面に関心が持たれていた。しかしロールシャッハは、「なぜそう見えたかということに注目するのです」。「形で見ているとか、色で見ているとか、運動を見ているとか」。つまり、どのように知覚するかという、いわば形式的側面から研究をしたのだ。そこに彼の独創性があった。

例えば、「絵は静止しているのに、運動を見るというのは、絵にない属性をこっち［被検者］が付与しているわけです」。

そして次に、濃淡反応についてどう判断するか、が大問題になった。「というのは、ロールシャッハはあまり濃淡のことは考えていない、運動と色彩の対立が主ですね。それらのなかに濃淡という要素を入れたらどうなるか、この三つの関係をどう見るかということを、ぼくらは徹底的に議論しました。そういう点も検討してその人の性格を見ていくわけですから、そうとう細部がわかるのですね」。

図版に濃淡があると、濃い部分が前景になり、薄い部分は遠景になる。そこに遠近感が生じる。そうすると、絵は二次元の世界なのだが、三次元に見えるわけだ。つまり、そういう要素を付与することは、被検者の特性を表わすと考えて分析するのである。さらに進めて、「そういう反応をいろいろな要素に分解して、その要素の組み立てでその人の人格を見ていくという作業を行うと、そうとうニュアンスに富んだことは言えるようになるのです」。

しかも流れがあって、最初にどう言ったか、二番目にどう言ったか、三番目にどう言ったか、という連想の流れを見てとることができる。また誰でも反応を示す場合でも、早目に言う人とあとから言う人がいる。こうしたことなどについて、さまざまな角度から分析することによって、相当深く理解できる、と河合氏は言う。

また、異なる時期に反応を分析して、その人の変化を調べるということも可能である。しかし、「あまり変らないです。もちろん人間ですから変りますよ。それでも、ほかのテストの場合にくらべるとそうとう変らないほうなのですよ。だから、その人の外的なことがそうとう変っていても、内的な側面はあまり変らないのですね」。

林脩三先生は双子の研究をしていた。あるとき林氏は、双子の人のロールシャッハをとって、河合氏のところへ送ってきた。それで河合氏は、一人のそれを見て「この人は分裂病やと思います」と言った。もう一人については、「この人はおそらくそう［分裂病］じゃないかと思うけれど、ちょっとわかりません」と言った。実際には、後者の方が分裂病で、前者はそうではなかった。それで河合氏は「どうもちがうな」と思っていたら、三カ月ほど後に、前の人が発病した。

それで林氏と河合氏は一生懸命考えた、「なんで発病する前の人のほうがぼくらにとって分裂病と思えるのか、と」。その結果、次のような結論に至った。「やっぱり動いている要素のほうがよくわかるのです。内面的に先に動いているわけですからね」。

当時は、ロールシャッハをとらせてもらうために、病院に菓子折を持って行った。そのうちに、病院の医者が面白がって、「それやったらお金を払うから来てください」と言うようになってきた。状況はどんどん変わってきたのだった。それにしても、「たくさんのケースを見ましたよ、どれだけ見たか」。

結局、河合氏は六年間ほど、ロールシャッハを徹底的に研究したことになる。中には、養護施設で親から離れた子どもたちにロールシャッハをしたこともあった。子どもたちと生活を共にしている保母さん方は、河合氏がロールシャッハの結果に基づいてする話に共感した。だから「こういう子はこうしたらええ」などと言いながら、「いちばん多いときにぼくは一日に十七人ロールシャッハをやったことがあります」。その日は「ロールシャッハの図版が目の前に浮かんできて、興奮してしま」い、夜寝られなかったという。「だからほんま鬼ですな」。

そういうロールシャッハの「一種の読みとき、解読ということがずっといまの仕事にも続いている」、と河合氏は言う。「それはロールシャッハからユングにまでずっとつながっている。心理療法の背後に人間理解への努力があるのです」。「そしてそれがアメリカへ行ったら実際にもっとつながってきます。私の関心の持ち方は、初めはちょっと職人風ですけどね。それを理論的にもっと関連づけられるのはアメリカへ行ってからのことです」。

事実、後にアメリカに留学した時、クロッパー教授からプロジェクティヴ・テクニックの意味について、河合氏は教わることになる。ロールシャッハを含めて、プロジェクティヴ・テクニックとは、広い意味での心理検査法のことであるが、質問紙法に対して、それとは異なる多くの方法の総称だ。質問紙法は、質問に対して「はい、いいえ、どちらでもない」のなかから答えてもらう方法で、数量化しやすい利点はあるが、表面的になりがちである。

それに比して、「投影法は何らかの素材に対する反応や、自由な表現などに、その人の無意識の状態が「投影」されるのを明らかにしようとする方法で、じつに多くの方法があります」。ロールシャッハはそのなかの主要なものの一つであるが、その他に「TAT（絵画主題統覚検査法）といって、絵を見て話をつくってもらうのとか、人物画とか、樹木を描くとか、自由に描いてもらう方法などがあります。質問紙法よりは心の深い層のことがわかって興味深いのですが、解読するには熟練が必要」である。というわけで、河合氏は六年間も〝ロールシャッハの鬼〟になって研究したのであった。

河合氏のロールシャッハ研究の結果は、米国とユング研究所への留学から帰国した後に、博士論文としてまとめられることになる。そしてそれによって、一九六七年、京都大学から教育学博士号を取得、二年後の一九六九年に、『臨床場面におけるロールシャッハ法』（岩崎学術出版社）として出版された。

## 7　演劇と音楽を楽しむ

一九五五（昭和三十）年、河合氏は北嘉代子さんと結婚し、奈良に居を構える。嘉代子さんは育英高校の同僚で、地理、社会科の教師だった。伊賀の出身で、奈良女子高等師範の卒業生である。

結婚したのは、河合氏が天理大学へ移ってからのことだった。大学でも育英高校の時と同じように、河合氏は演劇や音楽を楽しんでいた。高校の学園祭では、「生徒ばかりにやらせるのはおかしいというんで、先生が組んで演劇をやった」。フランス語の読書会をやっていたこともあり、モリエールの『いやいやながら医者にされ』（Le Médecin malgré lui）を、鈴木力衛の訳が出版される前だったので、訳して上演した。「それがあんまりおもしろかったから天理大学の学園祭でもやりましたよ、先生ばっかりで」。

そして河合氏は言う。「ぼくは一般に芸術的才能はないけど、ほんとに鍛えたら演劇だけはできたかもしらんと思いますよ。あのころ千田是也が訳したスタニスラフスキーの『俳優修業』があったでしょう。あれを読んでものすごく感激しましたよ」。河合氏は『俳優修業』を、高校教師をしている時に、「教師という職業が俳優とよく似たところがあると思ったので、読んだ」（『深層意識への道』）のだと言う。

後に『ブックガイド心理療法』（日本評論社、一九九三年）で、心理療法家の読むべき本として取り上げられることになるこの本は、「俳優について述べられることのひとつひとつが、心理療法家にとってもそのまま当てはまるとさえ思われるのです」（同）。そして続けて、この書物の中で一番印象に残っているのは、指導者が、舞台の上で「腰かけたきり」何もしないという演技をするよう、指示を出すところだという。訓練生にとって「腰かけたきり」でいるのはとても難しく、そわそわしたり、しなくてもいい動きをして、うまくいかない。「ところが先生がやってみると、まさにぴたりと「腰かけたきり」で、何もしないじ何をしようともしないのだが、その腰かけている姿勢が素晴らしい、というのです。僕は心理療法家というのも、ぴたりと腰かけているだけ、ができると素晴らしいのではないか、と思うのです」（同）。

ところで河合氏は、『深層意識への道』でスタニスラフスキーと並んで、ボオマルシェ『フィガロの結婚』（辰野隆訳、岩波文庫、一九五二年）をあげている。そして以下のようなコメントを付している。「最後に『フィガロの結婚』をあげておいたのは、喜劇の面白さということと、主人公のフィガロの活躍ぶりに――今から思うと最高のトリックスターと言うことになりますが――大いに魅力を感じ、主人公に同一化して読んだということのためです。僕は、（中略）いろんな場面でトリックスター役を演じることが多く、そんなことを自覚していたので、フィガロの活躍ぶりが何ともたのもしかったのだと思います」。

音楽については、当時、兄弟でカルテットをやっていた。ファースト・ヴァイオリンのパートを河合氏がフルートで吹く。セカンド・ヴァイオリンは迪雄兄さん、ヴァイオラは弟の逸雄氏、チェロは雅雄兄さんという組み合わせだ。中で飛び抜けてセンスがいいのが逸雄氏で、それは若い時からやっていたから。ちなみに、逸雄氏は後に癲癇の専門家として著名になるが、残念なことに働き盛りの年代で亡くなった。

この四人でハイドンの弦楽四重奏などを演奏した。カルテットの名前はと言えば、「クレーカルテット」。なぜかと言えば、合奏しだすと誰かが「おっ、待ってくれ」「すまん、こらえてくれ」と言うので付いた。たまたまきれいにハーモニーすると、皆感激して途中で止めて、「いまのはよう合ってたなあ」と言い合った。

生《なま》の演奏もよく聴きに行った。自分で月給をかせぐようになったので、以前よりもよく音楽会に出かけることができたのだ。ジャン・マルチノンというフランス人の指揮者が、N響でやったベルリオーズの『幻想交響曲』には大感激した。

レコードは、河合氏が高校に勤めだした頃から、LP盤が出はじめていた。それまでのSP盤では、交響曲なら六枚も七枚も必要だった。それがLPでは一枚に入っている。とは言え、二三〇〇円もした。育英高校の月給が六八六八円だったので、月給の三分の一以上だ。それで何を買うかで苦慮した。

最初に買ったのは『カルメン』の抜粋曲だった。河合氏は『カルメン』が大好きだったのだが、買ったとたんに後悔する。他にも聴きたい曲がたくさんあったからだ。

そう言えば私は、『未来への記憶』としてまとめられるインタビューをしながら、河合氏がカルメンが好きだったと聞いて、ユングが『自伝』（*Memories, Dreams, Reflections.*）の中で次のように書いているのを思い出した。「ビゼーは私を酔わせ圧倒し、激しく揺り動かした。そして次の日、汽車が国境を越えて、より広い世界へ私を運んでいった時にも、まだカルメンのメロディーが余韻を響かせていた。ミュンヘンで、私は初めて本物の古典芸術に触れたが、これはビゼーの音楽と共に私をうきうきとした結婚式のときのような気分にひたらせた」（河合隼雄他訳『ユング自伝』1、「学生時代」、みすず書房）。それは一九〇〇年の十二月の初め、ユングがチューリッヒのブルクヘルツリ精神病院で助手に就任する直前のことであった。インタビューの時からほぼ百年前のことだ。とは言え、河合氏とほぼ同世代の頃のユングが、同様の感受性を持っていたことは、まことに興味深い。

輸入盤のLPは三〇〇〇円だった。月給は少し上がったが、三〇〇〇円は痛い。それでも、アンセルメ指揮のスイス・ロマンド交響楽団による、ストラヴィンスキーの『ペトルーシュカ』を買い、それを河合氏は何回もくり返し聴いた。

ストラヴィンスキーと言えば、『火の鳥』の生演奏を、河合氏はすでに学生時代に聴いていた。N響の公演だった。なぜ金のない学生時代に聴けたのか。それは、友人の林博男さんの従兄が、N響のチェロの首席奏者だったからだ。N響の招待券を持っている林さんが、連れていってくれた。その時に河合氏は、初めて現代音楽を聴いたのだったが、『火の鳥』にはいたく感激した。「それまでは音楽といったらベートーヴェンやと思っていたでしょう。……こんなすごいもんがあるんかと思うて」。

# 第三章　アメリカ体験

## 1　英語の特訓

一九五八（昭和三十三）年にアメリカ留学が決まったので、河合氏は翌年の出発に向けて準備を始めた。六〇年に発効する「日米相互協力および安全保障条約」（新安保条約）に対する賛否の激しい動きが国内に充満しようとしていた矢先に、アメリカ行きを決意した河合氏の気持ちはどんなものであったろう。おまけに当時の為替レートは、一ドル＝三六〇円だったし、円の海外への持ち出しには限度があった。

河合氏は、次のように冗談めかして言っているが、実際には大変だったと思う。「交通公社の人がきて「先生、ドルはお持ちですか」言うから、「うーん、ぼくは円［縁］がないんやけど」と言ったら、「それは当社ではどうもいたしかねます」と言われた」。

雅雄氏の話によれば、アメリカ留学がきまってから、その資金獲得のために母親が奔走したという。

当時、フルブライトの試験に受かった人たちは、ほとんどの人が船で太平洋を渡った。ところが、どうしたわけか、河合氏ともう一人の二人だけが飛行機で行くことになった。それで河合氏は、生まれて初めて飛行機に乗った、プロペラの付いた飛行機に。

アメリカ本土に入る前に、ハワイで六週間のオリエンテーションが組まれていたのだが、当時の飛行機はハワイに直行することができずに、ウェーク島で給油しなければならなかった。「ウェーク島に降りるときはまさに敵前上陸という感じでしたよ。というのは、前に言ったように私は英語ができないでしょう。それで試験に受かっているわけだからもう大変でね、なんともいえんかったですよ」。

ウェーク島に降りて、朝食を食べることになった。英語のできそうな日本人がいたので、河合氏はその人の後について行った。ウェイターが彼に何か言うと、「オー、イエス」とその人は答えた。河合氏も同様に「イエス」と言ったのだが、実は何のことだか分からなかったので、その人に、ウェイターは何と言ったのかたずねた。すると、「いや、わたしもわかりませんでした」と答えた。それで河合氏は「すごく安心したですね、なるほど、こんなものかってね」。結局、ウェーク島では朝食を食べただけだった。

このような状況だったので、ハワイでの六週間のオリエンテーションは、非常に役に立った。その六週間のあいだに、アメリカの大学ではどういうことを習うのかを教えられたり、英語の訓練を受ける。

例えば、速読の練習は、次のように行なわれた。まず、『リーダーズ・ダイジェスト』のようなものをあてがわれて、「できるだけ速く読みなさい」と言われる。「読んだあと〇×テストをやって、そして九〇点とったら、九〇点の人はもっと速《はよ》う読めるはずだというんですよ。つまり一〇〇点とらなくてええから、八〇点でええから、もっと速く読め、速く読めってやるんです。そうするとだんだん速く読めるようになるんですね。／いまでも覚えていますけど、ハワイへ行った当初、ぼくは一〇分間に二三〇語だったかでしたが、後には六〇〇語ぐらいまでいったんです」。

具体的に言うと、例えば"in the morning"を「イン・ザ・モーニング」と読むのではなく、「インザモーニング」と一つのまとまりとして見るのだ。そうすると速く読めるようになる。

発音に関しても、教わることが多かったという。例えば、単語について言えば、アクセントがついているところの母音だけ強調し、あとは全部半母音にする、ということなど。「ぼくはなんでもカタカナ読みをして、たとえば「ビハインド」(behind) とかやっているでしょう。それは「バハインド」――「ハイン」とやって、「ビ」は半母音で「バ」に近くなるわけですね。てなことを系統的に習った」。

その他、本の読み方、レポートの書き方、英作文、などを習った。アメリカの歴史もあった。オリエンテーションを受けたなかで、日本人は二人だけだった。他に韓国、インドネシア、タイ、ビルマ、それに沖縄（当時はまだ日本に復帰していなかった）の人たちがいた。教える側のアメリカ人は、日本人はどういうことが苦手か、ちゃんと研究していて、例えば発音については、「sとthの差とか、lとrの差とかいうのを日本人は徹底的にやられる。そういう点でアメリカ人の教え方は非常にうまかった。ぼくはあのときに習った英語の教育はすばらしかったと思いますよ」と河合氏は言う。

六週間のオリエンテーションを終えて、河合氏は、ＵＣＬＡ（カリフォルニア大学ロサンゼルス校）に向かった。「当時アメリカの臨床心理学の教授には、もちろんいろんな心理学の方がおられましたが、臨床心理学で非常に強かったのはフロイト派です。クロッパーももともとフロイト派の人だったんですが、途中でユング派に変わったんです。ＵＣＬＡで教えていて、そこへ私が行くことになりました」（『深層意識への道』）。クロッパーのところへ行くか、ボーディンのところへ行くか、大いに迷ったが、結局クロッパーのいるＵＣＬＡに行くことに決めたのだった。

この選択が、河合氏をユング派の心理療法家への道に導いていくことになるのだが、この時点では、河合氏自身、思ってもみなかったことであろう。

それはともかく、ＵＣＬＡに行ったら、そこでも英語の試験が待っていた。点数の悪い者は、また英語の勉強をしなければならないのだ。速読の試験もあって、一分間に六〇〇語の速さで読まされ、読み終わってから、文章に出てきた内容を確認して、〇印をつけなければならない。「何点以上だったか忘れましたが合格ラインがあって、僕もそれをやりました。僕はすごく要領がいいんですね。読んでないんです。読んでないんだけど、試験に出そうなとこだけ読んでるんですね。皆は真面目に読んでるから、どこを飛ばしたらいいかわからんのです。僕はなかの光っているところだけパッと読んで、光っていないところは飛ばすと、そこがちゃんと試験に出るもんですから「六〇〇 words 読めた！」という話になるんですね」（『深層意識への道』）。

ＵＣＬＡで河合氏は、臨床心理学専攻の全額支給の大学院生になった。天理大学ではすでに助教授になっていたが、改めて大学院生になったのだ。しかも家族を日本に残して、ひとりでやって来たのだった。

二人で一部屋の学生寮に入った。相手はアメリカ人だったが、最初のうちは、河合氏得意の冗談も言えなかった。クロッパー先生はいないし、頼る人もない。仕方なく、何から何まですべて自分でやらなければならなかったので、そのうちに皆に頼られるようになり、「河合さんは一年前から来ているんですか」と言われるまでになった。

日本的な感覚で言えば、自分を推薦してくれたクロッパー先生のことだから、遠い異国から来た学生に対して、それなりの配慮をしてくれるに違いない、ということになるのだが、アメリカではそうではなかったのである。

## 2　クロッパーの背後にユングがいる

河合氏の指導教官であるクロッパーは、実は「特別の大先生」だった。ロサンゼルスに住んでなくて、カーメルという美しい保養地に家を構えている。新学期が始まると講義に現われるのだが、それも時間ギリギリにしかやってこない。「普通のアメリカの大学の先生いうのは教えるだけでなくて、何曜日にそこへ行ったら会える、というように面会日が決まっていて個人指導とかがあるのですが、クロッパーは講義のときにさっと現われて、講義が済むとすっと帰っていくんですね」（『深層意識への道』）。

新学期になって、河合氏は初めてクロッパーに会った。「クロッパー先生はぼくの手を握って「ドクター・カヴァイー」って言うのです。それで「ぼくはドクターではありません」と答える。そうすると、彼はびっくりするんですよ、私は大学の助教授なわけですからね。「どうしておまえはドクターを持っていないのか」と言うから、「いや、日本ではほとんど持っていない」と答えると、「日本でドクターをとるための条件は何か」と言うんで、「ニヤー・トゥ・デス」（near to death）と言ったらクロッパーはワハハハと大笑いしました。要するに、その頃は日本の文学部では博士号を出すケースが非常に少なかったですからね」。アメリカでは、博士号を取らないと大学の教授にはなれないのだから、クロッパーが不思議に思っても無理はなかったのだ。

そしてクロッパーは、「おまえは日本でどういう心理学を勉強してきたのか」と質問した。それに対して河合氏は「クリニカル・サイコロジー」と答えた。つまり「臨床心理学です」と言ったのだが、クロッパーは「そんな心理学は聞いたことがない」と言う。クロッパーは〝プロフェッサー・オブ・クリニカル・サイコロジー〟なのに、通じないのだ。必死になって「クリニカル」とくりかえして言っていたら、ようやく分かってくれた。つまり、河合氏の発音が「クリティカル」に聞こえていたのだった。

いよいよクロッパー先生の講義が始まった。しかし先生は忙しいので、時間の直前に来て、講義を終えると直ぐ帰ってしまう。「こちらにしたらクロッパーを頼って行っているわけですから、おまえどこに住んでいるとかなんか言ってくれるのではないかと思うでしょう。しかし、なんにも言わないで、講義だけしてサッと帰ってしまう。／ぼくの好きなホフマンの『黄金宝壺』の一節、「リンドホルスト、秀鷹となりて、そこに人影を見ざること」というのを思い出していました。何だか超人間という感じです」。

とは言え、クロッパーの講義は面白かった。ロールシャッハについての講義だったが、河合氏は六年間もそれこそ〝鬼〟になってやっていたので、そのすごさがよく理解できた。そのうち講義の最中に、クロッパーが、「カヴァイー、おまえはどう思うか」と聞くようになる。河合氏が、不自由な英語で何とか答えると、クロッパーはそれを高く評価した。だから河合氏は次のように言う。「不思議な人ですね、ものすごい直感力の鋭い人やいう噂だったですけれども。ぼくはクロッパーの本を読んでいるでしょう。本は論理的に構成されているから、非常に理詰めの人かと思っていたんですよ。ところが、本質はすごい直感力のある人です。だから講義も直感のほうが鋭いですね。／たとえば、だれかがロールシャッハの結果をもってくる。もちろんクロッパーはその被検者のことを何も知らない。しかし、そのロールシャッハの結果だけを見てバーッとしゃべるんですよ。それがじつに見事なのです。ほんとに感激しました」。

日本の学界で論争になっていた〝診断か治療か〟という議論に関して言うなら、クロッパーの場合には、ずっと先に進んでいた、つまり「そんなどころじゃない。診断もあるし、それが治療に完全に結びついているわけです。そして、診断といったってなにもこれは分裂病だとか病名を言うだけではない。この人はこうだからこういうふうに接したほうがいいとか、このように接すると危険だとか、そういう治療についての見通しをもって話が進んでいく」のだった。

このようにして、次第に明らかになってきたのは、クロッパーは単にロールシャッハを教えるのではなく、その背景に深い人間理解というものを持っているので、それで先生の話は皆が感動するのだ、ということであった。

河合氏は、クロッパー先生のその人間理解について、先生自身ははっきり言わないのだけれど、ユングの考え方がその基本にあると思うようになる。

しかし当時は、ユングの心理学については、〝内向・外向〟といったことしか知られていなかった。一般的には「あんな非科学的なものは……」と皆が思っていたのだ。「だから、クロッパー先生ですら、臨床心理学を教え、ロールシャッハを教えているけれども、あまりユングとは言わないわけです。彼の考えの背後にあるだけなのです」（『深層意識への道』）。

それである時、河合氏は、講義を終えてさっと帰ろうとするクロッパーをつかまえて、次のように言った。「先生の講義を聴いて非常に感激した。日本では診断か治療かなどと言うておったけども、そんなことぜんぜん問題やないし、一人の人間を見ていくということで統合されている。そして、その統合の背後にユングの心理学があるということがわかった」。クロッパーは、「そうだ」と答えた。そこで河合氏は、「ぼくはユングの心理学をちょっと勉強してみたいと思う」と言った。

河合氏がこのように言ったのは、大学では、ユングの心理学など、まったく教えてくれないからだった。それは当然のことで、当時の心理学では、「いわゆる科学的な方法で人間を研究しなければいけないという考え方が非常に強かったわけです。しかし、たとえば記憶とか学習の研究をするときに、人間を対象にするとうまくいかないんですね。人間にはいろんな人がいるから、どういうふうにしたら学習効果が上がるかなんていうことは、なかなか実験的に研究がし難いのです」(『深層意識への道』)。

だから当時のアメリカでは、学習心理学を研究している多くの人が、ネズミを使っていた。遺伝的にほとんど違いのないネズミをつくり、それらを使って客観的にかっちりした研究をするのが主流であった。しかし、「考えてみると方法は「客観的」かも知れませんが、ネズミを使った研究がどうして人間にも適用できるのか、という点に疑問を持たないのは変なことですが、これは不問にされていました。方法論にのみこだわりすぎたのです」(同)。

それに比して、ユングのやり方はまるっきり逆だった。「人間が全体的にどんな傾向をもっているかということよりも、ともかく自分のところへ相談に来られたその個人の悩みを解決するということが、いちばん大事だと考えるのです」(同)。だから、その人の夢について聞くとか、絵を描いてもらったり、といろいろ試みていくことになる。いわゆる科学的な心理学者は、夢について聞くなどと言えば、直ちに「わけがわからんじゃないか……、その人が嘘をついたらどうなんねんや」(同)と言うだろう。ネズミは走っているだけで、けっして嘘はつかないのだから。

しかし重要なことは、ユングのようにやれば、ノイローゼの人などが治ることだった。が、いわゆる科学的立場からすれば、それは偶然治ったのかも知れないし、とても科学的とは言えない、と反論された。

この点で、フロイトの精神分析は、アメリカでは理論的に体系化されたものとして受け入れられていた。ヨーロッパのアカデミズムでは、フロイトがそうであったように、精神分析は長い間認められなかったのだが。

こうした状況の中で、クロッパーは、最初はフロイト派だったのだが、ユング派に変わったのだった。「非常に幅の広い人ですから、大学の人がいうことにも適応して、アメリカの大学の人が感心する程度のことはちゃんとやって、それでも人間に一対一で会うときには個人として会うという、非常に柔軟性のある人だったわけです」(同)。しかし、このようなクロッパー先生にしても、あからさまにユングとは言えなかった。ユングは、クロッパーの考えの背後にあるだけなのだった。

## 3　分析料は一ドル

こういう次第だったので、河合氏が「ユングの勉強をしたい」と言ったときにも、クロッパーは「○○先生に習え」とは答えることができなかった。それで何と答えたかというと、「それほどやりたいんだったらやってもいいけど、ユングの本は、パッと読んだだけではわからない。ユングの書いていることは非常に難しい。だから、ユングについて書いている本をまず読むとよろしい」(同)と言うのだった。

「そして、いまでも覚えていますが、わざわざ大学のブックストアまでぼくを連れて行ってくれて、フリーダ・フォーダムという人の書いた『アン・イントロダクション・トゥ・ユングズ・サイコロジー』というペンギンブックスの一冊をパッととって「これを読みなさい」と言うんですわ。あれはたしか九〇セントぐらいの値段だったかな。それを読むとじつにおもしろいんですね」。

「ぼくは日本にいたから、どうしても実験心理学的な考え方とか、いわゆる自然科学的考え方が強かったんですが、ユングはぜんぜん違いますよね。人間の心に直接迫ることを書いてあるんで、「これやッ！」と思うたんですよ。こんな心理学があったか、これだけ人間の心をそのまま書いてある本があるのかと、読んでいてほんとにうれしかったですね」。

河合氏の感動が、素直に伝わってくるではないか。私も、三十年以上も前に読んだフリーダ・フォーダムの本を、苦労して本棚の隅から見つけ出した。ペンギンブックスが刊行しているペリカン・オリジナルという叢書の一冊で、索引を入れても一六〇頁に満たない小冊子だ。初版が一九五三年で、私が持っているのは一九六六年刊の第三版である。表紙にはメガネを額のところにかけたユングの肖像画が楕円形に切り抜かれて使われている。裏表紙にはフォーダムの横顔の写真が載っている。第二版は一九五九年に刊行されているので、河合氏はそれを読んだものと思われる。

「このフリーダ・フォーダムという人の書いた『ユング心理学入門』という本は、なかなか素晴しい、非常にわかりやすい本です。私がこの本を読んで何に感激したかといったら、そのころまだ私の心のなかでは、心理学というのをどういうふうに勉強するのか、科学でないといけないという気もするし、科学的にやっていたら面白くない、というジレンマがありました。たとえば、

UCLAでいろいろな講義を聴いても、科学的な心理学の講義というのは、私が実際にクライアントに会うときにはぜんぜん役に立たないと思うのです。／これはどういうことかなと思ってて、『ユング心理学入門』を読むと、ほんとうに私が知りたいような、人間の心のことが書いてあるのです。それを読んで、「素晴しい。これこそ、僕の勉強したかった心理学や！」と。だから、ともかく誰が何と言おうと、自分はユング心理学を勉強するのだということを、これを読みながら思いました」（『深層意識への道』）。

河合氏は、この本を読むことによって、ユング心理学を学ぶ決意を固めたのであるが、第五章の「心理療法」を読んでいる時に、大きなショックを受けることになる。それは、「分析家になるためには自分自身を知らねばならない、だから自分がまず分析を受けねばならない」と書かれていたからだ。心理療法家の訓練のために行なう教育分析については、今では常識になっているが、当時は誰もそんなことは言わなかった。それで河合氏はびっくりする。念のために、原文を見ておこう。“... it is of the greatest importance that the analyst himself should have been analysed.”

そしてこの文章には、次のようなフォーダムの注が付けられている。「このことを最初に明瞭に認識したのはユングだった。そしてフロイトは直ぐ同意した」。

続けて原文を引く。この後に展開されていく河合氏の仕事を、深いところで支えている考え方だと思うからだ。“The analyst must know his own shadow and have had real experience of the unconscious forces which he is now helping his patient to face. He cannot evade his own difficulties by trying to care other people; he must first cure himself.”（分析家は自身の「影《シャドー》」を知らなければならない。と同時に、彼が現在、患者にそれと直面するように手助けしている無意識の力について、あらかじめ深く体験していなければならない。分析家は他人をケアすることで自身の困難を避けることはできないのだ。彼はまず、自分自身を治療しなければならない。）

それで河合氏も、分析を受けたいと思った。しかし一方、「ぼくなんか分析を受けたらいっぺんに底が知れてしまうと思って不安になる。おまえみたいなのはだめやからやめとけとか、臨床心理学なんかやめてしまえとか、言われるんじゃないかって本気で心配しました」。

その頃河合氏は、クロッパーの助手のスウェーデン人とよく話し合っていた。クロッパーが紹介してくれたのだが、彼は河合氏のロールシャッハに対する深い知識と経験を高く評価していた。その助手に河合氏は、分析を受けたいのだが迷っていると悩みを訴えたところ、彼は自分も分析を受けていると答えた。「そんなだったらぼくも受けたいと思うけど、やっぱり恐いし」と、河合氏の心はなかなか決まらなかった。

二、三日後に、クロッパー先生から電話がかかってきた。「びっくりして何事かと思ったら、「おまえは、ユング派の分析を受けたいと言っているそうだな」と言われるんです。受けたいと言うたわけやないんですけど、そこが日本人の悲しさで「イエス」とか言うてしもうた。／そしたら話がトントン拍子に進んで、「受けたいんだったら、自分がアレンジするがよろしいか」「イエス」、「イエス」言うてるうちに全部決まってしまって、マーヴィン・シュピーゲルマンという、クロッパー先生のお弟子さんで、チューリヒ［のユング研究所］へ行って資格を取ってきたばかりの人の分析を受けなさいということで、電話をかけなさいというところまで決められてしまったんです」（『深層意識への道』）。

それは、クロッパーの下で勉強を始めてから、わずか二、三カ月たつかたたないかの頃だった。河合氏は覚悟を決めて、シュピーゲルマンに会いに行った。

シュピーゲルマンは、ビバリーヒルズにオフィスを構える分析家だった。「分析を受けてバレたらどうしようとか恐れがあるわけで、そういう気持ちで恐る恐る行ったんだけど、シュピーゲルマンに会った途端に恐れはまったくなくなって、もう平気で自分のことをしゃべれるんです。専門用語で転移（トランスフェランス）と言いますが、一挙に深い関係ができてしまうのです」。

一度関係ができると、河合氏は何でもしゃべることができた。生い立ちから始めて、大学で数学を勉強したが、一流の研究者になるのは難しいと思い、高校の教師になったこと。そのうちに心理学を勉強したくなって、ついにアメリカにまで来てしまったこと、等々。シュピーゲルマンは、河合氏のまだ完全ではない英語にもかかわらず、その話を全部分かってくれた。「自分のことをどんどんしゃべって、それを理解してもらうので楽しくてしかたないという感じ」だった。シュピーゲルマンは、「そういう人間こそ、こういう仕事をしたらいいと思う。やろうじゃないか」（『深層意識への道』）と言ってくれた。

それで分析を受けることが決まった。シュピーゲルマンは、次の週から自分の見た夢を持ってくるように言った。ユング派の分析では、夢を重視しているのだが、河合氏はそれを知らなかった。それで反発する、「夢のような非科学的なことをぼくは信頼できない」と。そして、「だいたい、もともとは日本で高校生の相談を受けていて、いい加減なことを言ったらいかん、ちゃんと科学的に正しい答を言うべきだということから臨床心理学に入ったわけで、日本は非科学的なことばかりやっているけども、アメリカこそ科学的な世界だと思ったからきたんや。ここへきて夢の話をするなんて考えられへん」と続けた。

それを聞いてシュピーゲルマンは、「おまえは夢は非科学的と言うけれども、どれほど調べて言っているのか」と質問した。調べたことはない、と答えると、彼は「何も調べずに非科学的と断定するのは非常に非科学的である。だからやってみろ。一カ月でも二カ月でもいいからやって、こんなばかなことはないと思ったらすぐやめたらいいんだ。自分の体験を踏まえて、科学的か非科学的か判断したらどうか」、と言った。

河合氏は感心して、夢分析を受けることにした。しかし、もし夢を見なかったらどうなるか心配になって質問したら、シュピーゲルマンは、「心配いらない、かならず見るから」と答えた。

ところで、河合氏にとっての大問題は、分析料のことだった。当時の値段で、一時間二五ドルもした。河合氏がもらっていた金が、一カ月一七〇ドル。月に四回分析を受けたら、それだけで半分以上なくなってしまう。シュピーゲルマンが、どれぐらい払えるか聞くので、河合氏は「じつは月に一七〇ドルもらっている。しかし、これはものすごく大事なことや思うからできるかぎり払いたい」と答えた。それを聞いたシュピーゲルマンは、「分析料は一ドルにしよう」と言った。(『深層意識への道』では、次のようになっている。「そら、そうやろ。そんなもん、払えるはずがない。おまえがユング派の分析を受けるということは、おまえにとっても、日本にとっても、またユング派全体にとっても意味のあることだから安くしたいと思う。一ドルにする」。）

河合氏が、「そんなんむちゃくちゃや」と言うと、シュピーゲルマンは「おまえは本も買わなければいかんし、アメリカを旅行したりして見聞を広めなければいかん。そういうことを全部考えたら一ドルでいい」と答えた。河合氏は感激して、お礼を言って帰ってきた。

ところが帰ってから、ものすごく不安になってくる。非常に重要なことをやってもらうのに、これではおかしい。分析のためにお金を全部使って、あとは飲まず食わずでもいいぐらいなのに、と河合氏は悩んだ。

しばらくたって、河合氏は分析料がテーマになっているような夢を見る。シュピーゲルマンが、その夢についてどう思うかと質問するので、河合氏は「じつはぼくは分析料が一ドルということに非常にこだわっている」と答えた。そして続けた。「ほんとやったら、これほど自分にとってすばらしいことは、飲まず食わずでもやるべきだと思う。それをぼくはけっこううまいものを食ってみたり、旅行したいと思ったりしている。やっぱり一ドルはおかしい」。

それを聞いて、シュピーゲルマンが「アイ・ドント・マインド」、つまり自分は何とも思ってないよと言い、さらに「ホワイ・ドゥ・ユウ・マインド?」、なぜ君は気にするのか、ぼくが気にしていないのに、と尋ねた。河合氏は、なるほどと思ったものの、やはり何か変だと考えざるを得なかった。それで一週間考えてくるから待ってくれ、と断わって帰ってきた。

一週間後にシュピーゲルマンに会って、「あなたはもらうほうだからあなたは平気だ、一ドルでも平気だ、意味があると思ってやっているからいい。しかし、私が何も考えなくてもいいというのはどこかおかしい」、と言った。つまり、自分は留学生だから、本も買うべきだし、旅行もすべきだと考えてくれるのはとてもありがたい。しかし、あなたがマインドしないからといって、私もマインドしなければ、これほどすばらしいことが消えてしまう。だから「あなたがマインドしなくてもぼくは永久にマインドする」と続けた。シュピーゲルマンは大変喜んで、「そうか、それだったらマインドしたらよろしい。しかし、金は一ドルにしよう」と言った。

それを聞いた河合氏は、次のように答えた。「日本でするか、どこでするかわからないけれども、あなたのしたことをそのままする。それはあなたに対して払うんじゃないけど、あなたのしたことの意味をくんで行うのです」。

## 4　奇跡的な道筋

フリーダ・フォーダムの本を読んで感動した河合氏であったが、もう一冊ユングについて書かれた興味深い本があった。それはイラ・プロゴフの『ユング心理学とその社会的意味』(Ira Progoff, *Jung's Psychology and Its Social Meaning*, Julian Press., 1953)であった。この本には、「なぜユングの心理学が一般の科学として受け入れられていないのか、社会全体のことを考えたらこういう意味をもっているのだということや、ユングの「人間理解」という考え方は、人間が社会に生きていくうえで非常に役に立つということが書いてあ」った(『深層意識への道』)。この本も、河合氏のユング理解に非常に役立った。

もう一冊プロゴフの本を、アメリカ留学中に読んだということを、河合氏は次に述べるプロゴフの訳本の解説で書いている。それは『心理学の死と再生』（*The Death and Rebirth of Psychology*, 1956）である。

そうしたこともあって、河合氏は、後にプロゴフの『ユングと共時性』（*Jung, Synchronicity and Human Destiny : Noncausal Dimensions of Human Experience*, Julian Press, 1973）を邦訳することになる（創元社、一九八七年、河合幹雄氏との共訳）。

このようにして河合氏は、フォーダムとプロゴフの本によって、ユング心理学の知識を身につけ始めたのだが、実は、アメリカに来る以前に、日本教文社から刊行されていた「ユング著作集」を一応読んではいたのだった。それは、クロッパーのところへ留学することが決まった時に、クロッパーはどうもフロイト派からユング派へ変わった人らしいという知識を得ていて、それならユングのことを勉強しなければ、と思ったからであった。

ただ、主として高橋義孝氏をはじめとするドイツ文学者たちの翻訳である著作集を、「あれは読んだんです。でも、なにもわからなかったんです。理解できないから、読んだもののほとんどは心に残っていない。ただし、その中の『人間のタイプ』はおもしろかったですけどね」と河合氏は言う。

ちなみに、この「ユング著作集」は全五巻の構成で、以下のような内容のものだ。1『人間のタイプ』、2『現代人のたましい』、3『こころの構造』、4『人間心理と宗教』、5『人間心理と教育』。第1巻『人間のタイプ』は、ユングの『心理学的類型』（*Psychologische Typen*, 1921）の、

第十章「諸類型の一般的叙述」と第十一章の「定義」を邦訳したもので、翻訳者は高橋義孝氏である。一九五七（昭和三十二）年に刊行された。ユングが存命の時である。

出版社の日本教文社は、それ以前に「フロイド選集」（全十七巻）を出していたので、それに続けての出版であった。

そういう体験を持っている河合氏であったが、教育分析を続けていく過程で、シュピーゲルマンに「ユングの本は難しいというから、ほかの本を読んでたんやけど、いっぺん、ユングの本を直接読んでみたいので、ユングの本で、初心者にもわかりやすい本を紹介してください」と言った。そうして教えてもらったのが、*Two Essays on Analytical Psychology*（『分析心理学における二つの論文』）であった。これは "On the Psychology of the Unconscious"（邦訳は『無意識の心理』高橋義孝訳、人文書院、一九七七年）と "The Relations between the Ego and the Unconscious"（『自我と無意識の関係』野田倬訳、人文書院、一九八二年）という二つの論文から構成されている。

河合氏は言う。「この *Two Essays* だけは、わりと体系的に書いてあります。そして面白いのは、初めにフロイトのことを書いて、アルフレート・アドラーのことを書いて、二つの説があって自分もよく考えたんだけど、どっちが正しいというんじゃなくて、人間のタイプが違うということじゃないかと考えだすんですね。だから、同じことを見ても、フロイトの目で見たらこう見えるし、アドラーの目で見たらこう見える、というふうなことを考えて、ここから——これは皆さんよくご存知の——外向と内向という考え方が出てくるわけです」（『深層意識への道』）。

私が持っているのは、メリディアン・ブック版で一九六八年刊の第七刷である。初刷は一九五六年と記されているので、恐らく河合氏もこのメリディアン・ブック版を読んだものと思われる。英訳はR・F・C・ハルによるもので、スイスで発表された以下の二論文に基づいている。Uber die Psychologie des Unbewussten (1943), Die Beziehungen zwischen dem Ich und dem Unbewussten (1945). この二論文は、それぞれ一九一二年と一九一六年に最初に発表された論稿の改訂拡大版なのだ。

この本の内容については、やがて触れる時がくると思われるので、ここでは河合氏の正直な告白を記しておくだけにしよう。「ところで、このユングの *Two Essays* というのは、実は、私がスイスから帰ってきていちばん初め、一九六七年に出した『ユング心理学入門』（培風館）という本の下敷きに使ったものです。だから、書きながら「人の受け売りをしてるなあ」と思ったことを覚えています」（『深層意識への道』）。

現在では、わが国におけるユング研究の「古典」（河合俊雄『ユング——魂の現実性』講談社、一九九八年）と目される著作について、こともなげに自らその成立の経緯を明らかにするとは、いかにも河合氏らしい茶目気のある行為ではなかろうか。

このように、ユングについての勉強を進めてきた河合氏は、ついにカール・アルフレッド・マイヤーの本を手にすることになる。*Jung and Analytical Psychology* (Department of Psychology, Andover Newton Theological School, 1959) である。『ユングと分析心理学』というこの本は、マイヤーのある神学校での講義録であるが、パンフレットみたいに薄い本だという。

マイヤーは本を書かない人だったが、実はクロッパーとシュピーゲルマンの分析家であった。恐らくこの二人のどちらかの勧めによって、河合氏はこの小著を読んだと思われるが、その影響力は圧倒的であった。

この本には、ユングの考え方が非常にうまく書かれていた。が、河合氏がショックを受けたのは、マイヤーの夢の分析によってである。それはマイヤーがある人を分析していたときのことであったが、一応問題を解決し、分析を終了していた。しばらく経ってから、その人から手紙が来て、最近不思議な夢を六つほど見た、しかしその意味が全く理解できないので、話を聞いてもらえないだろうか、ということだった。それでマイヤーはさっそくその人を呼んで、六つの夢の内容について説明を聞く。

その結果、マイヤーが言ったのは、「ああ、これは死ぬ夢だ」「あなたは、もう近々死ぬことになっている」ということだった。その人はびっくりしたが、「そうですか。それだったらちゃんと死んでいく準備をしましょう」と答えて、親しい人に別れの挨拶をしたり、財産の処分をしたりして、死におもむいたのであった（『深層意識への道』）。

これを読んで、河合氏は大きなショックを受ける。「というのは、私にとって「死ぬ」ということは、すごい課題なんですね。五、六歳のころから、非常に大きい課題でした。「人間が死ぬというのは、いったいどういうことなんやろか」、あるいは「自分が死ぬということはどういうことなんか」「死んだらどうなるのか」と。死ぬのは恐いし、なるべくなら死にたくないし、とそういうことばかり思っていたのですが、夢で死ぬことを予言され、それを受け入れてちゃんと死んでいった話があるという。それだけで僕は、絶対にユング派の分析を受けたい、マイヤー先生のところへ受けにいきたいと思いました。この本は、そういうふうに非常に印象に残っている本です」（同）。

そう言えば、第一章で見たように、すぐ下の弟の死をきっかけに、幼い頃の河合氏は死の恐怖を体験したのだった。今回また、マイヤーの本を読んで、河合氏はさまざまなことを考えた。「というふうなわけで、ユングの心理学をやり始めると、他のいわゆる科学的な心理学よりも死について、あるいは宗教性ということについて、どうしても考えざるを得なくなってきます」（同）。

折しも、ＵＣＬＡの主催するエクステンション（市民講座）で、シュピーゲルマンが講演するというので聴きに行った河合氏は、ルドルフ・オットーの『聖なるもの』（*Das Heilige*, 1917）のことを知る。岩波文庫（山谷省吾訳、一九六八年）から出ているが、河合氏はペンギンブックスで読んだ。「これは私にとって、ずうっと大変大事な本になりました。ルドルフ・オットーは、宗教のもつ合理的、道徳的な要素を取り去ってもまだ残る本質的なものに注目し、それをヌミノースムと呼びました。ヌミノースな体験は、畏敬、圧倒的な力、抗し難い魅力の感情を伴なうもので、日常の体験をはるかに超え概念的、合理的な表現で捉えることのできないものであると述べています。／religion（宗教）という言葉があって、これはいろいろな意味をもっているんですが、そのなかで、ラテン語のreligioには「見る」という意味があるそうです。それをもとにして、ユングは、宗教とは「ルドルフ・オットーがヌミノースムと呼んだものを慎重かつ良心的に観察することである」と言っています。このような意味での「宗教性」を大切にしてゆきたいと、私は今も考えています」(同)。

さて、このようにユングのことを勉強しつつ、シュピーゲルマンの分析を受けていた河合氏であったが、十回目の分析が終わったころ、クロッパーとシュピーゲルマンが相談して、河合氏に次のような提案をした。「お前は絶対にスイスのユング研究所へ行け……そして、資格を取ってユング派の分析家になるべきだ」と。

それに対して河合氏は、「そんなもんぼくは考えられへん、ぼくはアメリカへ来るだけでも死物狂いで来ているんで、(中略)分析家なんていったら雲の上の存在ですよね。だから、ぼくが分析家になるなんてまったく考えられない。なんでそんなことを言うんですか、あなた方はぼくをほとんど知らないではないか。ほとんど知らないあなた方がなぜそんなことを決められるんか」と言った。そうしたら、シュピーゲルマンが、「おまえの夢を一〇回も聞いたではないか、夢を一〇回も聞いたから絶対確実だ」と答えた。

河合氏は言う。「それは、ぼくもいまやったらわかりますわ。ぼくの夢はじつに多くを語っていたのです」。

つまり、クロッパーとシュピーゲルマンは、ちゃんと見抜いていたのだ、河合氏がアメリカの大学に向いていないことを。当初、クロッパーは、河合氏にUCLAのドクターを取得させようと考えていたらしい。しかし、「こんなところでドクターをとるよりは、ユング派の分析家に直接会ったほうがいいという結論になったんです」。

考えてみれば、それは河合氏がアメリカに留学してから、半年も経っていない頃のことであった。クロッパーとシュピーゲルマンとの出会い、そしてそれを通してのユング思想との出会いというものが、いかに奇跡的なことであったか、驚嘆せずにはいられない。

少し後に、河合氏はクロッパーの助手になって見聞を広めながら、さらにユング派の分析家としての資格を取得しようという気持ちを深めていくのだが、その前にUCLAでの生活について、触れておくことにしよう。

UCLAの大学院では、講義を受けるよりセミナーの方が多かった。学生の数は多くて十四、五人。例えば、シーハンという教授のセミナーに投影法のテストというのがあった。

あるとき教授が、今日は人物画テストを教えるので、学生たちに人物画をひとつ描くように言った。十五、六人の大学院生がそれぞれ描く間、教授は部屋から出て行き、見ていない。戻ってきて教授は、いま男を描いた人は女を、女を描いた人は男を描きなさい、と言って再び部屋を出て行く。そして大学院生たちが描いた絵を全部集めて、それぞれ誰が描いたかを当てるのだ。ほとんどすべてを当てることができた。

それで、なぜ当てることができるのか、解説する。こういう点について、こういうふうに見ていけばよく分かる、ということを解説するのだが、学生たちはそれを聞いて、すごく感激した。

シーハン教授の講義は人気があるので、人数が多かった。それでクラスを二つに割って、それぞれ同じことをやっていた。河合氏は面白いので、二回同じことを聴くようにしていた。その時も次のクラスに出席する。

ところが、今回はさすがのシーハン先生もなかなか分からない。それで教授が学生たちに向かって、「おまえらはさっきの講義に出た者にタネを聞いただろう」と言うと、みんな「そうだ、聞いた」と答える。学生たちは、タネ明かしを聞いているので、わざと変に描いてごまかしていたのだった。するとシーハンは「おまえらはうまくだましたな」と言った。河合氏は、こうした教授と学生との率直な関係にも、大いに感心したのだった。

当時の日本では、実験心理学が中心だったが、UCLAの場合には、そうとう臨床的な考え方が入っていた。その意味で、「ぼくにとっては講義はおもしろかったですよ。そのとき習ったことかそのテキストとか、ぼくが日本の大学で教えるようになってから大いに役に立ちました」。とは言え、クロッパーはやはり特別な存在だった。ビヘイビアリズムの風土のなかで、ユング派の人は教授になっていなかった。「クロッパーだけ特別だったんですが、ぼくは偶然にもそこへ行ったんです。これが不思議ですね。そしてはるか日本から来てくれたというのは、クロッパー教授としても非常にうれしいことだったんでしょう」。

ところで日本の大学の場合と決定的に違うのは、教えるのがすごくうまいことだった。また大学院の学生が、やたらに質問することに河合氏は驚いた。「そんなばかなこと聞かんでもええのにとか、家で調べたらええやないかということも平気で聞くんですよ。また、教授もそれに全部答えるんですね。答えながら、しかし、ちゃんと自分の教えることを教えていく。あれは見事やと思いましたね。それができなかったらプロフェッサーじゃないんです」。

というわけで、河合氏は帰国して京大で教えるようになった時に、最初から講義のシラバス

（講義細目）をきちんと作った。それは、「教師としてやるべき最低限のこと」だと思ったからだ。

ところで河合氏は、「ぼくは物好きだから、学部の講義をよく聴きに行ったんですよ。どういうふうにアメリカでは教えているかが知りたくてね。それも非常にためになりました」。例えば、青年心理学とか臨床心理学を。教授によっては英語が難物で、分かりにくいのもあったが、「それでも講義はある程度わかったんだと記憶しています」。

ついでに統計学もとった。数学科出身の河合氏にしてみれば、それはお手のものだったが、アメリカ人には不得意な人が多かった。試験があると、河合氏は一〇〇点をとるので、彼らはびっくりする。

アメリカの大学では、「学生はクラスで活躍しなければいかんのです」。先生が何か言うと、パッと手をあげて問答をする。河合氏にとっては、聞くことは全部分かっているから、ずっと黙っている。彼らにすれば、「なんか変な東洋人がやってきて、黙って聞いているから、こんなむずかしいことは絶対にわからんだろうと」思う。それなのに試験は一〇〇点。「アメリカ人はめちゃくちゃびっくりして、おまえは一〇〇点もとれるのになぜ黙っているのかって言うのですね」。それで河合氏が、「考えてみろ、わかっていたらもの言う必要はないだろう。それからわからないときには言えないだろう。だからぼくは黙っているんだ」と答えたら、彼らは「あっけにとられていましたよ」。

大学の生活になれてくると、試験の前日でも河合氏はオペラを見に行ったりして、遊び回っていたという。それなのにAばかりとるので、ルームメイトのアメリカ人が、ノイローゼになってしまうということもあった。

## 5　リサーチ・アシスタントとして

大学の講義にも慣れ、分析を受けだしてからしばらくたつと、クロッパー先生は河合氏を連れて歩くようになる。UCLAの講義が終わると、車に乗って病院に行く。そこが終わるとまた違う場所に移動する。どこへ行くにも河合氏を伴って行った。

多忙を極めるクロッパーは、昼食はいつもサンドイッチを買ってきて車の中でとる。河合氏の分も買ってきて、一緒に食べるのだ。河合氏がある時、「先生はいつも忙しいですね」と言ったら、クロッパーは当たり前だという顔をして、「アイム・アン・アナリスト」つまり「自分は分析家だからね」と答えた。それは河合氏にとって、分析家というもののアイデンティティを強く実感させてくれるものだった。「アメリカでは［分析家は］こんなに仕事をするのかと」。

こうした体験をさせた後に、クロッパーは河合氏を自らのリサーチ・アシスタントにした。フルブライトの給費生活一年が終わってから、とりあえず三カ月のリサーチ・アシスタントということだったが、実際には、さらに三カ月延長して、結局半年間勤めることになった。

リサーチ・アシスタントとは、文字通りリサーチつまり研究を助ける役なのだが、河合氏は同時にティーチング・アシスタントにもなった。それは、クロッパー先生がロールシャッハを教える時に、彼を助ける役割である。クロッパーは大先生なので、講義をするだけで、他のことは何もしない。だから試験の時には、河合氏が問題をつくり、河合氏が採点しなければならなかった。「いまだったら別ですが、あの頃だとまだまだ戦争に負けた余波が残っていて、日本人は軽蔑されているときですから、よくぞアシスタントにしてくれたと思います」。こうした感慨を抱くと同時に、河合氏は、「渡米前にロールシャッハをずっと研究してきたことが生きたというか、一挙に花開いた」と思った。「自分は自分なりに考えていたことを言ってみるとそれが認められる。そして、もっと広い視野で考えることができるわけですからね」。

ティーチング・アシスタントは、大学院生の中から教授が推薦して決められるのだが、給料は時間給で、リサーチ・アシスタントの方が高かった。「おもしろいことに、ぼくがティーチング・アシスタントになったでしょう、そして、点を付けることがみんなにわかりますね。そうしたら、アメリカ人の大学院生がやたらに愛想を言いだすんですよ、それまでブスッとしていたのにね。こういうのはいずこも同じやなと思いました」。

それにしても、当時からアメリカでは、臨床心理学が確立されていた。多数の学生が大学で勉強している。卒業すれば資格もとれるし、職場もたくさんあって就職することができた。大学院生でも、実習先から金をもらえるので、自活することができた。河合氏は、そうした状況を見て、本当にうらやましく思った。

さて話を戻して、リサーチ・アシスタントとして、河合氏はどんなことをしたのだろうか。それは、ネイティヴ・アメリカンつまりインディアンの人々の、ロールシャッハによる分析だった。当時の言い方では「アパッチ・インディアン」の学術調査に、クロッパーは心理分析の大家として参加していたのである。具体的には、アパッチ族のシャーマンと普通の人にロールシャッハ・テストを行ない、その結果を判断するのだ。

テストの結果がクロッパーのところへ送られてくるのだが、教授は全部、河合氏に任せる。河合氏はそれらのデータすべてを検討し、判断し、その結果をレポートとしてまとめた。クロッパーは、それをほとんどそのまま論文として、『投影法ジャーナル』に掲載した、クロッパーと河合氏の名前を併記して。

内容的に非常に興味深かったのは、シャーマンの分析だった。当時「シャーマン」というと、分裂病かヒステリーだと思われていた。「つまりどういう病名を付けるかということがずっと問題になっていたんですが、ぼくは、ロールシャッハで見るかぎり、シャーマンはふつうのネイティブよりもよほど優れた人たちである、豊かな人格の持ち主である、ただし、そのなかには非常にひずんだ人がいる、つまりたしかに病的な人もいると言ったのです」。

どういうことかと言うと、自称シャーマンであっても他人がそうとは認めていない場合には、病的な傾向がある。それに対して、自他ともにシャーマンと認めている場合、彼らは「非常に豊かな人格を持っている」。こうした見方は、現在では当然とされるだろうが、当時としてはとても珍しい考え方だった。河合氏はこうした結論を、実際には一人のネイティヴにも会わずに、ロールシャッハの結果だけから、導き出したのだった。

それ以来河合氏は、アパッチの人たちに会いたいと願い続けた。しかし、ＵＣＬＡにいる間には実現しなかった。

それが実現したのは、約三十年後の一九九三年のことであった。河合氏は、ニューメキシコ州のアルバカーキで開かれた国際箱庭療法学会に参加した折に、アパッチの居留地を訪れた。観光客用の踊りを見ただけだったが、河合氏は強い失望に捉われざるを得なかった。「踊りはまったく生彩がなく、人々は肥満し、顔は無表情そのものだった。これがあの勇壮な部族とは思えないし、私がロールシャッハの結果から思い描いていた人物像とは、かけ離れたものであった。彼らのたましいはどこへ行ってしまったのだろうか」（『ナバホへの旅　たましいの風景』朝日新聞社、二〇〇二年）。

一九九九年に、河合氏はカナダのバンクーバーで開かれた国際箱庭療法学会で基調講演を行なった。それは「創造神話と箱庭療法」というタイトルだった。「私はカナダでの学会というので、その場に敬意を表し、まずカナダのイヌイットの創造神話を取り上げ、それを中核として話を進めていった。聴衆のほとんどは白人である。彼らが私の話に耳を傾けているのを見ながら、私は何とも言えぬ感慨に浸るのを禁じ得なかった。／白人、特に多くのアメリカ人を前にして、日本人がアメリカ先住民の神話を取り上げ、その知恵について語っている。今から三十年前だったら、とうてい想像もできなかった光景ではなかろうか。私は時代の変化の速さを痛感したのであった」（同）。

考えてみれば、ユングも一九二〇年頃に〝プエブロ・インディアン〟の調査をしているが、ユングについて本格的に研究する以前に、河合氏がアパッチの調査に関わっていたという、不思議な符合には驚かざるを得ない。

## 6　現象学的方法

話を分析のことに戻す。シュピーゲルマンの分析を続けていくうちに、河合氏は興味深いことを数多く体験することになる。

まず、見ないのではないかと思っていた夢を、しかも大変ドラマティックな夢を、河合氏は見たのだ。「びっくりしました。夢自体はものすごくおもしろいんだけど、自分では意味がぜんぜんわからないんです」。

それで河合氏は、シュピーゲルマンに自分の夢の話をする。河合氏が想像していたのは、自分が話をしたら、彼がすぐに解釈をしてくれるのだろうということだった。だが、実際はそうではなかった。シュピーゲルマンがしたことは、その夢についての河合氏の連想を聞くことだった。「その連想をしゃべっているうちに自分で気がついていくんです。それを彼がちょっと言い換えるわけですよ」。

それは長い夢だったのだが、その夢の中で河合氏はハンガリーの立派なコインを拾ったのである。ところが、ハンガリーのコインだと思って見ると、そこには何と仙人が描かれているではないか。それで河合氏は、「エーッ？」と思った。

そうすると、シュピーゲルマンが、「ハンガリーについておまえは何を連想するか」と質問する。それで河合氏は、「ハンガリーというのは東洋と西洋のあいだにあって、ぼくらは西洋のほうだと思っているけれど、音楽はものすごく日本的だ」といったことを答える。

するとシュピーゲルマンが、「うん、そうだ、おまえは東洋と西洋のあいだから貴重なものを獲得する」と言った。そういうふうに言い換えるのだ。つまり、河合氏の連想を含めて、言うのである。それで河合氏は、すっかり感心してしまう。

「仙人が描いてあったので、それについてぼくは老子を連想するし、兄貴に老子の好きなのもいたりして、あんがい関心を抱いていた。するとシュピーゲルマンは、東洋と西洋のあいだからすごいことを獲得していくなかで、老荘の思想はすごく意味を持つに違いない、とそういうように言い換えてくれるわけですから、アーッと思うんですよ。それがものすごくうまい。それは今、ほんとにそのとおりのことになっているんでね。だから、その辺から彼は、カワイは絶対、東洋と西洋のために仕事をする人間だと思っていたんじゃないでしょうか」。

ずっと後になって、河合氏はシュピーゲルマンを日本に招待した。その時に、はじめて彼は次のように言った。「じつは、カワイがくる前に自分は夢を見ている。その夢のなかで西から太陽がのぼる夢を見た」。これは、「アメリカの西から非常におもしろいことが起こる」ということだと、シュピーゲルマンは考えていた。そこへ河合氏がやって来た。それでシュピーゲルマンは、非常に期待して待っていたのだ、ということであった。

シュピーゲルマンの分析を受けていくうちに、河合氏は次第にユングが好きになってくる。それを知ったシュピーゲルマンは、河合氏をユング派の講演会や、ロサンゼルスのユング研究所に連れて行った。

ところが、行ったとたんに河合氏は拒否反応を起こしてしまう。つまり、「半分信仰がかった変な連中が多い」からだ。それで、シュピーゲルマンに「ぼくはユングは好きやけど、ユング派の連中は好きになれん」と言った。それに対してシュピーゲルマンは、「ああ、わかる」と答えた。

ある会合で、そうした連中とつきあいたくないので、端のほうに河合氏は座っていた。そうしたら、一人の男がやってきて、「マックス・ツェラーです」と自己紹介した。彼はドイツから亡命してきたユダヤ系ドイツ人で、有名な分析家だった。その彼が、「あなたは日本から来たのでしょう。わたしは日本の大好きな本がある」と言った。それはオイゲン・ヘリゲルの『日本の弓術』のことだった。読んだことがあるか、と聞かれたので、河合氏は「中学校二年のときに読んでいる」と答えた。長兄の仁兄さんが、岩波書店から出ていたブックレットのような『日本の弓術』を送ってくれたのだった。戦争中のことだったが、この本は河合氏の心に強い印象を残した。河合氏は後に、『影の現象学』（思索社、一九七六年）の中で、詳しく論じることになる。

そんなことで、ツェラーとは話がはずんだ。ユング派のなかにも、こうして次第に親しい人ができるようになった。しかし、アメリカでユング派が理解されるようになったのは、一九七〇年以降のことである。したがって、当時は「完全なマイノリティ。だから、ユング派で教授といったらアメリカ中でクロッパー一人だったでしょうね」。

ところで、河合氏がアメリカに留学して強く感じたことの一つは、アメリカは科学に信仰をおいているということだった。例えば、相談に来た人が「自分はどうしよう」と考えたときに、心理学の専門家から「あなたはこちらに行きなさい」と言われると、素直に従うのだ。それは科学的な専門知識を絶対的に信用していることに他ならない。

日本人の場合には、そうは行かないだろう。「あなたは理科へ行きなさい」と言われても、「おれは文科が好きやから」とか言って、専門家の意見にすぐ従うことはない。アメリカの場合には、例えば、専門家の行なう心理テストの結果には文句なく従うわけで、河合氏はこれこそ科学信仰だと考えたのだった。

当時は、フロイト派の精神分析理論が最も強かった頃である。「当時のアメリカの人たちは、その精神分析理論で正しいということは絶対正しいというわけです。それでぼくは信仰と思ったのです」。一方、その頃には明確に分かっていたわけではなかったが、河合氏にはフロイトの理論が自然科学ではない、と思えた。しかし当時のアメリカ人は、これは科学だから従わねばならない、と言う。河合氏は、「なんやこれはおかしい」、「これははっきりさせなければいかん」とずっと考えていた。

そうした時に、クロッパーがロールシャッハについて、それは「現象学的接近法（フェノメノロジカル・アプローチ）をしているのであって、科学的なそれではないと言ったのです。それでものすごく感激しました。やはり先駆者ですね」。

当時の心理学は、近代科学をモデルにしていた。だから、ロールシャッハについても、そのように研究すべきである、と考える人が多かった。しかし、クロッパーは違っていた。それは近代科学の方法論とは異なるものだ、と考えていたのだ。「すなわち、投影法の場合は、単純な対象化を許さないことが多い。つまり、テストする人とされる人の関係がそこに入ってくるし、個々の人間の個性などということを考えはじめると、簡単に概念化したり一般化したりすることはできない。とすると、ひとつひとつの現象をそのまま見て記述することが大切であり、法則があるとかないとかの前提をもたないようにするべきである、と考えるのです。ともすれば何かを切り棄てることによって一般化したくなるとき、もっと根本的に個々の現象を詳細に見直してゆこうとするのです」。

とすれば、いわゆる自然科学的な検討をいくら加えても、ロールシャッハの本当の意味は出てこない、というのがクロッパーの考え方だった。それは、河合氏にとって、実に大きな方法論的発見であった。一九六一年のことである。「非常に先駆的でしたね。だから、これは非常に大事なことをひとつ知ったと思いました。そういう意味でも、クロッパーという人はほんとにすごい人でしたね」。

それから十三年後の一九七四年に、私は雑誌の『図書』で一つの座談会を組織したことがある。「人文科学の新しい地平」というタイトルで、メンバーは河合隼雄、山口昌男、由良君美の三氏であった。本書の序章で言及した河合氏の文章にも、山口・由良両氏の名前が出てくる（八頁）。それは、当時台頭しつつあった文化人類学や深層心理学、言語学や文芸批評理論、美術史などに共通に見られる、人間理解の新しい考え方についての興味深い議論であった。そして、その議論の前提の一つとして、現象学的方法があったのである。

しかし、七〇年代の半ばに至ってすら、こうした新しい動きに注目し、評価してくれたのは、

『理想の出版を求めて』で書いたように、中国文学の大家・吉川幸次郎氏だけであった。

このように見てくるならば、六〇年代の初めにクロッパーによって与えられた驚きが、河合氏にとってどんなに大きなものであったか、理解することができると思う。

## 7　シンクロニシティの考え方

さて、このクロッパーについて、河合氏はいくつかのエピソードを記しているので、紹介しておこう。

アメリカでは、臨床心理士の資格を取得するには、臨床心理学の博士号を持っていることが必要だった。ところで博士号を取るためには、いわゆる客観科学的な操作に基づいて、実験したり調査したり統計をとったりしなければならない。つまり、仮説はこうであり、実験的に検証したらこうなった、という科学的論文を書かなければならない。

しかし、すでに見たように、「臨床心理の実際は本質的にはそれと異なるのですね」。とすれば、博士号をとるため行なった研究は、臨床心理士になったときには何にも役立たないことになる。

ある時、UCLAの臨床心理の大学院生が集まっている折に、右のような事態に気づいて、皆憤慨しはじめたことがあった。つまり、「われわれは何の意味もない研究をさせられている、われわれがPh.D.のために勉強していることは臨床家として役に立たない」というわけである。

そこで大学院生たちはクロッパーに、「われわれはなぜこんなことをさせられるのか、それは臨床家になるために役に立っているのか」と詰問した。それに対してクロッパーは、「役に立っている」と答えた。なぜかと言えば、「臨床家となるためのエゴ・ストレングスのために」と。「ぼくは感激しましたね。つまり、臨床家となるための強い自我を確立するためにはそれが要るんだ、そのこと自体は役に立たないが、とクロッパーは言ったのです。だいぶ騒いでいたアメリカの大学院生も、この一言で黙りました」。

ところで、クロッパーは、よく「ブリッジ」だと言われることがあった。例えば、フロイト派とユング派をつなぐブリッジ。大学と病院をつなぐブリッジ。そして河合氏にとっては、何よりも東洋と西洋をつなぐブリッジだった。

いろいろなところでブリッジになっているので、人が何か言ってもニコニコしていることが多かった。だから河合氏は、「クロッパーがだれにでもちょっと愛想がよすぎると思っていた」。ティーチング・アシスタントになった河合氏が、学生たちと親しくなってくると、彼らは「クロッパーの講義は役に立たない」と文句を言いだした。

河合氏にとっては、クロッパーの講義は非常に興味深いものだった。「投影法の歴史などを話しだすと、ふつうの人だったらあまり考えていないような、たとえば、ユングの連想テストの考えの背後にはこのようなことがある、それが現在の投影法のテストにどうつながっているか、などと話すのです。それがぼくにはすごくおもしろい。しかしアメリカ人はおもしろうないんです、実際の役に立たないって」。

大学院生たちは、有名なクロッパー先生のロールシャッハの実際的な話を聞きたがっていたのだ。しかし、ヨーロッパ出身のクロッパーは、実際的な話の前に、歴史的な話や本質論をするのだった。つまり、本格的な講義をしていたのだ。河合氏にすれば、「こんな話はめったに聞けない」と思っていたのだが、学生たちはブツクサ言っている。

それで河合氏は、「アホやなと思うてたけど」、クロッパーに「先生はご存じかどうか知らんけども、大学院生は先生の講義に文句言うてますよ。もっと実際的なロールシャッハの解釈のしかたとか、そういうことを知りたがっていると思いますよ」と言った。それに対してクロッパーは、「ああ、そうか、いいこと言ってくれた」と答えた。

次の講義の時間に、クロッパーは大学院生たちに向かって言った。「カワイから聞いたところによると、おまえたちはなんか自分に言いたいことがあるそうだが、言ってみろ」。さすがのアメリカの大学院生たちも、一言も発せずに下を向いている。それを見たクロッパーは怒った。「サイレンス!」「この沈黙はどう解釈できるのか!」。河合氏は、このように怒ってこそ、いつものニコニコも本物だと思って、嬉しかったという。

ついに一人の学生が立ち上がって、話しだした。クロッパーは黙って聞いていた。そして「きみたちがそう言うのはわかった、考えておく」と答えた。クロッパーの帰りぎわに、河合氏が「結局、文句を言うのは熱心な学生でしょう」と言ったら、クロッパーは、「おれもそう思う」と答えた。そして次の講義から、もうちょっとアメリカの学生が喜ぶような実際的な話に、内容を変えたのだった。

しかし、当時のクロッパーは、ロールシャッハに関しては、一九三〇年代から活躍していた

S・ベックと並んで、最も高く評価されていた研究者だった。だから、基本的なことも確実に踏まえたその講義に対して、その意味を十分に汲み取れずに、実際的な技術に関わる講義を性急に要求したアメリカの学生たちに対して、河合氏は複雑な思いを抱いたのではないだろうか。

それはともかくとして、クロッパーは当時、がん患者の余命に関する研究でも著名であった。どういうことかと言うと、当時はまだ患者に告知することはなかったが、医者としては患者の余命について予測することができた。ところが実際には、医者の予測がはずれることがある。なぜそういうことになるのかということを、クロッパーは医者と共同研究したのだった。

クロッパーは、患者に直接会わなくても、そのロールシャッハを見ることによって、医者の予測より余命は長いとか、短いだろうと判断することができた。どうしてそういうことが可能になるかと言うと、そこには明確なクロッパーの理論があったのだ。それは、簡単に言えば、意識的抵抗の強い人は消耗して早く死ぬのに対して、意識的抵抗を放棄した人は、医者の予測よりも長く生きる場合が多い、というものであった。後者の場合、自我防衛をすっきり放棄した人と、妄想的に放棄する人――例えば、「自分ががんになっているのはウソや」とか、「この薬を飲んだら治る」といったことを信じる人――があるのだが、いずれにしても長く生きやすい。

「ロールシャッハで見ると、意識的抵抗の強い人はわかるんです。われわれの言葉でいうと、自我防衛の非常にきつい人ですね。このタイプの人は、医者の予想より早く死んでいく。それがよく当たるんです」。

ある時、クロッパーが、この人は自我防衛をすっきり放棄しているから長生きするだろう、と言った患者がいた。その人は医者の話を聞いて、「ああ、わかりました。自分は死ぬまでに世界旅行をしたかったから、妻といっしょに出かけます」と言って、豪華客船で世界旅行に出かけた。帰ってきて調べたら、がんは退縮していた。

クロッパーがその話を河合氏たちに紹介して、「この人は悠々として世界を漫遊して帰ってきたらがんがなくなっていた」と言った。それで河合氏は、「ああ、やっぱり心は体に影響する。心の状態がそういうふうになったらがんまで治るんや」と単純に考えた。そうしたら直ちに、クロッパーが言った、「こういう話を聞いて、すぐに心の状態が体に影響するなんて考えるのは非常に浅はかだ」。もしそうなら、そういう人は誰でも治るはずだ。しかし、そうではない。とすれば、因果関係で結んで考えるのはまちがっている、ということになる。

そこでクロッパーが言ったのが、「シンクロニシティ」ということだった。そして、これは最近ユングが唱えている考え方だとして、説明してくれた。より正確に言うと、「「クロッパー」教授が、自分はこの点について何とも言えないが、ユングの弟子のマイヤー教授が最近主張しているように、心身相関の問題は、ユングの言っている共時性《シンクロニシティ》との関連で考えるのが一番適切であると思う、と言われた。私はこうなると何のことか全然わからず、帰って早速シンクロニシティについて調べたりしたが、もうひとつ納得がゆかなかった」（『宗教と科学の接点』岩波書店、一九八六年）ということになる。

そして実は、ユングとマイヤーの考え方には微妙な違いがあるのだが、そのことについては、次章で詳しく見ることになるだろう。

それはともかくとして、河合氏は言う。「シンクロニシティというのは非因果的連関に意味を見出すというのか、わかりやすく言えば、意味のある偶然の一致の現象がありますね。たとえば、夢で見たことがそのまま実際に生じるとか。こういう場合に、それを因果的に説明するのではなく、共時性《シンクロニシティ》という観点から考えるべきだというのです。つまり、自然現象は因果律のみで把握することはできず、シンクロニシティの原理ということも考えねばならないというのです。ぼくはショックを受けるとともに、この考えこそ、今後の心理療法のみならず、人間の科学を考えるうえで極めて大切だと直覚したのです」。

続けて河合氏は次のように言う。「しかし、ぼくは日本に帰ってからでも、だいぶ長いあいだそのことについては黙っていました。うっかり発言すると誤解されるから」。後に見るように、ユング研究所で神話について研究を重ねた河合氏であったが、帰国後十年以上も神話——とくに日本神話——について語ることはなかった。それと同様にこの「共時性」についても、というよりもこれについては一層、語ることに対して慎重であった。具体的に言えば、「共時性」については、哲学者の中村雄二郎氏が「臨床の知」などで、近代的な知の有効性と限界についての考察を始めた八〇年代に至るまで、河合氏はほとんど語ることをしなかった。

このように、六〇年代の初めに、すでに河合氏は後に展開する思想の基本的で重要な部分を身につけていたように思われる。それをさらに豊かに肉づけしていくのが、ユング研究所での研鑽であるが、それについては次章で詳しく見ることにしよう。

さて、クロッパーに関わるエピソードの最後に、シャガール展のことを書いておこう。

ある時、UCLAでシャガール展が開かれたことがあった。クロッパー先生が、「きょうはおもしろいところへ連れて行ってやろう」と、そこへ連れて行ってくれた。ユング派には絵画の好きな人が多いのだが、クロッパーはユダヤ人なので、とりわけシャガールには関心があったはずだ。

それ以降、河合氏は絵をよく見るようになった。そして旅行でニューヨークに行った折にはMOMA（ミュジアム・オブ・モダンアート）を訪ね、ピカソやマチスなどの収蔵作品の多さに驚いたのだった。

## 8　カルチャー・ショック

河合氏は西洋好きだった。音楽でも、文学でも、映画でも、西洋のものが好きだった。ところが、「アメリカに行ったら、やっぱり自分が日本人だということを思い知らされましたね。あらゆるところでやっぱり違う」。

例えば、パーティに行って、「おまえは何が飲みたいか」と聞かれただけで、困ってしまう。つまり、すぐに飲みたいものが心に浮かんでこないのだ。「それよりも何を言うのがふさわしいかとか、そっちのほうへ心がいってしまっていて、そのときにパッと答えられない自分というものを発見するんですね。「やっぱり違うところへきた！」とすごく思いました」。

また、人に何かプレゼントするとき、日本ではつまらないものですがと差し出すが、アメリカではきっと気に入るに違いない、「アイ・ホープ……」という形でいう。それに気づいた河合氏は、「ああ、わかった、〝アイ・ホープ〟でいこう」と話し方を変えた。

「しかし、意図的にあんまり変えてやると、しんどくなってくるんです。やっぱり自分と違う人生を生きているんだから。そうなったら、こんどは日本人ばかり寄って茶漬でも食いながら、「アホなアメリカ人」とか悪口を言うと元気が出るんですよ」。

このように大きなカルチャー・ショックを受けた河合氏であったが、それを通して彼我の違いについて、思いをめぐらすようになっていく。アメリカ人の場合には、自我をはっきり形成しているので、何事も自我から発想する。それに比して、日本人の場合には、全体とのつながりとか状況のなかから自分を出してくるのだ。

その結果、どっちが良いとかどっちが悪いというのではなくて、それぞれが立っている原理が違うんだ、と考えるようになる。シュピーゲルマンに分析を受けるときも、ずいぶんこうしたことを話し合ったという。

興味深いことに、「一対一で分析を受けていると、あまりにも話が通じるので、相手がアメリカ人だということを意識しなくなるのです。だから分析のときに、平気で「アメリカ人は浅薄でだめだ」などと話をしていたのです。こんなふうに無自覚に勝手なことを言いながら、だんだんと自己認識を深めてくるのです」。

分析を受けはじめて数カ月たったある時、「もう大丈夫だろうから」と、河合氏はシュピーゲルマンの講義を聴きに行った。というのは、分析家とは最初の頃は社会的場面で接触しないようにするのが、決まりだからである。さて、シュピーゲルマンが教壇に立って話し始めるのを聞いた河合氏は、大きなショックを受ける。「あっ、この人はアメリカ人だ！」と思ったのである。

それはともかく、当時のUCLAに留学している日本人には、二つのタイプがあった。一つはフルブライトに受かったり、交換教授できているような真面目に勉強する人。もう一つは、金持ちの子息とか、うまいこともぐり込んでアルバイトしてかせいでいる連中とかだった。河合氏は、この双方のグループの人たちと親しかったという。

また、当時の留学生仲間の坂本百大氏（哲学者）や目幸黙僊《みゆきもくせん》氏（後にユング派の分析家）とともに、日系二世の人たちに日本語の講習会をして、アルバイトをしたりした。

当時の一般的な留学のあり方と言えば、経済学にしてもその他の分野でも、基本的にはアメリカの学問のモデルを学ぶということだった。しかし、河合氏の場合には、少し違っていたようだ。「それはクロッパー先生についたためもありますが、アメリカ式クリニカル・サイコロジー（臨床心理学）を身につけて帰ったというのとは違います。講義もおもしろいからちゃんといろいろ聴きましたけども、それは向こうのモデルを学ぶというのとは違いますね。やっぱり適当に勝手な勉強をしていたということでしょうね」。

一年間は、フルブライトの全額給費留学生だったが、翌年からクロッパーのアシスタントになったとはいえ、大学院の授業料を免除してもらわなければ、やっていけない。そこで申告したところ、一週間もたたないうちに「免除」の返事が来た。物好きな河合氏のことなので「なんで免除になった？」と聞きにいった。日本の場合には、面接を受けたりしなければならないからだ。

事務の人は、「おまえのファイルを見たら成績がよい、だから免除になった」と言う。「経済状態のことをなんで聞かないのか、勉強できなくても金のない人がいるじゃないか」と河合氏が言ったら、その人は「金がなくて勉強ができない人は来なくていい」と答えた。それがすごく印象に残ったという。

「日本に帰って、いっぺん学生にそう言うてみたかったんだけど、言ったら殺されていたかもしれない。／そういうふうな文化差の体験もおもしろかったですね」。

一方、一年半アメリカにいた間に、河合氏は学問以外にもいろいろと体験した。

まず、おなじみの音楽からいうと、ロサンゼルス・シンフォニー・オーケストラの定期演奏会のシーズン券が、学生料金で一回一ドル五〇セントぐらいで購入することができた。安い券なので三階の一番上の席なのだが、かならず来ない客がいて空いている席があるので、二曲目からはいい席で聴くことができた。

大学のオーケストラに入ったりはしなかったものの、自分一人でフルートを吹いていた。フルートに関わっては、面白いことがあった。大学院生は、どの学部のどのコースをとっても、タダだった。そこで河合氏は、音楽学部のフルート専攻コースに入った。講師はロサンゼルス・シンフォニーの奏者だったが、河合氏が一曲吹いたら、すごく喜んで「おまえちゃんとしたフルートを買わないか」と言ったのだ。「あなたはどう思うか知らんけども、わたしは日本で大学の助教授をしておって、その月給が一五〇ドルにもならない」と河合氏が答えたら、「もう買うのやめなさい」と講師の人は言った。

それはともかく、その講師には「家まで習いにくるか」と言われたりもしたし、音楽学部の学生と一緒に習ったのは、楽しかったという。

また年に四回くらい、サンフランシスコ・オペラがやってきた。ある時、シュワルツコップが来て、モーツァルトの『コジ・ファン・トゥッテ』を歌った。河合氏はものすごく感激する。「日本でまだそんなに聴いたことがなかったですからね。ぼくはそういう点で、すごく得な人間だと思うけども、自分の段階に応じて聴いているんです。初めからサンフランシスコ・オペラを聞いておったら、その後あまり感激せんでしょうが、いちばん初めは宝塚の歌劇から見て、それから藤原歌劇に大感激して、それでアメリカに行ったわけでしょう。／そして初めてワグナーを聞いたんです。それまでワグナーなんかぜんぜん知らなかったところに、『ローエングリン』と『マイスタージンガー』を聴いたのです。／ほんとにイカレるほど感激しました。こんなことがこの世にあるのか思うて。まだ日本はそんなんできない頃ですから。それからリヒャルト・シュトラウスの『影のない女』というのにも感激しましたね。だから、ひとつひとつ新しいことがあって、ひとつひとつ感激できた」。

旅行は、金が無いので、あまり行っていない。一度、お金をためて、ニューヨーク、ワシントン、フィラデルフィア、シカゴと回ったことがあった。帰りは、大晦日にシカゴから鈍行列車に乗って、ロサンゼルスまで帰ってきた。丸二日もかかった。「やっぱりアメリカは広いなあ」と思ったと言う。「シカゴを出発するときはミシシッピー川が凍っていたのに、ロサンゼルスに着いたらオレンジがなっているんです」。「なんでこんな国と戦争したんやろ言うて笑うてたんですよ。まあ、家族は日本にいてぼく一人やったから、わりあいそういう勝手なことができた」。

その他、夏休みにはソーシャルダンスのコース（レクリエーションのコースの中にある）をとったりもしている。チャチャチャとかタンゴも習ったらしい。

最後の半年間には、ドイツ語を習った。英語で習うわけだが、これがけっこう面白かったという。中級クラスでシャミッソーの『影をなくした男』（ペーター・シュレミール奇談）を読み、「そのとき初めてあの作品を知ったんですよ、こんなおもしろいのがあるわ思うて」。後に、河合氏の著作には、何回かこの本が登場する。

## 9 異文化理解の重要性

このように、実にさまざまな体験をし、カルチャー・ショックを味わいもした河合氏であったが、そうした経験を通して、異文化理解の重要性について考えないわけにはいかなかった。その時に非常に役に立ったのが、エリッヒ・ノイマンの『グレート・マザー』（Erich Neumann, *The Great Mother : an analysis of the archetype*, tr. fr. Germany by Ralph Manheim, Routledge & Kegan Paul, 1955）である。

どうして役に立ったかというと、「この『グレート・マザー』の本を読んでいくと、日本人はいままで気がついていなかったけれども、欧米の文化と比べる限り、母なるものの力がどんなに強いのかということがだんだんわかってきて、そういうことを使って説明するとアメリカ人にわかるんですね。感情的に反撥するのではなくて、「実は原理が違うんだ」と。／欧米の人は、父なるものの原理を非常に大事にしますが、日本は、まだまだ母なるものの原理が強い。だからこういうふうに違うと言うたら、「なるほど」とわかってくれるわけです」（『深層意識への道』）。

例えば、分析を受けている時に、「甘える」と言おうと思ったのだが、河合氏には適切な英語が見つからなかった。シュピーゲルマンにそう言うと、「ちょっと例をあげてみろ」というので、「お母さんが子どもにこうするんや」と説明した。するとシュピーゲルマンは、それは英語では"pamper"と表現するのだと答える。河合氏は「違う、違う。そんなんやないんや。子どもがお母さんに甘えるんだ」と説明しても、なかなか分かってもらえなかった。

河合氏は「一週間待ってくれ。一週間考えてきて説明する」と言った。そして『グレート・マザー』の助けをかりて、次のように説明したのだった。「甘えるというのは、実は「母なるもの」に対する感情であって、その母なるものという、ものすごく偉大な、どんなことがあっても自分を救ってくれる、育ててくれる、そういうものに対する感情を、子どものほうから表現したら、「甘える」ということになるんじゃないだろうか」（同）。するとシュピーゲルマンは「わかった。ある程度は、マリアさんに対する感情と似ているなあ」と納得した。

このように、文化の違いからくる理解の難しさをさんざん経験し、それを分かってもらうために必死になって英語で説明するということを、河合氏は行なわねばならなかった。しかし、こうした体験は後になって、非常に役立ったと言う。

だから、日本に帰って、土居健郎氏の『「甘え」の構造』（弘文堂、一九七一年）を読んで、「ああ、この人も同じように苦労したんやなあ」と思ったという。「土居さんは、フロイト派の分析を受けておられたんですけれども、やはり日本人の「甘え」ということがたいへん大きい問題だったわけですね。「ちゃんとこういうことを考えている人がいる」と思って感心したのを覚えています」(同)。

また、それとは違った意味で、アメリカにおいて、河合氏は日本の文化を発見したのでもあった。しかも、英語によって。それは、鈴木大拙の禅の本だった。Daisetsu Suzuki, *Zen Buddhism*, Doubleday, 1956 である。「これはすごく感激しました。英語で向こうの人にわかるように書いてるわけです。「こんなふうにして、日本のことを欧米の人にわかるように話をした人がある」と。しかも、禅というものが言わんとしていることが、自分は日本人だからすごくわかるわけですね。それを言葉でいろいろ説明して言う前に、実際の体感として通じるものがあるんですね。そういうものが、しかも英語で書かれているというので、このあたりから禅に関心をもつようになります」(同)。

三十年以上も後に、河合氏は『ユング心理学と仏教』(岩波書店、一九九五年)を出す。これは、アメリカのテキサス州A&M大学のフェイ・レクチャーでの連続講演を基につくられた本である。解説のような形で付された「フェイ・レクチャー紀行 ——日本の読者のために」の中に、河合氏の留学時代の興味深いエピソードが記されているので、少し長い引用だが紹介しておこう。

このとき私が非常に驚いたのは、このセンターの元所長として、ジェイムズ・エールワード神父が登場し、私の前に短いスピーチをしたことであった。彼は一九七八—八一年の間に、このセンターの所長となり、その後もこの地方のユング派の指導者として、多くの人の敬愛の的になっているとか。ところで、どうしてこの人の登場が、私にとって驚きであったかというと、この人の名は私にとって忘れ難い思い出とつながっているからである。

一九五九年にはじめてアメリカに来たときに、私はロスアンゼルスで、マーヴィン・シュピーゲルマン博士に分析を受けた。そのときのエピソードである。私は当時アルバイトとして、精神病院に入院中の患者さんを、移動式ベッドで日光浴に連れ出し、そこで一時間ほど雑談をするという仕事をしていた。どのくらいの報酬だったか忘れてしまったが、私にとっては、アメリカの患者さんと話合いをするだけでも意味があった。

ある中年の男性の患者を担当したが、どうしてもその人の診断がわからない。精神病ではないのじゃないかと思ったりするが、精神病院の入院患者である。ともかく、毎週通っているうちにわれわれはだんだん親しくなった。あるとき、彼はすごく真剣な顔をして、自分の病気の診断名を知っているかと言う。知らないというと、医者はそれを隠しているが自分はそっとカルテを見て知った。それは「多発性硬化症《マルティプル・スクレロシス》」で不治の病であり、死を待つのみである、と言う。当時のアメリカでは「病気の告知」をせずに患者には秘しておく医療の方法をとっていた。

私は帰宅後、多発性硬化症について調べたが、実態がわかるとあまりにも心が重くて、アルバイトをやめさせて貰おうと思った。「日光浴をして雑談」などと言っておられない。そのことを分析家に話すと、「それだったら、彼とはっきりと多発性硬化症について話し合い、死の準備のための話合いをすればよい」と言う。私はこのときはじめて「死の準備のための話合い」という言葉を聞き、強いショックを受けた。今ならともかく、一九五九年の頃である。彼は続けて、「自分の友人のユング派分析家で、カソリックの神父でもある、ジェイムズ・エールワードは、専ら死んでゆく人の心の準備のため分析をしている」と言った。

私はそのとき自分が選ぼうとしている分析家の道が、どれほど厳しいものであるかを痛感した。そして、幼少の頃から常に「死」のことを考え続けてきた自分が、その問題と取組むのにふさわしい道を知らず知らず選んだことにも気づいた。(私はユング派がどのような学派であるかをはっきり知らないまま、それに入り込んだのだった)。

分析家の話にショックを受けると共に、嬉しくも思ったが、当時の私としては到底そんなことはできないと言うと、決してできないのにする必要はない、事情を話して止めさせてもらうといいだろう、と言った。それ以後、自分のできないことを可能としている大先輩としてエールワード神父の名は、ずっと私の心にきざみこまれたままであった。それが、まったくはからずもこんなところでお会いできることになった。当時、まったく自分の手のとどかないところにいる人として感じたのだったが、三十数年の間に私も分析家として随分と鍛えられてきて、このような人と普通に話し合えるようになったかと思う。

河合氏は、一年半アメリカにいて、日本に戻ってくる。帰国する前に、クロッパーとシュピーゲルマンがユング研究所に推薦状を書いてくれた。その推薦状だけで、ユング研究所は河合氏に奨学金を出すことを決めたのだった。しかも最高の額を。

思えば、河合氏がアメリカでの指導教官としてクロッパーを選んだのが、決定的なことであった。その前提としては、ロールシャッハを〝鬼〟になるほど研究したことがあった。そのロールシャッハはと言えば、もともと雅雄兄さんから教えてもらったものであった。

これ以降、河合氏はユング研究所での研鑽をはじめとして、心理療法家としての独自の道を切り開いて行く。それは次章以下で詳しく見ることにしたい。ここでは、本章を終えるに当たって、この時点までの隼雄氏に節目節目に必要なアドヴァイスを与えてきた、雅雄氏のコメントを引用しておこう。大きな影響を与えた、実の兄ならではの洞察と卓見が述べられている、と思うからである。

戦中戦後の日本の暗い時代に、この不遇にも負けずに自分の道を切り拓《ひら》いていった精神力には感服しているが、臨床心理学という日本では未開の沃野《よくや》の扉を開けるために、逆境とも言えるコースを歩んだことが大きな力になったのではないか、と私は思っている。一つは独学の力をつけ、誰にも頼らずに困難を克服する強さを持ちえたこと、二つ目は電気科と数学科を履修したことである。

当時わが国の心理学はアメリカの影響を受けて行動主義心理学が圧倒的優位を保ち、東大がその拠点であった。フロイトやユングなどはまやかしで似非《えせ》科学であるとして、臨床心理学は学界の主流からは全く排除されていた。深層心理学を基礎とした臨床心理学を唱道した隼雄が主流派から叩かれなかった理由は、電気と数学という隠れ技を持っていたからだと思われる。専《もっぱ》ら学習理論に傾斜していた実験心理学は、実験装置に電気装置を使うことが多かった。そして行動理論や学習理論の〝数学モデル〟を作ることが流行《はや》った。

戦後米国から推計学がもたらされ、行動心理学には必須のツールとなった。隼雄はよくぼやいていた。大先生の数学モデルはナンセンスだし、有名某氏の推計学は間違いと。とくに数学モデルと称するものは、数学基礎論が解っていないから、「無茶苦茶しとる」と苦笑していた。しかし、あえてそれを取り上げて批判することはなかったので敵は作らなかったが、いわゆる「強持《こわも》て」の状態だった。それが臨床心理学の発展に対する抵抗勢力をうまく回避する力になりえたのではないかと思う。「三高・京大のエリートコースを辿《たど》っていたら、三流数学者になっていただろう」と自分でも語っているが、人生万事塞翁《さいおう》が馬という諺《ことわざ》を思い出させる。(「隼雄の思い出——少年期から出立まで」)

# 第四章　ユング研究所の日々

## 1　家一軒分の旅費

アメリカから帰って、河合氏は再び天理大学に戻った。一九六二（昭和三十七）年にスイスに向けて出発するまでの一年間、セラピーも研究もした河合氏だったが、他人の夢の分析をすることはなかった。シュピーゲルマンによる分析を体験してはいたが、まだ十分に自信が持てなかったからだという。

しかし、「おもしろいのは、ふつうにカウンセリングしている場でも、前よりも理解が深まっているっていう感じがしましたね」。ロールシャッハも、カウンセリングもしたが、以前に比して格段によく分かるようになっていたのだ。

一方、スイスに行くための準備を、いろいろとしなければならなかった。ドイツ語を勉強したり、アメリカで仕入れてきたユングの本を読んだりした。

ところで今回、いちばん大変な準備は、家族全員で三年間もスイスで過ごすためのものであった。ＵＣＬＡでは、基本的に大学院生という立場で過ごしたのだが、ユング研究所の場合はまったく違う。そして研究所からは、必ず家族と一緒に来るように、と言われていた。なぜかと言うと、「分析を受けて、いろんな体験をするなかで、家族との関係、家族をどうするかということをやっていかないと、人間的に成長しませんからね。だから、家族といることが大事だから、家族と一緒に来なかったら意味がないといわれたし、行くことになったんです」（『深層意識への道』）。

だから河合夫妻は、「スイスでなにも買わなくてもいいように、着るものなんかは完全にこちらでそろえたりし」たという。兄弟は皆大賛成で、「それこそやりたいことをやれと。それで、もし金に困ったら援助してやると言ってくれました。みんな医者ですからね。しかし、援助してもらうのはスイスから帰ってからのことです。土地を買ったり家を買ったりするときにね。スイスへ行くときはあまり頼ることはありませんでした」。

とは言え、最大の難問は航空運賃の高額なことだった。滞在費は研究所の方で出してくれることになっていたが、旅費は自分で工面しなければならない。当時、スイスまでの飛行機代がどれほどのものであったかと言うと、家族全員の旅費で「奈良の学園前の土地付きの家が一軒買えたんですよ」。

だから、河合氏に向かって真剣に「スイスなんかに行くな」と注告してくれる人が何人もいた。ある先生は「おまえはもうアメリカへ一年半も行ってきたんだ。しばらく待っていたら京大に移れるだろう。それをいまから三年もスイスに行ったら日本に戻ってきたとき、もうどうなるかわからない。それよりも土地付きの家を買うて日本におるほうが賢明じゃないか」という内容のことを言った。

しかし、河合氏の気持ちはまったく動かなかった。アメリカで、クロッパーやシュピーゲルマンをはじめ、さまざまな心理療法家を見ているので、「世界的にみれば、自分のレベルは低いということがはっきりわかっています。世界的にみても、この人間は臨床心理学をやっていて大丈夫、と言えるような人間になろうと思うと、行かざるを得ない」（『深層意識への道』）と考えていたからである。

当時、ユング研究所に留学すると友人に話すと、ユング研究所なんて聞いたこともないので、本式に勉強するのはいいね、といった程度の反応しか返ってこなかった。「しかし、専門に心理療法をやっている人たちは、まあ、日本人でも一人ぐらい資格をとってくればいいなという、そういう感じでした。だから、そういう人たちの期待は強かったですよ、とくに若い人たちはね」。

幸いに、天理大学では、もちろん給料はもらえなかったが、三年後に帰ってきたらまた勤めてもいい、と言ってくれた。ただし、休職期間が終わって復帰した場合には、何年間か天理大学にいることが条件であった。

それでいよいよ、スイスに向けて出発することになった。出発に当たって河合氏は、ユング研究所での資格取得の最低年限である三年で、資格を持って帰ろうと心に決めたのであった。「三年間も日本を離れるなんて、その頃のことですから、ほんとにすごい覚悟だったんです。しかも、家族連れでスイスに行くなんて、当時は大変でしょう。だからいっぱい親類が見送りにきましたよ、出征兵士を送る感じでね」。

ユングは、河合氏が出発する一年前の一九六一年に死んでいた。だから河合氏は、ユング自身に会うことはできなかった。それは残念なことであったが、ユングの逝去によって「ユング派全体が自由になった」のでかえってよかった、という人もいないではなかった。

## 2 スイスの田舎暮らし

スイスに着いて、河合氏はユング研究所に出向いた。研究所といっても、ごくふつうの民家で、講義室と面接用の部屋があるだけの小規模なものだ。その横に女学校があるのだが、後に研究所を訪ねてきた日本人は、初めはみんなそっちへ行ってしまった。おまけに先生は誰もいない。みんな分析家として開業しているので、講義があるときだけやってくるのだ。

だから、「初めはびっくりしました。「これか？」と思った。おまけに看板も小さいのがかかっているだけです」。河合氏が最初に行ったときは、昼間の休憩時間で誰もいなかった。しばらく経って再び行くと、たった一人の事務の女性が、「ああカワイか」と言っただけ。オリエンテーションなどまったくなかった。「ヒルマンがあとでいばっていたけども、なんにもオリエンテーションをしないので、向かないアメリカ人は怒ってすぐ帰ってしまう。これがいちばんいい方法だ、と。／それがひとつのイニシエーション（通過儀礼）になっているんですね。それに自分で適応できていかなかったらだめだという考え方です」。ジェイムズ・ヒルマンはシュピーゲルマンの友人で、当時ユング研究所のディレクター・オブ・スタディーズ（教務主任）をしていた。

ちなみにヒルマンは河合氏に初めて会った時、分析を学ぶには「チューリッヒの精神」（The Spirit of Zürich）がふさわしいと言ったことを、河合氏は印象深く記憶していた（『ユングの生涯』第三文明社、一九七八年）。

河合氏は、まず住む所を探すことから始めなければならなかった。「家探しにはだいぶ苦労しました。チューリッヒ市内は家賃が高くて入れないから、田舎を探すわけですよ。そして、チューリッヒから汽車でいっぺん乗り換えて行くディールスドルフという村に一軒みつけました。ディールスドルフまで行ったんで、家賃はそうとう安かった」。

とは言え、ユング研究所からもらう金の三分の一が家賃に消えるのだった。他の三分の一が分析料（ずいぶん安くしてもらった結果だ）、そして残りの三分の一が家族全員の生活費になった。「だから、レストランには入ったことないですよ」。これは大学生時代に、河合氏が喫茶店に入ったことがなかったことを思い出させる話だ。

ただ食材は安かったので、自分のうちで料理をつくる分には、不自由はなかった。後で書くように、嘉代子夫人は工夫していろいろと料理を作っていたので、「そう貧しい思いはしていないんです」。

しかし、ぜいたくはできなかった。ブロッケンハウスという、今日ふうに言えばリサイクルショップのような店があって、そこで非常に安く家具を購入した。ある時、この〝ブロークンハウス〟（と河合家の人たちはよんでいた）で、折り畳み式の本立てを買ったことがある。河合氏は述懐する。「ぼくの顔を見て、係の人がわざとつぶすんですよ、ほんの少しだけね。それで「つぶれているから一フラン」と言う。それはシュピーゲルマンの分析料一ドルの話と通じるわけですが、そういうふうなありがたいことをたくさん経験しました」。この本立ては、長いあいだ大切にとってあったという。

河合氏の二年後にユング研究所に来た樋口和彦氏は、「ユング研究所時代の河合さん」（季刊『考える人』追悼特集「さようなら、こんにちは　河合隼雄さん」二〇〇八年冬号）で次のように書いている。「河合さんのお宅には一度だけ、家族連れでうかがったことがありますが、家具など何もなくて、テーブル代わりにつづらがおいてあるようなとても質素なお部屋でした。奥さんや幼い息子さんたちとの仲むつまじさが強く印象に残っています」。

そう言えば、河合氏自身、「ベッドなんていらんと、マットレスを買ってきて、それを畳みたいに敷いてそこで寝ていたんです」とも語っている。

「ディールスドルフは田舎ですから、最初は村の人たちはぜんぜん近寄ってきません。というよりは、うさん臭い目でぼくたちを見ている、遠いところからジーッと見ているといった感じなのですよ。もちろんあまりものも言わないし。ところが一年半ぐらいたってきたら、だんだん親しくなってくるんです。そういう点では、日本の田舎の場合と非常に近いですね」。

その頃になると、河合氏は日本のプロフェッサーであることも知れてくる。スイスでは教授の地位が非常に高い。皆が「ヤー、プロフェッサー！」と呼ぶようになった。

そうなると、日本で用意していった冬物の服とか靴が、スイスの人たちにすればとても冬物とは思えないので、暖い衣服をくれたり、食器や台所用品も分けてくれるようになる。三男の成雄氏が生まれた時には、揺り籠などをすべて貸してくれた。

河合氏は、ユング研究所に行くときには、いつも風呂敷を使っていた。『今昔物語』とか岩波文庫を包んでもって行き、電車のなかで読むのだ。ディールスドルフからチューリッヒまで、約四十分かかった。

樋口和彦氏は先の文章で次のようにも書いている。「河合さんが風呂敷包みをかかえてチューリッヒの通りをひょいひょいと歩いてゆく姿を思い出しますね。お住いのレーゲンスベルク（ディールスドルフ村）への列車は本数が少なくて、到着を待つ間、わが家にしばしばお茶を飲みに寄られました。そんなときは、後年の愉快な河合さんと同じ雰囲気でした。しかし、チューリッヒでの四［三］年間は河合さんの人生のなかでも特別、自身の内奥を凝視する気迫にみちた時期だったように思います」。

そしてそれに続けて樋口氏は、以下の如く重要な指摘をしている。「私のアルバムに残っているチューリッヒ時代の河合さんは、ひとつもこちらを向いてないんです。あらためて見てみると、なかば意識的にカメラに正対しなかったのかという気さえします。／河合さんはアメリカでの準備期間、そしてスイスでの数年間にひたすら自分の内的世界に沈潜し、大きな変容を経験していた真っ最中だったと思います。だから、駄洒落をいいながらバランスをとっていらしたのかもしれませんね」。

ディールスドルフ村は、ドイツ国境からわずか十七キロのところにある、風光明媚な場所だった。子どもたちと散歩したり、遊んだりした。「それがものすごくよかったですね。ある意味ではとても豊かな生活でした」。

ところで、なぜ河合氏はこのようなつましい生活を三年間も続けたのだろうか。当時のことだから、英語とかドイツ語の通訳でもすれば、相当の金が入ってきたはずだ。事実、一回だけ通訳のアルバイトをしたことがある。それは、河合氏が非常に世話になっている人がいて、その人から電話ですぐ飛行場に来てくれ、と言ってきたのが発端だった。「何事かと思って行ったら、同姓でちがう人だったんですよ。その人が難しい仕事なのでとスイスの大使館にだれを推薦するかって聞いたところ、大使館はぼくの名前を言うたらしいんです。それでぼくがそこへ行ったわけですが、もう行ったからにはしゃあないわけですよ、「もう来たからやりますわ」言うて通訳をやりました。そのときはそうとうの金をもらいました」。

しかし、河合氏の考え方は違っていた。クロッパーとシュピーゲルマンの強い推薦によって、河合氏はユング研究所から最高の奨学金をもらっていたのだ。とすれば、何としてもがんばって勉強し、研究所と推薦してくれた人たちの好意に応えなければならない。勉強をせずにアルバイトすることなど考えられない——これが河合流の考え方だった。これは、前章で見たシュピーゲルマンの分析料一ドルという提案に、悩みに悩み抜いた河合氏の姿勢と通じている。「事実、ちょっとでもアルバイトをやっていたら生活がだいぶちがっただろうと思います。なんだか、カタイ考えのようですが、今でも基本的にはぼくはこんな考え方が好きです」。

河合氏の奨学金に関しては、しばらく後に、あるアメリカ人が研究所に文句を言ったことがある。「なぜカワイだけたくさんやるのか」、と。それに対しての答えは、「おまえとカワイははるかにちがう」、それだけだった。研究所の考えは、非常に明快だったのだ。

## 3　マイヤー先生の言葉

ところで、ユング研究所の訓練の中心は、何といっても教育分析だ。前にも述べたが、教育分析とは、心理療法家の訓練のために行なう分析のことである。当時、研究所には九人の教育分析家がいた。彼らは、資格取得のための訓練の分析ができる、特別にベテランの分析家だ。研究所からは、「九人の電話番号のリストをあげるから、この九人の先生に会って、いろいろ調べて、自分のいちばん適していると思う人を見つけて、そこで分析を受けなさい」（『深層意識への道』）と言われた。

しかし河合氏は、クロッパーとシュピーゲルマンから強く推薦されていて、その著書を読んで感動もしたマイヤー先生に、なんとしても分析を受けたいと、心に決めていた。それで他の先生には会わずに、マイヤー先生のところへ訪ねて行った。第一印象は、「こんな無愛想な人って、いるんやろうか」（同）と思うぐらいだった。それは、「こっちが何かしてもらおうと思うから、無愛想に思うんですが、要するに、そんな日常的なことにほとんどとらわれていない、受けたかったら来たらいいし、受けたくなかったらやめたらいいし、というだけの話で、ほんとに愛想のひとことも言わないような人でした」（同）。

後に、河合氏は次のような体験をしている。UCLAに留学している時に、一人のとても優秀な大学院生がいて、仲良くしていた。その人が二年後ぐらいに、どこかから奨学金を得てユング研究所にやってきて、マイヤーの教育分析を受けようとする。アメリカ人の青年は、マイヤー先生に会うなり、自分はUCLAでどんな勉強をし、博士論文は何について書いた、と自分のやってきたことを並べ立てた。黙って聞いていたマイヤー先生は、話が終わると、青年に向かって一言“So what ?”と言った。

つまりマイヤー先生は、今までのことをいくら並べ立てても意味がない、そうではなくて、君はここで何をしたいのか、と言ったのだ。言葉は短いけれど、ものすごい迫力があった。

河合氏は、幸いに断わられることもなく、マイヤー先生の分析を受けることができるようになった（中には、ある先生に分析を受けたいと思っても、その先生の判断によって拒否されることもあった）。分析は、英語でもドイツ語でもよかった（しばらく後には、フランス語も追加される）が、河合氏は英語にした。後にはドイツ語で分析を受けるようになり、後述するスーパーバイズもドイツ語で受けた。そして資格取得のために、自分がクライアントの分析をしなければならなくなると、当然ドイツ語でやらなければならない。

しかし、試験やレポート、論文などはすべて英語で通した。UCLAで訓練していたので、あまり苦労はなかったと言う。

このように分析を中心として行なわれる研究所の訓練であったが、他にさまざまな講師による講義があって、その中から好きなものを選んで聴講するシステムになっていた。そして、一年半経過すると受けることが可能になる中間試験には、精神病理学や分析心理学の理論から宗教学、神話などにまで及ぶ、八科目の試験があった。それに通ると“Diploma Candidate”（資格候補者）と呼ばれ、次の段階として、こんどは指導を受けながら自分が他の人の分析をすることになる。これが統制分析である。「ちょっと聞きしにまさる話で、最初は驚きました。しかし、ぼくはそういうのはわりあい平気なんですよ、すぐになれてしまうのです。それと、なんていったって、分析がありますからね。つまり自分のいちばん関心のあること、自分で考えたことを話す相手がいつもいるわけですから、すごい助けになります。それから講義もけっこうおもしろかったです」。

ユング研究所では、先に見たように、分析家の資格をとるためには、最低でも三年間は必要と決まっていた。その間に教育分析を何時間受けたかをはじめとして、必修課題がいくつもある。一年半以上経過して受験可能になる中間試験を通ると、他人の分析つまり統制分析をすることになるのだが、それも最低で二五〇時間必要だし、その他にこなさなければならない課題――例えば資格論文の執筆――を考慮するならば、どんなに少なく見積もっても三年はかかる、という考えであった。だから、「これらの条件を満たして資格を取ることは相当な努力が必要で、最小限度五年はかかることを覚悟しなければならない。多くの人が途中であきらめてゆくのも当然である」（『母性社会日本の病理』中央公論社、一九七六年。のちに講談社＋α文庫に収録）ということになる。

河合氏は言う。「ぼくは最短記録をつくったと思いますよ。みんなはもっと長くかかっています。もっとも、ぼくはアメリカで分析をすでに一年半受けていましたから、それを全部カウントしてくれたのです」。

三年間は長い期間であったが、ある意味では短いとも言えた。いずれにしても河合氏にとっては、「すごく大事な時間」だった。はじめのうちは分析を受けることに専念しているので、外的な刺激は乏しい。することと言ったら、子どもたちと遊ぶだけ。週に、二回ないし三回の分析を受けた。しかし、それだけなのに、河合氏はすごく疲れた。どうしてこんなに疲れるのだろうとマイヤー先生に言うと、「おまえは週に二回も分析を受けているではないか」という答えが戻ってきた。「ですから、分析を受けるということは、初めのうちはそうとうエネルギーを必要とするもんやと思います。それはすごい集中でしたから」。

ここで西村洲衛男氏が「ユング心理学と河合心理学」(『臨床心理学』特集「河合隼雄――その存在と足跡」、金剛出版、二〇〇八年一月、所収)で書いている、マイヤー先生の分析での河合氏の初回夢について、紹介しておこう。ユング派の分析では、とくにクライアントが最初に見る夢を重視しているように思われるからだ。「ロサンゼルスのシュピーゲルマン先生のところでの初回夢は聞いていないが、マイヤー先生のところでの初回夢は、話してくださった。これもどこかに書いてあるかもしれないが、その夢は〝燃える城(Feuer Schloss)〟であった。その夢を報告すると、マイヤー先生は奥の書斎に行って、持って来た巻物を広げ、しばらくものもいわず見ておられたという。その掛け軸には燃える城の絵が描かれていたのである。よくそんなものがチューリッヒのマイヤー先生の手元にあったものだと、河合先生も感心したといっておられた」。これに続けて西村氏は、「あるとき私は、河合先生はこの燃える城の城主になられたと思った」と書いている。

三年経過する前に、やめていく人もあった。分析を受けているうちに、本人がわかるのだと、河合氏は言う。「職業っていっぱいあるわけでしょう、いっぱいあるなかで、分析家という非常に変った職業があるわけですから、やっているうちに辞めていく人も当然出てきます」（『深層意識への道』）。それは、自分が駄目だからというよりも、自分はこれに向いていないと分かったから、あるいはもっと他にすべきことがあるのが明らかになったから、というわけなので、「やりたいのに、試験に落ちてやめた」のとは違うと言う。

研究所からは、資格を取るまでに読んでおくようにと、本のリストを与えられた。そのリストにはすごい数の本が列挙されている。マイヤー先生の分析を受けはじめた頃に、河合氏は先生に次のように言ったことがあった。「きょう、すごい本のリストを貰ったんだけども、僕は読めへんかもわからないし、それから考えても、自分は分析家になる資格なんてないんじゃないかしらん。アメリカから推薦されてきたけれども……」。

それに対して、マイヤー先生は、「自分は絶対に資格があると信じて来ながら、駄目だとわかって帰った者もいる。何の気なしに訪ねてきて、やっているうちにすごい分析家になった人もある。どうなるかは簡単にはわからない」と答えた。「その次がいいんです。英語で“We shall see.”って言うんです。つまり「われわれはそれを見ていこう」と、ちゃんと自分も入れているわけです」。「おまえが分析家に向いているかどうか、おまえと私と二人で見ていこう」と。河合氏は右のように言うことで、内心ではマイヤー先生に励ましてもらうのを期待していたのだが、先生の見事な答えにすっかり感嘆してしまった。

もう一つ河合氏にとってありがたかったのは、分析を受けに行く傍ら、研究所で素晴らしい講義をきくことができることだった。しかも講義はそんなに頻繁にあるわけではないので、その間にはよく本を読んだ。読んだのは全部英語だったが、「そのときにユングの全集を、あれこれ、あれこれ、読みました」、と河合氏は一言で表現している。しかし、Collected Works of C. G. Jung は全二十巻の大部のもので、しかも各巻の平均が六〇〇頁くらいあるので、そう簡単に読めるものではない。ちなみに、全集の全容を見ておくことにしよう（次頁）。

こうしたことを考えるならば、河合氏がどれほど必死に勉強していたのか、想像することができる。

スイスにいる間に読んださまざまな本のことについては、いずれ詳しく見る。ここではその前に、ユング研究所の講義がどのようなものであったかを、検討しておくことにしよう。

講義には、「セオリー・オブ・コンプレックス」とか、精神医学とか、夢分析、昔話などがあったが、基本的には開業している専門家が行なった。時にはチューリッヒ大学の宗教学や民族学の先生の講義があった。これらは必修課目で試験がある。

その他に、特別講義として、さまざまな分野の、しかも世界各国の第一級の人々による、素晴らしいレクチュアがあった。例えば、美術のハーバート・リードやバーナード・リーチ、神学の

Collected Works of C. G. Jung

1. Psychiatric Studies
2. Experimental Researches
3. The Psychogenesis of Mental Disease
4. Freud and Psychoanalysis
5. Symbols of Transformation
6. Psychological Types
7. Two Essays on Analytical Psychology
8. The Structure and Dynamics of the Psyche
9. Part I. The Archetypes and the Collective Unconscious
9. Part II. Aion: Researches into the Phenomenology of the Self
10. Civilization in Transition
11. Psychology and Religion: West and East
12. Psychology and Alchemy
13. Alchemical Studies
14. Mysterium Coniunctionis
15. The Spirit in Man, Art, and Literature
16. The Practice of Psychotherapy
17. The Development of Personality
18. The Symbolic Life: Miscellaneous Writings
19. General Bibliography of Jung's Writings
20. General Index

ポール・ティリッヒ、人類学のレヴィ＝ストロースとかポール・ラディンなど。こうした巨人たちの講義を、河合氏は喜んで聴いた。

## 4　フォン・フランツの昔話の講義

ところで、ユング研究所で行なわれる講義のなかで、とりわけ人気があったのが、マリー＝ルイーズ・フォン・フランツの昔話の講義だった。彼女の講義には、たくさんの人が聴きに来た。

「かつては研究所での講義に、よく愛犬のブルドッグを連れていた。小柄で色白の彼女の傍に、猛犬が忠実に番をする如く坐っている図はなかなか楽しい光景であった。見事なメルヘンの解釈に聴衆の中から拍手が湧きおこり、これに驚いてブル公がうなりだすと、聴衆の中にも犬を連れている人たちがいて、そこら中からいっせいに犬たちの讃嘆の唱和がおこるというような場面もあった」という証言もある（秋山さと子他訳、M－L・フォン・フランツ『メルヘンと女性心理』海鳴社、一九七九年、訳者あとがき）。


後には、研究所のなかでは講義ができなくなるほど聴講生が多かったという。ユング研究所の講義は、外部の人でも金を払えば聴講することが可能だったので、面白い講義には非常に多くの人が集まることになった。

「講義は一〇人ぐらいの場合もあるし、六〇人、七〇人聴いているときもあるし、本当にさまざまです。たとえば、精神病理学の講義だったら、資格をとりたい人だけのものですから、聴いているのは六、七人でした」。

河合氏もフォン・フランツの講義に感激した。「私は、子どものときから昔話とかが大好きだったので、読みながらいろいろ疑問に思っていたことが、このフォン・フランツさんの講義にいっぱい出てくるんですね。そのなかで、私のもっていた疑問が氷解してゆくのです。快刀乱麻を断つという感じで、昔話がいかに人間の無意識ということを物語っているかということを、例をあげてどんどん解明していかれるんですが、このフォン・フランツ先生というのは、ユング研究所でいちばん人気のある先生といってよかったでしょう」（『深層意識への道』）。

具体的に河合氏の言葉を聞いてみよう。「グリムの『金の鳥』なんか、王子が狐の言うことをなかなか聞かない。聞かずに失敗し、また聞かずに失敗するから、なんであんなに何べんも失敗するんやろと思っていたとかね。／それからぼくは『つぐみひげの王さま』というのが大好きだった。初めは、王女さまというのが非常に横柄な人だから、乞食にがんがんやられておもしろいなと思っているのです。ところがだんだん気の毒になってきて、ここまでやらなくてもいいのになんて思っているのだけども、その『つぐみひげの王さま』などをフォン・フランツはとりあげて、細部にいたるまで講義するのですよ。そうしたら、ぼくが子どものときに思っていた疑問が全部解消していくわけです。（中略）それを学問的にちゃんと語って、しかも、ぼくが子どものときに読んでいろいろ疑問に思ったことがストンと心に落ちるようにしゃべってくれるわけです」。

そう言えば、第一章で見たように、河合氏は小学生のときに、アルスの「日本児童文庫」を、とりわけ童話集（『グリム童話集』や『世界童話集』上・下など）を好んで読んでいたのだった。その頃から半世紀以上も後に、河合氏は著作集第5巻『昔話の世界』（岩波書店、一九九四年）の序説「心理学から昔話の世界へ」で次のように書いている。「王子や王女や魔法使いの活躍するヨーロッパの昔話は、私の心を惹きつけてやまず、こんなところに一生のうちに一度は行ってみたいという願いを強くもつようになった。それらの話は私のファンタジーを刺激し、時には、自分の毎日の生活が非常に色あせて感じられるほどであった。私はそれらの話をよく覚えていて、級友たちに話をするのが得意で、そのために私は相当に人気があった。子どものときから私は「はなし家」であった」。

これに続けて、河合氏は重要な発言をしている。「小学生の頃は、西洋の昔話が面白く、日本のはつまらないと思った。西洋の話は起承転結があり、ハッピー・エンドになって満足するのだが、日本のは話に起伏がなかったり、悲劇に終ったりで、何とも「はなしにならない」気がする。それで『日本童話集』の方は読むには読んだが、繰り返し読むほどの気になれなかった。ところが、兄達の影響もあって、中学生くらいになって読み返してみると、西洋のとは、まったく違う味があることがわかった。話の筋ではなく、そこにこめられた情感がやはり日本人としての私に訴えかけてくる。そんなわけで、中学生のときの作文に、西洋と日本の童話の比較を書いて、えらくほめられたことを覚えている。考えてみると、大人になってからも同じようなことをしているわけであるが」。

つまり、河合氏は小学生時代の西洋のお話に対する心酔から、中学生の頃の西洋と日本の童話の比較という過程を経て、三十代半ばにして再び、フォン・フランツ先生のおかげで、西洋の昔話に対するより深い関心を抱くことになったわけである。

河合氏は、『深層意識への道』で、フォン・フランツの講義について、次のように書いている。

人間は無意識もからんで体験したようなことは、それをうまく言葉で記述できません。それを他人に伝えようとすると物語になるんですね。「お化けが出た！」とか、「木がものを言うた」とか、「鳥の導きによって」というふうになるのです。人間の内面的な体験を物語ろうとするとそうならざるを得ない。だから、その物語を逆に分析していくと、人間の無意識のあり方がわかるというわけで、昔話をずっと読み解いていくのですね。そうすると、われわれがそうとうに荒唐無稽だと思ってる話でも、「なるほどなあ」とわかってくるのです。その「なるほどなあ」と思わせる力が、すごくある人でした。

これは、一九七〇年代の後半に入って、本格的に昔話の問題に取り組むようになる河合氏の、もっとも基本的な理解の仕方を描いたものとして、まことに興味深い。

フォン・フランツ先生の父親が日本に来ていたことがあったようで、先生自身、日本に親近感を持っていたという。そういうわけで、河合氏にも注目していたらしい。

ある時、フォン・フランツ先生が河合氏に向かって、「昔話の講義をしているところがあるなんて思わなかっただろう」と問いかけてきた。河合氏が「いや、ぼくは子どものときから昔話が大好きやったんで、子どものころの疑問が解消して喜んでいる」と答えると、先生は大喜びした。

そのときに、「ユング研究所の無意識におまえは困っていないか」と、フォン・フランツは言った。つまり、ここでは無意識のことばかりが問題にされているが、どう思うかと質問したのだ。それに対して河合氏は「無意識は小さいときから知っているんですけど、ユング研究所の意識に困っている」と答えた。先生はすごく喜んで、「わかった。東洋人にとってはそうだなあ」と賛同してくれた。つまり、日本人の河合氏にとって、仏教の話などを通して無意識には驚かないけれど、西洋の意識の強烈さには参っている、と言ったのだった。

ところで、フォン・フランツと並んで人気があったのは、バーバラ・ハナーという人だった。二人の講義はいつも満員だった。二人は仲のよい友人で、大きな家を二人で分けて住んでいた。それは、ユングが、独身の女性は年とったらだれかと二人で生活すべきだ、と言ったからだった。お互いに完全に独立した生活をしていても、「共通の間をひとつもって生きているほうが、危険とかいろいろなことに対していい」と常々ユングは言っていた。

河合氏は、バーバラ・ハナーの講義にも「念のためにちょっと顔を出したことはあるんだけど、なんとなくおもしろくなくて、結局はひとつも出」なかったと言う。なぜおもしろくなかったかというと、それはハナーが「ユング大先生」とばかり言うからだった。

もっとも、二十一世紀になって、彼女が猫について書いた本（Barbara Hannah, *The Cat, Dog and Horse Lectures*, Chiron Publications, Illinois, 1992）を読んだら、「けっこうおもしろかった」と河合氏は言う。

人類学者のポール・ラディンの講義に、河合氏は大きな影響を受けた。ラディンの講義で、〝イニシエーション〟とか〝トリックスター〟について学び、「こんな考え方があるのか！」と、すごく感激した。両方とも心理療法ではきわめて重要な概念であるが、とりわけ〝イニシエーション〟については、「心理療法にくる人をイニシエーションという観点から見ると、みんないわばイニシエーションのしそこないみたいなわけですから、これは日本に帰ってもわりと早く話せることじゃないかと思いました」。

事実、河合氏が日本で最初に話したのは、イニシエーションについてだった。「イニシエーションがみんなにいちばん通じるやろうと思って言ったのを覚えていますね」。しかし、イニシエーションについての最初の論文は、一九七五年になるまで発表されなかった。それは『思想』第六一一号に発表された「自我・羞恥・恐怖――対人恐怖症の世界から」である。

一方、トリックスターについて、河合氏は『深層意識への道』で、次のように言っている。「それまであまりトリックスターのことは知りませんでしたから、このいたずらものが、実は、そのいたずらによって物事を破壊しているようだけれども、そこから新しいものが生まれてくる。だから、いたずらものというのはうまくいったらすごい創造的な活動に結びつくし、下手にいったらただの悪者になってしまうだけや、ということをいろいろな例をあげて話されて、非常に関心を持ちました。ラディンとケレーニイというハンガリーの宗教学者とユングとで書いた『トリックスター』という本が出版され、私がスイスから日本へ帰ってからですけど、ユングのところだけ私が訳しました」。それは、一九七四年に晶文社から刊行された『トリックスター』のことである。共訳者は皆河宗一と高橋英夫の両氏であった。

「トリックスターのほうは、ぼく自身が好きだからそのあとも考えていました。しかしこんなことは日本でしゃべっても通じないとずっと思っていたんです。そしたら、もう山口昌男さんが書いていた。『アフリカの神話的世界』(一九七一年)を読んで、「これでもう助かった!」と思ったですね。あれには感激しました。自分だけが言うんじゃなくて、それこそ岩波新書で出ている、「あれにある」ということが言えるわけですから」。

後に河合氏は、『心理療法序説』をはじめとして、さまざまな著作でトリックスターについて言及することになる。

## 5 精神分析の風土

ユング研究所が創設されたのは、一九四八年(昭和二十三)年のことだった。創設に際しては、必ずしもすんなりと決まったわけではなかった。というのは、ユング自身、研究所という外形をつくると内容的に駄目になってしまうのではないか、と危惧の念を抱いていたからである。紆余曲折があって、最終的につくることになったが、ユングは相当抵抗したようだ。そんなこともあって、研究所としては、「あんまりフォーマルにならないようにということをつねに考えていたみたいです」。

例えば、資格取得のためには、統制分析をしてその内容について、事例研究の時間に少なくとも三回は報告する必要がある、といった規則があった。ところがそういう規則に対して、「自分は分析を絶対に大事にしているから、指導者には話すけど、みんなにしゃべるわけにはいかない」と反対する者が出てくる。すると委員が話を聞いて検討した結果、君の場合はそれでもよい、ということになる。「ファイトを出して抗議すると、わりあいルールを変えることができるのです。おもしろかったですね」。

シュピーゲルマンは第一回卒業生だった。彼の分析を受けて河合氏が留学したのは、研究所ができてから、まだ十数年のことである。研究所にくる留学生の国籍は、ヨーロッパ以外では、ブラジルや韓国の場合もあったが、アメリカが多かった。河合氏は、後に韓国人として最初にユング派の分析家になった李符永《イブヨン》さんと親しかった。

河合氏がいた頃は、資格取得者は年に二人とか三人しかいなかった。東洋人としては、河合氏は二人目で、最初の人はバサバダという名のインド人だった。河合氏が留学した時には、バサバダ氏はすでに資格を取得して研究所を去っていた。

ところで当時、いったい何人ぐらいの人が分析を実習として受けていたのかというと、これがはっきりしないのだ。きちんと制度化されているわけではないので、時たま友だちになる人はいても、全体で何人かは全然分からない。まったくの個人ペースだった。自分で分析家を探し、指導者を見つけ、すべて自分でやっていかなければならない。つまり、大学などの教育機関とは決定的に違っていたのだ。「クロッパーとシュピーゲルマンは、ぼくがアメリカの大学よりもユング研究所に向いていると判断したんですが、たしかにそうですよ。ぼくはわりあい勝手にするほうやから」。

上山安敏氏がその著『神話と科学――ヨーロッパ知識社会　世紀末～20世紀』（岩波書店、一九八四年）で明らかにしたように、十九世紀末以来、チューリッヒとその周辺には、さまざまな心理学の流派が存在していた。フロイト派は言うまでもないが、現存在分析のメダルト・ボス、同系統のルートヴィッヒ・ビンスワンガー、それにロールシャッハやゾンディなどがいて、それぞれ私設の研究所を持っている。大学で勉強している人でも、本当に実践的にやりたい人は、自分の好みにあった研究所でトレーニングを受けるのだ。

とは言え、河合氏が留学した頃には、こうした流派が認められて市民権を得ていたかと言えば、まだそれほどはっきりしてはいなかった。場合によるとカルト集団的にもなりかねない状況だった。ユング研究所にも、先に見たように「ユング大先生」とたてまつる人がいた。「講師のなかでも「ユング先生が言った」というたら、もう神の託宣みたいに受け取る人がいるんです」。

しかし、幸いなことに、マイヤーはそういう感覚を持っていなかった。比較的客観的な立場を保っていたので、「そういえば、ユングの悪口を平気で言っていましたね。たとえば、音楽のことはあまりわからなかったとか」。

ユング研究所のユニークなところは、分析家はみんな個性があるので、「みんなの前で平気でけんかしたり言い合いをしたりするんです。それでいて共存しているんですから、おもしろかったですね。講義のときなぞ自分の同僚の分析家の悪口を平気で言う人もいましたしね」。

ところで、どうしてチューリッヒとその周辺に、そうした深層心理学者の集団がいくつもできたのだろうか。河合氏は言う。「スイスは内向の国ですからね。ああいう山の上に住んでいるスイス人というのは、やっぱり内向性が強いんじゃないでしょうか。さっきのメダルト・ボスもビンスワンガーにしても、みんなスイス人ですから」。

　また河合氏は、『ユングの生涯』のなかで、ユングの弟子のバーバラ・ハナーがユングの伝記(Barbara Hannah, *Jung His Life and Work, A Biographical Memoir*, Michael Joseph, 1977) の冒頭に「スイスの土壌」という節を設けている、と記している。そして次のように書いた。「バーバラ・ハナーは、スイスは山国であると言っても、平地ではなかなかアルプスが見えず、晴天の日に時々、突如として見えてくるアルプスの連峰の姿は、「精神《スピリット》」ということや、到達し難い夢の国の存在を感じさせる、と指摘している。ユングは『自伝』の中で、幼児期の印象的な記憶として、夕日に映えるアルプスの姿を見た感動を述べている。このようなイメージが彼の人格形成に大きい意味をもったであろうと推察される」。

　そういえば、ほぼ同時期にユング研究所に留学していた樋口和彦氏も、先の「ユング研究所時代の河合さん」の中で、次のように言っている。「フロイトのいたウィーンと同様、チューリッヒという街も人を内的世界に向わせる土地です。地元の人がフェーンと呼ぶ一種の高山病で頭が重くなったり気分が変調したりする。ウィーンやチューリッヒのような大きな河のほとりでなぜ精神分析学が発達したかといえば、こうした閉塞した環境も関与したのではないか。クレッチマーが気質を研究したのもここです。ワイマールのような理性的な国家がナチの狂気に簡単に席捲されてしまったり、人間の「悪」の部分が曖昧に流されにくい土地なのかもしれません」。

ここで私は、どうしても中井久夫氏の『治療文化論』（岩波現代文庫、二〇〇一年）に触れないわけにはいかない。この本はもともと、岩波講座「精神の科学」の第8巻（『治療と文化』、一九八三年）の概説として執筆された長大論文に、加筆されてできあがったものであった。

この講座については、『理想の出版を求めて』で詳しく書いているので、ここでは編集委員が飯田真、笠原嘉、河合隼雄、佐治守夫、中井久夫の諸氏であったこと、そもそもの企画は私が河合氏に相談したところから始まったこと、河合氏以外の精神医学者・臨床心理学者は最初のうちは企画の成算に疑いを抱いていたこと、だけを述べるにとどめよう。

しかし実際には、この中井氏の力作に代表されるような充実した論文を数多く集めることができて、日本における精神医学と臨床心理学の確立と定着のために、大いに貢献したと評価された。

その中井氏の初出論稿の「九―3　力動精神医学の起源を求めて」から引用してみよう。

私は一九七七年秋、名古屋市の援助の下に、力動精神医学の起源の地を、エランベルジェの『無意識の発見』を〝ベデガ〔カ〕ー〟として鉄道または徒歩で歴訪した。私を驚かせたのは、それが狭い西欧でも更にごく一部の狭い地域に発祥し、その発展も、もっぱらその地域を中心として、そのあとは、〝出かせぎ〟、〝橋頭堡つくり〟に終っていることであった。スイスの北半分、ウィーンとそのごく近郊、オーストリアとハンガリーの国境にある小さなブルゲンラント、アルザス、ロレーヌ、フランス・アルプスのごく一部、南ドイツのヴュルテンベルクとバーデン両州の一部にほとんど尽きる。

これらの地帯には共通性がある。平野部でも山岳部でもなく、森の中央ですらない。おおむね、平野部が森あるいは山に移行するところ、あるいは湖と森のはざまである。氷河のつくったヨーロッパの景観においては、しばしば、移行帯は狭く、湖のみぎわに立てば、前山《フォーアベルク》はすでに頭上にそびえる感じがある。そして、名高い氷雪の山々は、前山の向うに異界として予感されるだけである。また、これらの地帯は、ヨーロッパの辺境であって、キリスト教以前の伝説が残り、魔女狩りの盛んであった地帯である（逆は真ならずで、魔女狩りの盛んな地帯は必ずしも力動精神医学の発祥地ではない）。

（中略）

……持続的に力動精神医学的活動をつづけたのは森の国スイスのみであった。このささやかな空間においては、当然、個人症候群が卓越する。無記名《アノニーム》な患者のありえない世界である。力動精神医学が、個人症候群的治療文化の刻印を、持ちつづけているとしたら、それは、ゆりかごの地のいちじるしい特性にあるかもしれない。力動精神科医たちは、森と湖（あるいは平原）とのはざまから出て、全世界に、その主張をひろめたが、一方、ウィーンはともかく、スイスは依然として精神療法の中心であり、それ以上に精神療法の更新力を持っている、世界でも今日数少ない中心である。

中井氏の力動精神医学の〝ゆりかごの地〟の描写は見事であるが、私はそれに河合氏の誕生の地、丹波篠山を重ねたいという誘惑に常にかられてしまう。もちろん両者の違いははっきりしているのだが、篠山にはやはりある種の特性があるように思えてならないのである。

それはともかく、河合氏は次のようにも言う。「それから風光明媚な土地なので、上等な精神病院があっちこっちにあるんですよ。すごく風景の美しいところにすごく格好のいい建物がある場合、多くは精神病院なんです。要するに、世界中の大金持ちが治療を受けにくるわけです。クロイツリンゲンというところにビンスワンガーのやっているベルヴューという有名な精神病院があったのですが、そういうところへぼくらは実習に行くんです」。

ベルヴューには、フィルツというユング派の人がいたので、河合氏たちは実習に行ったのだった。ユング研究所とビンスワンガーやメダルト・ボスたちとは、お互いに関係があるので、それなりの交流もあったのだ。それで他の精神病院にも実習に行ったという。

「実習に行くと、二人ずつ組んで、一人の患者さんをあてがわれるんですよ。一時間ほどその患者さんと二人で面接して、それでその患者さんの診断名を発表する。そうすると、先生が「それは当たっている」とか「なんでそんなこと言う」とか批判される。そういう実習があるのですよ」。

ある患者が、私は音楽祭を主催していたとしきりに主張したのだが、河合氏はそれを完全に妄想だと思った。しかし、それは本当のことだった。そうした判定はものすごく難しかったという。なぜなら、世界中から来たいろいろな有名人が入院していたからだ。著名な舞踊家のニジンスキーもクロイツリンゲンに入っていた。ニジンスキーとその夫人については、後でまた述べる機会があるだろう。

ところで、チューリッヒには深層心理学のさまざまな流派の研究所があるのだが、そして理論的にも相異があるのだが、こと実際のプラクティスということになると、そんなに変わらない、と河合氏は言う。

例えば、河合氏がユング研究所に行って二年ほど経過したころに、三好郁男さんという京大の精神科医がメダルト・ボスの所に研究に来ていた。河合氏は三好氏から、現存在分析の流派における実際的なことをいろいろと聞いたが、夢の分析を行なうこととか、夢に対するものの言い方なども、ユング派の場合とそんなに異なるものではなかった。そして三好氏は、よく次のように言っていた。「日本人はボスのことを本だけで読んでいるからむちゃくちゃ哲学的だと思うけれども、ぜんぜんちがう。もっと実際的だ。これをみんな知らなあかん」。

何よりも、実際に患者に会って、きちんと分析することができなければ、何の意味もないのだ。しかし往々にして、そうした体験を基盤にして書かれた哲学的な本——とりわけ現存在分析の流派のものなど——だけを読んで理解しようとする場合が見られるが、それでは実際にどうやっているのかは全然分からない。「ユングの場合でもそうです。ユングの理論だけ、哲学だけ書物で読んでいる人にはわからない。ぼくは実際に行って、患者さんに会い、分析を続けてきたから、そうした臨床例をもとにして理論が出てきたということがわかるのです」。

そういうわけで、三好氏は帰国後、現存在分析の考え方を広めようと努めていたが、残念なことにしばらく後に亡くなってしまった。

## 6　ヴァン・デル・ポストの小説

　さて、河合氏がユング研究所に留学してから一年半経過し、いよいよ中間試験を受けることになる。が、そのことについて書く前に、河合氏がマイヤー先生に受けた分析のなかでも、とりわけ重要な意味を持っている例を見ておくことにしよう。

　それは、分析を受けはじめてすぐのことだった。河合氏はコンロン（崑崙）の出てくる夢を見たのだった。伎楽面の一つであるコンロンは、中国から日本に入ってきたと言われているが、詳細は不明である。いずれにせよ、本を読んで知っていたコンロンが出てきたのだ。「それはすごいシャドー（影）です。影というのは、簡単に言えば、その人の生きてこなかった半面と言えます。私の生きて来なかった半面です」。

「当時、ヨーロッパでちょいちょい言われていた、日本の軍隊が捕虜を虐待したとか、虐殺したとか、そういう話がまだまだ残っていた時代で、日本人というと残虐なやつらだという考え方をもっている人がいますね。それに対して、「そんなことはない。僕は、そんな残虐性はもってないし、あれは日本の軍隊のなかでも途方もないやつがやったことで、一般の日本人はそんなことはないですよ」と言うてるんやけど、自分の「影」としてはあるのですね。自分の心のなかに、すごいそういうやつが棲んでるなあということがわかると、可能性としてはそういうものをもちながら、自分は日本人として日本で、あるいはヨーロッパで、どう生きていくのかなどと思うんだけど、あんまりすさまじいやつが出てくるからちょっとげっそりしてしまった」(『深層意識への道』)。

同じことを河合氏は、著作集2『ユング心理学の展開』(一九九四年)の序説「影とイメージ」の中で、次のように言っている。「スイスで分析を受けはじめてすぐに、日本人としての影、と言っても普遍的影に近い存在との取り組みが課題となった。自分が嫌悪していた日本人の影が、当然のことではあるが、自分のなかにもあると認知することは辛いことである」。

そのような重荷に苦しんでいるときに、マイヤー先生が「この本を読め」と言って教えてくれたのが、ロレンス・ヴァン・デル・ポストの *A Bar of Shadow*, The Hogarth Press, 1954(『影の獄にて』由良君美・富山太佳夫訳、思索社、一九八二年、に第一部として所収。一般には大島渚監督の映画「戦場のメリークリスマス」の原作として知られる)だった。右の引用に続けて河合氏は書く。「もちろん、当時は翻訳もなかったし、ヴァン・デル・ポストのことも何も知らなかった。ユング研究所で借りて図書室で読みはじめると止められない。電車を乗りつぐ間も読み続け、帰宅するまでに読んでしまったが、体がふるえるような感激を味わったことを、今もって忘れることができない」。

この小説の舞台は、第二次世界大戦中のマラヤ(現・マレーシア)、日本軍の捕虜収容所である。そこでは日本人の鬼軍曹ハラが君臨していた。もちろん、若い大尉が上官としていたのだが、実質的にはハラが収容所を支配している。

彼の背丈は低く、身体の幅が広いので、ほとんど正方形に見えるほどだ。頭は小さく、短足で、おまけにガニ股。金ブチの義歯が口からのぞいている。朝鮮・満洲・シナと転戦してマラヤにやって来た。奇異な、おしつぶされたような、ドスのきいた腹の底から出る声で、「コラッ！」となると、捕虜たちはちぢみあがった。囚人から〝ロタン〟というあだな名をつけられていたが、それはハラが一種の籐杖《とうづえ》（ロタンとはマレー語で杖を意味する）を片時も離さず持っていて、それで囚人たちを殴打したからだった。

ハラは捕虜に対して、徹底的に苛酷にふるまった。彼らからすれば、ハラは「黄色の野獣」としか見えなかった。かつて東京で大使館付き陸軍武官補をしていた経験を持つイギリス人士官の捕虜ジョン・ロレンスは、ハラによって殺されてしまった人を除けば、彼によってもっともひどい目にあわされている男だ。

しかし、それにもかかわらず、ロレンスはハラに対して違った見方をしていた。「彼は個人でもなければ、ほんとうの意味で人間でもないということなんだよ」。「ハラは生きた神話なんだ。神話が人間の形をとって現われたものなんだ。強烈な内面のヴィジョンが具現したものなんだ。日本人を一致団結させ、彼らの思考や行動を形づくり、強く左右する、彼らの無意識の奥ふかく潜む強烈な内的ヴィジョンの具現なんだ。二千六百年にわたるアマテラスという太陽の女神の支配の周期が、ハラの内面で燃えさかっていることを忘れてはいけない」。「とにかく、彼の両眼をちょっとのぞいてみることだ」。「あの瞳《め》には一点の下劣さも不誠実さの影もさしていない。太古の光を宿しているだけだ。現代の油を補給され、光を増した、明るく輝く太古の光がね。あの男には、なんとなく好きになれる、尊敬したくなるなにかがあるな」（以下、小説からの引用は、前記の由良・富山訳による)。

だからロレンスは、徹底的にいためつけられているのに、ハラをある意味で認めているので、ハラもなんとなく彼を好きになる。河合氏はその間の事情について、次のように言う(『影の現象学』思索社、一九七六年)。「ロレンスのこのような深い理解によって、おそらく彼とハラのあいだにはひそやかな友情が生じていたのであろう。ハラがロレンスにもっとも酷くあたったという事実は、これがハラの友情の表現ではなかったかと思われる」。

ある晩、酔ったハラはロレンスを呼びつける。そして、次のように詰問した。「君が死んだら、もっとぼくは君が好きになるだろう。君ほどの地位にいる将校が、敵の手におちてなお生きているなんて、どうしてできる？　どうして、この恥を耐えることができるのか？　どうして自決せんのか？」。

それに対してロレンスは、「〈恥〉ということは、危険とおなじように、勇敢に耐え、生き抜かるべきものであって、卑怯にも自分の一命を捨てることで回避すべきものではない」と答える。しかしハラは理解できずに、「ちがう、ちがう、死ぬのが恐ろしいからなんだろう」と言う。さらに「わしは、とっくのとうに死んでおる。わしハラは、何年も昔に死んでおる」と言った。

そのうちにロレンスは、何か罪を犯したというので独房に入れられ、憲兵隊の拷問を受けることになる。ハラはその拷問に加わることがあった。しかし、それは彼に拷問しようという意志があったからではなく、周囲の人の行為に同調するという、「ほとんど神秘的な、深い必然の感覚」によるものだった。「まるで彼等は、個人のことは、何ひとつ経験することができない人間のようだった。まるで、ある人間の考えや行いが、たちまちにして他人に伝染し、黒死病や黄死病のように、残虐行為という悲運の疾病が、あっという間に彼ら個人の抵抗心を抹殺してしまったかのようであった」。

このような「個人として生きる資格を拒絶しているかのよう」な日本人の生き方は、ロレンスに日本人の社会とは、「雄の女王蜂である天皇を中心とする、一種の蜂たちの超社会」とさえ思わせるものであった。

ところで、この小説が発表されてからほぼ二十年後の一九七五年に、ヴァン・デル・ポストは *Jung and the Story of Our Time*（『ユングと我らの時代の物語』）という本を書いた。その第一章に当たる「時間と空間」の中で、三年半に及ぶ日本軍の捕虜収容所生活を通して、彼は次のような事実を確信するに至ったと述べている。それは、人種、文化、歴史といったすべての面で異なっているにもかかわらず、ヒトラーがドイツに出現したことと、日本人を戦争に駆り立てたものは、本質的に近いものだ、と。そして、ドイツも日本も「父」の国だと言う。

それに続けて、以下の如く述べている。

As for the Japanese, despite the presence of a goddess in their sun, theirs was a similar father-dominated spirit which sent them swarming like bees not around a queen-bee but a king-bee in the person of their emperor.（日本人の場合、太陽の女神がいるのにもかかわらず、彼らの精神は父の支配する精神と近いものであった。それは日本人を、女王蜂の回りにではな

く、皇帝という彼らの王蜂の回りに群らがる蜂のように、群れさせた。）

冒頭の、“despite the presence of a goddess in their sun” という文章は、先に引用した文章にある「二千六百年にわたるアマテラスという太陽の女神の支配」という記述と同様に、たいへん重要である。ヴァン・デル・ポストとは違った形で、河合氏は後に日本人の心性を追究した。とは言え、“goddess in their sun” をどのように理解するかは、河合氏にとって最大の問題であった。それはユング研究所の資格取得のための論文のテーマが、“The Figure of the Sun Goddess in Japanese mythology”（「日本神話における太陽の女神の像について」）であることからも明らかであろう。この論文については、いずれ詳しく触れるが、ここではヴァン・デル・ポストも、異なった視角からではあるが、河合氏と同様な関心を抱いていたということだけを、確認しておくことにしよう。

さて、元に戻って、ある晩ロレンスは、急にハラによって呼び出される。拷問あるいは苛酷ないじめを覚悟していたロレンスに、ハラは思いがけないことを言った。

「ろーれんすさん、ふぁーぜる・くりーすます、知っとるかな?」。ロレンスは驚いたが、やっとのことで「知っていますとも、ハラさん。ファーザー・クリスマス（サンタクロースのこと）ですね、知っていますよ」と答えた。

「今夜、わたし、ふぁーぜる・くりーすます!」とハラは笑いながら言って、ロレンスに釈放することを告げた。

半信半疑のままに外に出ようとするロレンスに、ハラは「ろーれんす!」と呼びかけた。驚いてふりかえったロレンスに対して、ハラはニコニコしながら叫んだ。

「ろーれんす、めりい・くりーすますぅ!」

後に判明したことは、ロレンスは十二月二十七日に日本軍によって処刑される予定だったが、ハラが特赦を申請したことによって、クリスマスの日に助命されたのであった。

戦争が終末に近づくと、日本軍兵士の中には、捕虜に対しておべっかを使う者さえ出てきた。しかし、ハラだけは従前通りに行動した。「ハラはただの一度も、おののきも、ぐらつきも見せなかった。戦局がどうなっているかを、ハラはだれに劣らず知りぬいていたに相違ない。それなのに、時勢の変化の風をくらって、ほしいままに流れでた噂や、荒々しい激情の潮《うしお》のただなかで、ただひとりハラは巌《いわお》のように立っていた」。

ついに終戦を迎え、ハラは戦犯となった。ロレンスはハラを助命すべく奔走したが、何の効果もなかった。裁判になると、ハラは冒頭から自分の行為を認めた。「自分の義務を可もなく不可もなく果たしただけだ、と言ったほかは、なにひとつ弁解がましいことを言わなかった。彼は証人をだれ一人要求しなかった」。その結果、死刑の宣告を受けることになるが、ハラはそれを冷静に受容した。ハラは法廷を去る時にロレンスと目が合った。彼は手錠のかけられた腕を頭上高くさし上げ、満面に微笑を浮かべた——まるでタイトルマッチで勝った世界チャンピオンの如く。

死刑の前夜、ハラはロレンスに会いに来てほしいと伝言をよこした。しかし、実際にその伝言がロレンスに届いたのは、夜の十時になってからであった。満月の美しい夜の中を、ロレンスは車を急がせて牢獄に向かった。

ロレンスの姿を見たハラは、「背中にガンと強い一撃を食らったように固くなり、〈気をつけ〉の姿勢をとると、黙って深く訪問者に向って頭をたれた。そのしぐさはとうてい口では言い表わせないほど彼が感動していることを示していた」。すっかり覚悟を決め、体を浄めたハラは、話しはじめた。

「あなたには、われわれ日本人がわかるという気が、わたしにはいつもしていた。わたしがあなたを義務上、殴らねばならなかったときでさえ、殴っているのはこのわたしという個人ではない。わたしはしなければならないからしているだけだ、ということがあなたならわかってもらえると思っていた。あなたはわたしが殴ったからといって、にくんだりはしない人だった」。

ハラは自分の考えに基づいて、捕虜たちに正当に接していたのだ。彼は死を恐れてはいない。しかし、ハラには、どうして自分が罪人として死なねばならないのかが、理解できない。ハラはロレンスに対して、自分のどこがまちがっていたのか教えてほしい、と問いかける。ロレンスは答えることができなかった。なぜなら、彼は戦争裁判に大きな疑問を抱いていたからだ。何回も拷問され、死に直面させられたロレンスだったが、それにもかかわらず、戦争裁判という形をとった「わけのわからない復讐心ほど無駄なものはない」と思っていたのだ。

ロレンスは何もできなかった。ただ、やっとの思いで次のように言うことができただけだった。

「あなたの指揮下の牢獄にいたころ、わたしの部下が絶望しそうになると、わたしがよく言ってきかせた言葉がありますが、その言葉をあなたもご自身に言いきかせてみることです。「負けて勝つという道もあるのだ。敗北の中の勝利の道、これをわれわれはこれから発見しようではないか」と。多分これが、今のあなたにとってもまた、征服と勝利への道だと思うのです」。

ハラは感動した。それこそ日本人の考え方だと思った。

別れの時がきた。立ち去ろうとするロレンスの背に向かってハラは叫んだ。

「めりい・くりーすますぅ、ろーれんすさん」。

ロレンスはふり返って、ハラの瞳の美しさに驚嘆した。本能的にハラを抱きしめ、額に口づけしたいと思った。しかし、イギリスの士官としての意識した身体はそれを許さなかった。彼は立ち去った。街へ戻る途中、彼はハラの表情を思い出していた。後悔の気持ちが次第につのり、自分の抑制された行動を悔んだ。ついに意を決したロレンスは、刑務所に引き返した。が、ハラはすでに絞首刑にされた後だった。

「ぼくらは、いつも、手おくれでなければならないのだろうか？」

このロレンスの独白で物語は終わる。

河合氏は『影の現象学』で次のように書いている。

ここに影との対話の特性がみごとに描きだされている。影と真剣に対話するとき、われわれは影の世界へ半歩踏みこんでゆかねばならない。それは自分と関係のない悪の世界ではなく、自分もそれを持っていることを認めねばならない世界であり、それはそれなりの輝きをさえ蔵している。これは二人がかつて捕虜収容所において、酒を呑みながら交わした対話と好対照をなしている。そのとき、ハラはロレンスが捕虜としての恥を受けつつ生きていることを非難し、ロレンスは自分の考えによって反論する。両者は一歩も自分の世界から出てこないし、最後はその場の強者であるハラの相手を無視する態度によって終わっている。そこには本来の意味における対話はない。相手の世界にほんの少し踏みこむことによって対話が始まる。

それにしても、ロレンスは最後になって、自分の感情のままにハラを抱きしめなかったことを悔やまねばならなかった。「ぼくらは、いつも、手おくれでなければならないのだろうか？」とのロレンスの問いは、おそらく万人に共通するものであろう。われわれは人間であるかぎり、影を抱きしめるほどの力をもっていないのではないだろうか。われわれは同じ人間として、決してなくなることのない影を自ら背負って生きてゆかねばならない。影の自覚、影の統合と言っても、それは無限の量の水から、自分の掌の大きさに合わせて、一すくいの水をすくいとることを意味している。その一すくいの水も無限の粒子を含んでいることは事実であるが、残された水も、もちろん無限である。

また、少し異なった角度からではあるが、河合氏は『深層意識への道』で、次のように言っている。

そこで私が思ったのは、やっぱり抱きしめなくてよかったのじゃないかということです。友情とか理解とかいっても、ここでローレンス・ヴァン・デル・ポストがハラをほんとうに抱きしめたりしていたら、ハラはひょっとしたら落ち着いて死ねなかったかもわからないし、ローレンス・ヴァン・デル・ポストも、それからしっかりと生きられなかったかもわかりません。お互いに理解しあうといっても、最後の半歩のところは止どまっているほうが理解しながらもお互いがお互いの人生を生きられるんじゃないか、とそういうことを思った忘れられない本です。そして、まさに日本人の「影」とも言えるようなハラという人物とここまでの対話をしたヴァン・デル・ポストの存在が、私が私自身の影に向かう勇気を与えてくれたと思います。

## 7　スーパーバイザーにつく

いよいよ河合氏は、中間試験を受けることになった。それに先立って、いつ試験を受けたらいいんですかと質問したら、「ホエン・ユー・アー・レディ」、つまり「自分が〝よし！〟と思ったら受けよ」という答えが返ってきた。というわけなので、河合氏は一年半で受けたが、自分が「レディ」の状態にならない人の場合には、どんどん受験の時期が遅れることになる。

中間試験の科目は、前に見た通り八科目で、それらを順番に受けることになる。基本的にはすべて口頭試問なのだが、会話が不得意な人は筆記試験でもかまわない。河合氏は口答試問にした。

試験官は三人で、主査が一人、陪査が二人という構成である。なかでもフォン・フランツの試験が厳しいことは有名だった。例えば、精神病理学の試験は、ずっと日本でも勉強してきたから大丈夫だと確信していたが、フォン・フランツの方はどうなるか心配だった。

そうした時に、河合氏は不思議な夢を見る。それは、カラスがすばらしい宝石箱を背負って河合氏の肩の上にとまる、という夢だった。マイヤー先生に聞いても分からない。ただ、「わからないから、せめてカラスのことでも調べておいたらどうか」と言う。それで河合氏は、カラスについて徹底的に調べた。調べたけれども、夢の意味は分からなかった。

ところが、フォン・フランツの試験を受けたら、なんとカラスが話の中心になるものだった。昔話をひとつ提示されて、それについてその場で解釈する試験だったが、その話の中核はカラスだったのだ。河合氏は調べたことを滔々と述べて、最高点を得ることができた。

これは、明らかにシンクロニシティだ。そして宝石箱は、一つの象徴だったのである。河合氏は、「これフォン・フランツに言うか、言ったらまた喜びすぎて困るな」と迷った。というのは、彼女はシンクロニシティが好きで、何でもシンクロニシティにしてしまうからだった。

河合氏が迷っているうちに、他の試験で再びフォン・フランツが試験官として来ることになった。それでフォン・フランツに、「いや、あれはおもしろかったですよ」とカラスの夢のことを話そうと、河合氏は図書室で待っていた。待っている間、ひまつぶしに図書室にある本を手に取ってパッと開いた。するとそこには何と、「中国の絵で、八咫烏《やたがらす》、太陽のなかにいる三本足の鳥、それを猟師が狙っているところの絵が描いてあったのです」そして、"It is true, but pity you have said it"（「それはほんとうだけど、言ったのは残念だ」）と書いてあった。それでフォン・フランツに言うのはやめた。

これこそ文字通りのシンクロニシティ、と言えるだろう。ところが実は、次のフォン・フランツの試験の時にも、面白いシンクロニシティが起こった、と河合氏は言う。あまりに不思議なので、河合氏はすべての経過を手紙に書いて、フォン・フランツに伝えた。彼女はとても喜んだ、という。

ところで、中間試験に関しては、いいことや面白い話ばかりあるのではなかった。

宗教の試験は、チューリッヒ大学のある教授の担当だった。その教授は講義にも来たし、参考書も何冊かあげたのだが、それらはいずれも教科書的で、面白くなかった。

しかしユング研究所の宗教の試験だというので、河合氏は「キリストをめぐる多くの女性がいるが、釈迦にもそのようなことがあるか」とか、「宗教の救いと心理療法の関係」とか、大きなテーマで準備していた。

実際に試験になると、その教授は教科書的な細かいことばかり質問してくる。「そんなもん知るか！」と河合氏は怒ったが、試験の点数は最低だった。「これがなければぼくは研究所はじまって以来の最高点で中間試験をパスするところでした」。後にこのことをマイヤー先生に話したところ、先生は「あんなつまらない人物がチューリッヒ大学の教授をしているのを恥しく思っている」と答えた。

こうして中間試験は無事通過した。

その次に来るのが、前に述べた〝コントロール・アナリシス〟（現在では〝スーパーヴィジョン〟と言っている）だ。これは他人を分析する訓練のことだが、必ず指導者、スーパーバイザーが付いた。分析を行なったら、その報告をスーパーバイザーにして、指導をしてもらうのだ。「一回分析をすると、すぐそれについて報告し指導を受けるのだから、非常に実際的であり、力をつけるのに役立つ。スーパーバイザー（指導者）はいろいろなタイプの人につく方がいいので、少なくとも三人以上の人を選ぶことになっている。私は四人のスーパーバイザーについたが、同じユング派と言っても、実に多様で、そんな点でも多くを学んだと思う」（著作集3『心理療法』序説「専門職としての心理療法家」岩波書店、一九九四年）と河合氏は書いている。

ところで、なぜ少なくとも三人以上のスーパーバイザーにつく必要があるのだろう。「なぜかというと、スーパーバイザーにはそれぞれ癖がありますから、一人だけだとパターンが決まってしまうので、少なくとも三人というわけです」。

先の引用で、河合氏は四人のスーパーバイザーについたと書いている。しかし、『未来への記憶』に出てくるスーパーバイザーを数えると以下の五人ということになる。つまり、リリアン・フレー、マイヤー、フランツ・リックリン、フォン・フランツ、ヨランド・ヤコービである。

これから、この五人にどんなことを学んだか具体的に見ていくが、その前に『心理療法序説』によって、スーパーバイズの要点を確認しておくことにしよう。

心理療法が技法（art）を大切にするという点において、スーパーヴァイズはその訓練の中核にあると言っていいであろう。もちろん、心理療法に関する一般的知識や心得は身につけておかねばならないが、実際に個々の事例にあたってゆくと、そのときその場でその人に対して適切なことは何か、という点でいちいち考えてゆかねばならないのだから、一対一でそれを指導するスーパーヴァイザーが必要になってくるのである。

スーパーヴァイザーの仕事として一番大切なことは、スーパーヴァイジーを「育てる」ということであろう。その点で言えば、その仕事は心理療法の仕事と基本的に似通ってくる。直接的にはスーパーヴァイジー個人のことは扱わないので、それは明らかに心理療法とは異なるのであるが、相手の可能性の発現に期待していること、スーパーヴァイザーがヴァイジーの成長のための容器となろうとするところでは、心理療法の基本姿勢に通じるものがある。

スーパーヴァイザーのところへ行くために、ヴァイジーが記録をとり、それについて語る、という事実そのことが、既に重要な意味をもっている。ヴァイジーはそこで自分の行為を「対象化」しつつ、またそれをそれなりの「物語」として語ることもしているのである。極端な場合、スーパーヴァイザーに毎回の面接について「語る」だけで、すべてがうまくゆくほどである。

スーパーヴァイザーの仕事はスポーツのコーチとよく似ている。選手ができもしない「正しい」ことを言っても、あまり意味がない。たとえば、野球のコーチが、「あんな球を打てないと駄目だ」とか、「右を狙って打て」とか言うのは、「正しい」ことであっても、その選手がそのときどのようにすれば打てるのか、その投手に対して右を狙うのにどうすればよいかなどを基本的に教えることができないと話にならない。あるいは、守備練習で絶対にとれそうもないノックばかりをして「しっかりしろ」と怒鳴ってみても、あまり効果がない。このようなことを繰り返すことは下手をすると、コーチと選手に格差（階級差）があることを強調するのにのみ役立って、選手の成長をはばむことにさえなってしまうのである。

スーパーヴァイズというのは、管理とか指導とは異なり、高等な知識や技法をもつという点のみならず、個々の場合において極めて臨機応変に対応する必要のあるときに、それを適切に援助してくれるものである。そして、そのような実際的場面での援助を通じて、本来的な教育も行われる。もちろん、スーパーヴァイザーの実力が低かったら話にならないが、以上のような点から考えて、心理療法においては、スーパーヴァイズを訓練のための不可欠の要素であると考えている。従ってわが国においても、心理療法家の養成のためのスーパーヴァイズ制は相当に急速に整えられつつある。

さて、それではスーパーバイザーの五人について、それぞれ見ていくことにしよう。

河合氏が最初についたスーパーバイザーは、リリアン・フレーだった。フレー氏は河合氏の分

とになる。

析家でもあった。ということは、河合氏はマイヤー先生とフレー氏の二人に分析を受けていたことになる。
『ユング心理学入門』の付録「ユング派の分析の体験」で、河合氏は次のように書いている。

さて、マイヤー博士が忙しくて、時間が多く取れぬこともあり、結局私はフレイ博士(Dr. Frey)という女性の分析家と、二人の人に同時に分析を受けることになった。同時に二人の分析家につくこと(必ず、男性と女性)は、現在、ユング派のひとたちが功罪を論じ合っているところであるが、ともかく承認されている。もちろん、これも私が勝手に決めるのではなく、私の希望に応じて、この二人のひとの同意がなければならない。マイヤー博士に週一度、フレイ博士に週二度、受けることになったが、自分としては、フレイ博士と、もう一つぴったりと来ない。理由は個人的な問題と関連するので述べないが、ともかく三回ほど受けて、フレイ博士をやめ、何とか頼んでマイヤー博士に多く時間をさいてもらうことにしようと決心した。マイヤー博士は料金は高いがそんなことはいっておれぬと思った。フレイ博士に自分の決心を述べ、どうもぴったりとせぬことも正直にいうより仕方ないと思って行った。ところが、その日に不思議と、私は、このひとならと思うようになってしまった。この日に、まさに、ぴったりと来るものをフレイ博士に感じて、私は実はやめる気であったことなどを話し、結局、今までどおり続けることにした。この日、非常に嬉しくなって気がつかなかったが、一時間半も話していたことを後で知り驚いた。やはり、時間を延長することには拘泥（こうでい）していないようである。三時から分析のあるときは、一緒にお茶を飲みながらの時もあるし、どうもあまり細かい「おきて」はないらしい。ユング派のひとたちはまったく個性的で、自分に応じ、患者に応じて方法が一定していない。

一般的には「分析家とスーパーバイザーは分けろ」と言われている。「なぜかというと、分析家はものすごく内面にかかわってやっているわけだから、いわゆる指導に近いスーパーバイザーとちょっとちがう」からだ。しかしユング研究所の場合には、それでもかまわないと考えていた。そういうルールを平気で崩していって、「そこのむずかしさをよく考えて、やるほうがいいと思い、やれると思うならやりなさいというように」柔軟だった。また、「それができないようでは話にならん」とも考えられていたのだ。

しかし、アメリカの杓子定規に考えるような分析家の場合には、スーパーバイザーと分析家を兼ねるなどと言えば、それだけで否定されてしまう。だからスイスのユング研究所では、その逆手を行くわけで、「むずかしいのを承知で、それを乗り越えたほうがいいと考えるわけです」。つまり、「つねに少し意識的にルールをゆるくする。だから、私はいちばん初め、自分の分析家にスーパーバイズを受けたのです」。

## 8 知識の伝授ではない

ところで、統制分析を始めるに当たって、河合氏がいちばん心配したのは、はたして患者が来てくれるだろうかということだった。当時のことなので、日本人に分析を受ける人がいるだろうかと心配していたわけだが、実際には五人もクライアントがつくことになった。それで喜んでいたのだが、しばらくたつと一人が転職になり、他の人は「もうこれでよろしいです」と言って去り、結局一人しか残らないことになってしまった。

河合氏は、「これはもう絶対にぼくがおかしい。ぼくの力がないからこういうことが起こっているんやから、他人の分析を始める前に、もうちょっとぼく自身の分析に専念したほうがいいんじゃないかと思」い、大いに悩んだ。その結果、何をしたかと言えば、易《えき》を立てたのだ。コインで易を立てた結果、いちばん下が陽で、あとは陰ばかりの䷗が出る。河合氏はこれを見て、男性性の弱さが出ていると解釈した。それで、自分の男性性をしっかり確立すること、「ユング的にいうとアニマの問題というのをもっと確実にやらなければだめだ、と思」った。それに専念するために、残った一人にもやめてもらおうと考えた。

それでフレーのところへ行って、経過を説明し、易を立てたことも話し、「自分の内面に専念する」ために、残った一人にもやめてもらうと言った。すると彼女は、「いや、そこまで考えなくてもいい、おまえは絶対にやれるんだし、その一人をちゃんとやったらいい」と答えた。しかし河合氏が、決意は固いことを言ったところ、フレーは「おまえがそれほど言うのなら自分が易を立てる」と言い出した。易は一回しか立てられないのだが、フレーが易を立てたところ、同じ卦《け》が出た。それでフレーも折れて、しばらく河合氏は統制分析をやめ、自分の内面に専念することになった。

「ぼくは自分の男性性を確立するためにアニマ像の探求に集中したのです。男性性が確立していないというのは、それは日本人だからあたりまえなことですけど。それから、分析を受けにくるのはほとんど西洋人だから、そういう人たちが来たとき、こちらが、どこか筋の通った強さをきちっと自分で持っていないとだめなんですね。／アニマ像というのはユング派では大切なことです。アニマは「たましい」で、アニマ像はそのイメージ。たましいそのものをわれわれは知ることはできないけれど、それを何らかのイメージとして把握できる。そのイメージは男性の場合、女性の姿をとって現れることが多いとユングは考えます。アニマ像としては、日本人のことなどを考えると、かならずしも女性像ばかりとは言えないと思いますが、西洋文化のなかではそうだというのはよくわかりますね。男性的な自我を確立することが前提で、それとは異なる魅力ある存在として、女性像が浮かびあがってくる。そんな意味で、私は西洋的な意味合いのなかでのアニマ像の探索に努力を傾けたのです」。

そして、「まあ、よかろう」ということになって、統制分析を再開した。すると、前にやめてもらった人が待ってくれていて、「絶対におまえとやりたい」と言って帰ってくる。転職した人も戻ってくる。結局三人が帰ってきたのだ。それで河合氏は再び統制分析を始めることになる。

「だからほんとうに極め付きのできごとでしたね」。

　はじめの頃のクライアントはスイス人だった。まだ戦争の名残りを引きずっていた時代だったので、河合氏は、日本人の自分が西洋人を分析できるとは思えなかった。戦争に勝った西洋人の方が日本人より上だ、という気持ちがなんとなくあったからだ。しかし、やってみると、ちゃんとできるのだった。

　とは言え、なかには初心者の河合氏にとっては、難しい人もいた。しかしスーパーバイザーは何とも言わない。一年ぐらい経過した後に、「これはたいへんむずかしいケースだと思ったけど、おまえはよくやった」とスーパーバイザーは言った。それで河合氏は、初めてこれが難しいケースであることを理解したのだった。スーパーバイザーは、「非常にうまくいっているので言わなかった」と言った。

　このように、スーパーバイザーは、分析がどういう方向に行くのか見きわめていなければならないわけで、ここに指導に伴う難しさがあった。時々に、「パッパッと正しいことを言ったらいいってもんじゃない」のだ。このケースは難しいなどと言って、スーパーバイジーの河合氏がビビッてしまったら、元も子もなくなってしまうからだ。フレー先生は、そういうところが実に上手だった。

　ずっと後になって、河合氏が還暦を迎えるというので、京都大学の臨床心理学教室の人々が記念論集をつくった（『臨床的知の探究』上・下、創元社、一九八八年）。後輩たちの好意に応えるために、河合氏は珍しいことながら、この論集のために自らの夢について書いたことがある（「夢のなかのクライエント像」）。そこで、フレー氏にスーパーバイズを受けている頃の夢について記していくるので、紹介しておこう。

僕はJさんに会いに行く。彼女の結婚に必要な書類を手渡すためである。あるビルディングに入り、十階までエレベーターであがる。十階ではJさんの同僚の女性たちが働いている。Jさんが日本人の知己を持っていることを同僚たちに知られるのは、彼女にとって好ましいことではないだろう、と僕は思う。そこで、彼女に会うのを断念し、書類は後で郵送しようと思う。下には歩いて降りてゆくが、九階に日本の食糧品を売っている店がある。僕はそのようなビルで日本の食糧品が売られていることにびっくりする。安い品を少しだけ買う。僕は統制分析が二百五十時間をこえ、分析料を貰うようになれば、もう少し他のものも買えるだろうと思う。

この夢について、河合氏は次のように書く。クライアントのJさんはヨーロッパの女性。分析も終わりに近づき、Jさんが結婚する日が近づきつつあった。先に出てきたように、河合氏は欧米人に対する劣等感を強くもっていて、統制分析に当たってはたして日本人の自分にそれができるか心配であった。しかし始めてみると、「文化の差をこえて深い人間関係がもてることがわかり、非常に嬉しく思った。ヨーロッパの人たちを分析することによって、筆者の劣等感も少しずつ解消されていったのである」。

ところが、この夢では、河合氏は〝日本人〟ということにこだわっている。Jさんにとって日本人の知己がいることは好ましくないだろうと考えたわけだが、それは現実とは違っていた。Jさんはそんなことにこだわっていなかったし、河合氏もそれをよく知っていた。にもかかわらず、このような夢が生じた。その理由として、河合氏は次の二つをあげる。

「まず、分析も終りに近づいてくると、分析関係が解消され、そこには日常的関係への移行が生じてくるときがある。この時期はちょうどその頃であり、Jさんが結婚することになって、筆者もそれを喜んでいたところもあって、日常生活場面へ、彼女の結婚に必要な書類をもって、入りこんでゆく。結局は「郵送」してもよいものだったらしいから、治療者である筆者が、わざわざ彼女の職場に行くこともなかったのである。そのような戸惑いに、第二の理由、未だ解消し切っていない日本人コンプレックスが結びついて、このようなことになったと思われる」。

さらに、Jさんが十階にいるということは、河合氏が彼女を高い存在として見ているからだった。実際にJさんは、高いビルで働いてはいなかった。彼女に会うことを断念した河合氏は、今度は自分の足で降りてくると、九階に日本の食糧品を売っているところがあって、驚いてしまう。「ヨーロッパと日本の文化は筆者の内界で思いの外に入り混じっていたのである。実際、当時はこんなことはまったく考えられないことであった」。

そして河合氏は、次のようにまとめている。

このことは、筆者の日本人としての劣等感が、それでも相当に解消されてきていること、それにはJさんとの関係が大いに役立ったことを示唆している。ただ、筆者は「安い品を少しだけ買う」くらいの力しかない。その次の文章には注釈が必要であろう。当時、ユング研究所では、統制分析を二百五十時間以上することが資格を得るための条件のひとつであった。そして、その二百五十時間に達するまでは、クライエントからの料金はすべて研究所に納められ、それ以後は、その料金を個人が貰うことができるのである。

当時、筆者は随分と切り詰めた生活をしていたので、せっかく日本の品があっても安物しか買えず、「分析料を貰うようになれば、もう少し他のものも買えるだろう」というのは、当時の生活の実態そのままではあるが、これは、資格を取るくらいになれば、自分の能力ももう少し高まるだろう、というふうに読みかえることもできるであろう。この夢は、治療者とクライエントの距離の取り方、ヨーロッパと日本との距離、などについて考えさせられた夢であった。

劣等感の解消などと一口で言っても、それを行うのには長い年月と相当な努力を要するものである。欧米人に分析を受けたり、分析したりの経験によって、当時は相当にそれが解消したと思っていたが、この夢の示すとおり、未だ努力を要するわけで、その後の長い年月と経験を経て、やっとこの頃では大分ましになったかなと思っている。

次に、河合氏はマイヤー先生にもスーパーバイズを受けた。この場合も、言うまでもないことだが、分析家とスーパーバイザーは同一であった。マイヤーのスーパーバイズは独特なもので、ほとんどものを言わずに、聞いているだけだった。それで「ああ、よかろう」と言うような具合だ。それは河合氏の場合、うまくいっていると判断したからで、相手によってはマイヤー先生もよくしゃべることがあったようだ。

ある時、河合氏のクライアントの一人が、釣りの夢を見たことがある。その話をして河合氏がマイヤー先生に、「釣りというのはたんに釣りじゃなくて、すごくおもしろい」と言うと、先生は「そうそう」と答えた。それで河合氏はさらに太公望の話をした。昔、中国に太公望という人がいて、まっすぐな針で釣りをしていた、と。そうしたらマイヤー先生は非常に喜んで、「ああ、それは魚にディスターブされないようにしていることだな」と答えた。「そういう節目みたいなところでパッと言うことがとてもうまい。だけど、それ以外はだいたい黙っているんですよ。／逆に言えば、黙っているというのもなかなか大変なことで、いろいろなことを考えているんじゃないかと思います」。

それからもう一つ、印象に残っていることがあるという。ユングが『易経』のドイツ語訳に序文を寄せていることなどもあって、先に見たように、ユング派には易の好きな人が多い。ある時、マイヤー先生と話をしていて易の話になり、河合氏が、日本では「当たるも八卦当たらぬも八卦」という言葉があり、当たっても当たらなくても八卦に意味があると考えている、と言った。それを聞いてマイヤー先生は、「そこまではおれはついていけない」と答えた。「これには感激しました。やっぱりこのおっちゃんでもだめなときはだめなんだ、とね。いつでもだいたい聞いているだけだから、いい加減に聞いているんとちがうかとさえ思っていた。ところが、「そこまで自分は追体験できない」と言う。言われてみたらその通りですね。「当たるも八卦当たらぬも八卦」なんて、変なことですよ」。

それはともかく、河合氏は言う。「ぼくが患者を分析するときの関係と、スーパーバイザーとトレーニングを受けている人との関係は、やっぱりどこかで似ていますね。つまりベーシックにはつねに人間の成長というか、人間の生き方を問題にしているわけだから、どちらもいわゆる知識の伝授ではない。たとえば、こういう知識を持ってやればうまくいくとか、そんなことないわけです。それよりも、分析の場合、クライアントとの関係のなかで生きているわけですから、そういう点では、スーパーバイザーとスーパーバイジーの関係とも似ているんだけど、やはりスーパーバイズを受けに行く場合のほうが、知的な枠組みがありますね。理論的にいえばこういうことだとか、それから理論的に考えたらつぎはこうなるんじゃないか、とか話すわけですから」。

そして、分析家にとって最も注意を要することは、〝アクティングアウト〟つまり行動化だと言う。例えば、気の弱い人が分析を受けると次第に強くなってきて、時にはそれを行動に出してしまう場合がある。今までそんなことをしたことのない人が、いきなり道で殴り合いの喧嘩などしたら、大怪我をすることになってしまうかも知れない。

また、いままで何の気なしに生きてきた人が、分析を受けることによって、ものすごい罪悪感にとらわれてしまうこともある。「こんなに自分は罪深い人間だったのか、死んだほうがマシだ」と言って、自殺してしまうことすらありうる。分析家はこのような行動化の危険性に、絶えず気をつけていなければならない。

「スーパーバイザーはそのところをすごく考えています。だから、行動化の可能性があるときには「ここは注意しろ」ということをかならず言います。それから「そういうことを話し合わないといけない」とか。ぼくらもそれをいまやっているわけですが、当時、スーパーバイザーがちょっ、ちょっと言うてくれたことが、すごい勉強になってます」。

ここで、先に見た西村洲衛男氏が「ユング心理学と河合心理学」で書いているエピソードを引用したい。

河合氏は、ある子どもの事例について話をしている時に、突然声を詰まらせ、涙を流した。壇上から降りてきた河合氏は、次のように言った。「実は（子どもが母親に大事にされる話をしているとき）僕はマイヤー先生にしてもらったことを思い出した。母親が子供に食べ物を口に含ませるように、丁度良いときに必要なものを与えてもらったことを思い出したんだ。それで急に泣けてきた」、と。

また西村氏は、マイヤー先生に関わる河合氏の夢についても書いている。それは一九七〇年のこと、転移・逆転移をテーマにしたシンポジウムで、河合氏は自分の夢の話をした。「その夢は、チューリッヒの分析家、C・A・マイヤー先生が豊橋にやって来たというものであった。このように「私は分析家と親密な関係にあるが、何故豊橋なのかわからない」とおっしゃった」。

次に、当時研究所の所長であったリックリンのスーパーバイズについて見ることにしよう。リックリンの場合には、ドイツ語で受けた。すでにクライアントを二人もっていた河合氏がリックリンに、「この人はこういう夢を見ました」と一人の人の夢について話すと、彼は「すっかり感激してしまって、一時間ぐらいバーッとしゃべりまくるわけですよ。それでふっと時計を見て、「もう終わり、帰れ」と言う。二人目のことなんかどこか行っちゃってる。そういうタイプの人もいます」。

## 9　さまざまなクライアント

河合氏が日本人を分析していた時のこと、初めのうちは順調に進んでいた。ところで、うまくいっているということは、クライアントにとっては内面的にどんどん掘り下げていくことだから、大変つらい過程にあることでもある。しかし、統制分析を始めて間もない河合氏には、それがよく分かっていなかった。そうすると、クライアントとの間がどこかずれてくるようになる。

その結果、その人は急に来なくなった。おかしいなあと思った河合氏は、手紙を出すことにする。でも手紙を出すときに、これはアメリカで訓練されたことだが、「来てください」と書いては絶対いけない。なぜなら、クライアントが分析者に依存してしまうから。つまり、「おまえが来いと言ったからきた」というわけだ。アメリカの場合には、あくまでもクライアントの自主性を尊重しなければならない。だから、「来週も二時から三時まで空けているから、よかったらお出でください」という書き方になる。河合氏も、そういうふうに書いて、手紙を出した。しかしクライアントは来なかった。

河合氏はリックリンのところへ行って、「うまいことといっていると思ったけど、来なかった。

それで手紙出したんやけど、手紙にぜひ来いと書けないからこういう文面で出した」、と言った。そうしたらリックリンは、「日本人はそういう場合はふつうどういうふうに書くのか」と質問した。

それで河合氏は、通常の場合日本では、「よかったらお出でください」とは「来るな」と言ってるように感じられる。例えば、「転居しましたからお寄りください」という場合のように。だから「ぜひお出でください」と書くべきだろう。でも分析では相手の自主性を尊重するので、アメリカで習ったように書いた、と答えた。

それを聞いたリックリンは、ニヤッと笑って、「ヴォー・イスト・イーレ・ヤパニッシェ・ゼーレ」(「日本の魂はどこへ行った」)と言った。「つまりリックリンが言いたいのは、日本人として日本に生きてきたおまえが、しかも、西洋の訓練を受け、それを身につけたうえで、日本の言葉で日本人になにを言おうとしているのか、そういうことでしょう。あれにはすごく教えられました。そして、このことはぼくが日本に帰ってきてからものすごく役立ったんです」。

リックリンは、そんなことは書くなとか日本ふうに書けとは、全く言わなかった。ただ「日本の魂はどこへ行った」と言うだけ。考えてみれば、ここでは日本の魂は消え失せていたのだ、アメリカの魂で書いていたわけだから。とすれば、どう書くかは自分で考えなければならない。河合氏はものすごく苦労して手紙を書いた。その結果、クライアントは戻ってきた。「どっちがよいとか悪いとは言わんけれども、ともかく一面的に考えているということだけはバッと指摘するんです。リックリンという人はすごい人でした」。

河合氏は『心理療法序説』で、このことをもう少し筋道立てて書いているので、引用しておこう。

ここで、スーパーヴァイザーは「正しい答」を与えようとしていない。ヴァイジーが自分自身にとって正しい答を見出すために必要なこと――それをヴァイジーが見落していたこと――を指摘し、後は本人の考えと判断にゆだねようというのである。これは、スーパーヴァイザーの仕事として、なかなか見習うべきことと思ったし、その後、筆者が欧米で学んできた心理療法を日本にもち帰る上で、大いに役立つ示唆を与えられたと思ったのである。

スーパーヴァイズというのは、管理とか指導とは異なり、高等な知識や技法をもつという点のみならず、個々の場合において極めて臨機応変に対応する必要のあるときに、それを適切に援助してくれるものである。そして、そのような実際的場面での援助を通じて、本来的な教育も行われる。もちろん、スーパーヴァイザーの実力が低かったら話にならないが、以上のような点から考えて、心理療法においては、スーパーヴァイズを訓練のための不可欠の要素であると考えている。従ってわが国においても、心理療法家の養成のためのスーパーヴァイズ制は相当に急速に整えられつつある。

ところで河合氏は、スイス人も分析していた。分析を始める前にリックリンに、「ぼくはドイツ語があんまりしゃべれないのですが、やってよろしいですか」と質問すると、「大丈夫だ、しゃべるのは相手で、おまえは聞いているだけだ」という答えが返ってきた。

しかし実際に分析を始めると、やっぱりそんなにうまく行かない。そうこうしているうちに、そのクライアントが自殺未遂をする。驚いた河合氏はリックリンのところへ飛んで行った。「彼が自殺未遂をした。問題は、自殺しそうだということをぼくがぜんぜん予想していなかったことだ」と言うと、リックリンは、自分がすぐその人に会うと答えて、河合氏のクライアントを呼び出して会った。

後で、河合氏はリックリンのところへ行って、どうなったか聞いた。リックリンは、いろいろ話したが、最後に次のように言ったと語った。「あなたの話を聞いていると、自殺というのは非常にたいへんなことだというような言い方をされるけれども、そんなのは人類の歴史始まってから山ほどあったんだ。だから、あなたは自殺をしたかったら、その一人としてどうぞやっていただきたい。しかしカワイがかわいそうだからカワイと関係なくやっていただきたい。だから、いますぐカワイの分析はやめたと宣言して、ユング研究所とは関係ありませんと言ってほしい。その上で死んでください」。

そうしたら、クライアントから河合氏のところへ電話がかかってきて、ぜひ続けてやりたいということだった。この人とは、結局帰国するまで分析を続けた。

リックリンは、自殺未遂を本気ではないと見抜いていたわけだが、そういうことを実際に言うのは、非常に難しいことだと言う。下手すれば、本当に自殺してしまう場合だってあるだろうから。

河合氏は、この他にフォン・フランツとヨランド・ヤコービのスーパーバイズを受けた。ヤコービとの間には、後に述べるような逸話があるが、ここでは彼女がユング研究所に来た経緯とそのスーパーバイズの特徴について、簡単に触れておくことにしよう。

ヨランド・ヤコービはハンガリーの貴族だった。ハンガリーに講演に来たユングにすっかりほれこんでしまい、ユング研究所で勉強したいと、ユングに手紙を書く。ユングは「まず博士号をとってください。その上でスイスへ来てください。それだったら引受ける」と答えた。それでブダペストの大学に入って猛勉強し、もう少しで博士号をとれるところまできた。ちょうどその時にナチスが侵入してくる。ユダヤ人のヤコービは身の危険を感じ、「ナチスが入ってきた、どうしても自分はあなたのところへ今すぐ行きたい」とユングに訴えた。ユングからは「博士号をおとりください」という電報の返事がきた。ヤコービは死にもの狂いで博士号を取得し、チューリッヒにやってきた。そして分析家になったのだった。

このような経歴を持つ彼女は、ものすごく物事を割り切って考えるタイプの人だった。そういうスタイルの本を彼女は書いていたが、河合氏は単純すぎると思っていた。彼女のスーパーバイズも、「かたちよくピタッとするほうなんです。ぼくなんかは、クライアントがちょっと怠けたりサボったりしていても、そういうのを知りながらうまくやってゆくというやり方でしょう。ところがヤコービさんはといったら、「そんな怠け者はこんど来たときにバンバンとシビアに言え。文句を言うのだったら、そんな人には会わなくてもいいんだ」というわけですよ」。

フォン・フランツについては、河合氏は多くのことを語っていて、すでに見たところでもあるのだが、不思議なことにそのスーパーバイズに関しては、全く語っていない。

## 10　ニジンスキー夫人に日本語を教える

そろそろ、ユング研究所留学での最大の山場、資格論文執筆のことに入らなければならないが、その前に、河合氏がスイス滞在中に体験したさまざまな事柄について、見ておくことにしよう。

河合氏は、奨学金をもらっている以上、勉強に専念しアルバイトはしない、という考えを持っていた。たまたま同名異人というハプニングによって、一回だけ通訳をしたことについては、すでに書いた。しかし、アルバイトというよりも、そのこと自体に興味を抱いて、あるハンガリー人に日本語を教えたことがあった。

ある時、分析家のヨランド・ヤコービから電話がかかってきて、自分の友人で日本語を勉強したいと言っている人がいるので、日本語の家庭教師をしてくれないか、と頼まれた。河合氏は、原則的にアルバイトはしないことにしているが、一体その人はどんな人なんですかと聞くと、マダム・ニジンスキーだとヤコービは答えた。「マダム・ニジンスキーって、あの舞踊家ニジンスキーの奥さんですか？」と確認すると、そうだと言う。それで河合氏は引き受けることにした。

ロモーラ・ニジンスキーは、いつも駅前にあるグランドホテルに泊まっていたので、河合氏はさっそく会いに行った。六十代と思われたが、彼女は華やかで外向的な人だった。「自分は七ヶ国語できる。日本語をやりたいと思ってやっているんだけど、こんなにむずかしい言葉はない、今までのとぜんぜんちがう」と言う。彼女は英独仏はもちろん、ロシア語、ハンガリー語、ギリシア語、ラテン語ができた。

彼女に日本語を教えはじめて、彼女の書いた『ニジンスキー』（*Nijinsky*, Penguin Books, 1960）という本を読んだ。ロモーラは、ヤコービと同様に、ハンガリーの貴族だった。ある時、ディアギレフ率いるバレエ・リュス（ロシアン・バレー）の公演でニジンスキーの踊りを見て、「この人と結婚する」と心に決める。それでバレエ・リュスの踊り子になった。その他大勢の踊り子の一人として、ロモーラはニジンスキーにプロポーズする機会をずっと狙いつつ、踊っていた。

そのうちに、ニジンスキーと団長のディアギレフは同性愛の関係にあることが分かった。しかしそれでも、彼女はチャンスをうかがっていた。「たしか、あれはアメリカへ渡る船か、アメリカからヨーロッパへ帰ってくる船か、その船のなかで彼女はプロポーズするのですよ。そうすると、ニジンスキーは部屋に入って、ドアを閉めてしまって出てこないんです。ダンサーのほうのニジンスキーは超内向的人間です。そして、奥さんのほうは超外向的人間なのです」と河合氏は言う。

私は、ロモーラがプロポーズした時と場所を確かめようと思って、書棚から Richard Buckle, *Nijinsky*, Simon and Schuster, 1971, を引っぱり出して調べてみた。そうすると、時は一九一三年八月のことで、場所は南米ブラジルの海岸に沿って南下しているエイヴォン号（Avon）の船中だということが分かった。また、ロモーラがニジンスキーの気を引くためにいろいろと画策したのは確かだとしても、実際に友人を介して結婚しようとプロポーズしたのは、ニジンスキーの側だったということも。さらに、それを聞いて部屋に閉じ籠ったのはロモーラだったことも明らかになった。

ここで私は、河合氏の〝思い違い〟を指摘しようとしているのではない。そうではなくて、インタビュアーとして、なぜ私は右の事実を当時確認しなかったのか——つまりは編集者失格ということだが——不思議で仕方がないのだ。なぜならR・バックルの本は、河合氏にインタビューする時より二十年も前から所持していたのだから。

河合氏がロモーラからさまざまな話を聞いて興奮した時よりほぼ十年ぐらい後に、私は山口昌男氏などとともに、十九世紀末から二十世紀初頭にかけてのパリの文化について熱狂的な関心を抱いていた。その結果、当然のこととして、当時のヨーロッパに信じられないほどの大きな影響を与えたバレエ・リュスやディアギレフに行きついた。もちろん、ニジンスキーについてもあれこれと調べた記憶がある。

しかし、私たちの関心はニジンスキー本人によりも、彼が体現していたロシアの文化にあった、と言えるだろう。その関心はやがて、ロシア・アヴァンギャルドの美術や演劇にまで辿りつくことになるのであったが。換言すれば、私たちは、十九世紀から二十世紀にかけての西欧文化に多大の影響を与えた、ロシアの野性味あふれる文化に関心を抱いたのであって、芸術家一人ひとりの個人的なキャリアまで深入りすることは少なかった、とも言えるだろう。

これは明らかに、私の編集者失格に対する言い訳にしかすぎない。河合氏が四十年近くも前にロモーラから聞いた、あるいはロモーラの本を読んで知った事実について、多少勘違いしていたかも知れないとしても、それを批判するのはフェアではない。そうではなくて、編集者の私が当然それらの点について確認すべきであったのだ。確認すべき手段も持っていたのだから。また考えてみれば、バックルの説が一〇〇パーセント正しいという根拠もないのである。さらに言えば、晩年のロモーラ自身、そう思い込んでいたのかも知れないのだ。

ところで、本書のゲラに目を通してくださった河合俊雄氏（隼雄氏の長男、京都大学教授）は、右に述べたロモーラとニジンスキーの関係について、思いもかけぬ指摘をなさって、私を驚かせた。それは、隼雄氏が先に引用したように、ロモーラの方からプロポーズしたと思っていたとすれば、それがどんな理由によるものであれ、次章で見るようなイザナキとイザナミの結婚（二六〇頁）のことが隼雄氏の脳裡にあったのではないか、というものであった。つまり、結婚のイニシアティヴを男と女のどちらが取るか、という問題である。私は、思わず唸ってしまった。

それはともかく、河合氏が右に引用した最後の部分で述べている「ダンサーのほうのニジンスキーは超内向的人間です。そして、奥さんのほうは超外向的人間なのです」ということについては、疑う余地はないであろう。

とにかく、二人は結婚した。とたんにディアギレフは、ニジンスキーに対して意地悪を始める。紆余曲折を経て、ニジンスキーは自ら独立して舞踊団をつくる。「牧神の午後」や「春の祭典」など、続々と新しい舞台をつくり出して活躍したニジンスキーであったが、やがて精神分裂病つまり統合失調症になってしまう。

それが判明した経緯は、ロモーラによれば、次のようなことだった。当時雇っていた召使いがロモーラに次のように言った。「奥様、ほんとに言いにくいことですけれども、ご主人は絶対に精神の病いを病んでおられます」。どうしてそんなことが言えるのかと聞くと、その召使いは、「自分が前に仕えていた旦那と言動が同じ感じがする」と答えた。そしてそれはフリードリッヒ・ニーチェで、「ニーチェさんと同じようなことをされるので、絶対に精神病です」と言うのだった。

それで、ロモーラはニジンスキーをつれてチューリッヒ大学の精神科の教授オイゲン・ブロイラーのところへ行く。診察を終えたブロイラーは、心配ないと二人に言って外に出した。そして「奥さんだけ来てください」とロモーラを呼び戻し、次の如く言った。「まことに残念ながら、現在の医学ではあなたのご主人を治すことはできない、精神分裂病だ」と。続けてブロイラーが言うには、「わたしはあなたのご主人の人生をよくすることはできないけれども、あなたの人生をよくすることはできる」、「いますぐ離婚しなさい。いますぐ離婚して自分の人生を歩みなさい。彼と一緒にいるかぎり、病気はずっと治らないんだから」。

しかし、ロモーラは、「もう治らない精神病でも自分は一生夫婦でいる」と答えた。それに対してブロイラーは、これは個人的な問題なのでその決意を尊重する、しかし絶対に治らないことを覚悟するように、と言った。そしてニジンスキー夫人が部屋から出て行こうとした時に、「しかし、奇跡ということはありえます」とつけ加えたのだった。

以後、彼女はニジンスキーを連れて、有名なセラピストを次々に訪ね歩くことになる。フロイト、ユング、アドラー、ロールシャッハ等々。「フロイトは小さいおじさんで、あんまり印象に残らなかった。ユングはセラピストというよりも学者という感じがしたと言っていました。もちろんニジンスキーはその頃はもう一言もしゃべれなかったので、奥さんだけがいろいろしゃべるのです。（中略）／それで、こんどはアドラーのところへ行くのです。アドラーはすごい説得力のある人間だと言っていました。アドラーの話を聞いていたら、アドラーが絶対に正しいと思わざるをえないようなすごい説得力がある。そうではあるんだけど、それでも彼女はこの人は合わないと思うんですね」。

結局、最後にロモーラはビンスワンガーのところへ行った。クロイツリンゲンというところに彼のベルヴューという名の病院があることは先に見たとおり。そこにニジンスキーを入院させたのだ。

ところが、しばらく経って、ビンスワンガーの長男が自殺してしまう。当然のことながら、入院している人やその家族は大きなショックを受けた。「そのときの衝撃は忘れられない、と夫人は言っていましたね」。この息子の自殺が契機になって、ビンスワンガーは「現存在分析」(Daseinanalyse) ということを唱え始める。「どういうことか簡単にいってしまえば、そのときの一回かぎりのこと、存在そのものが非常に大事であって、いわゆる自然科学的に簡単に説明したりするということはできない、という考え方ですね。／それはニジンスキーの奥さんと話をしていて、ぼくはハッとそのとき気がついたのですが、要するに、その頃だったらフロイトもユングもそのへんは曖昧で、彼らはやっぱり科学をやっていると思っているのですね。科学的に心の問題はどんどん説明できる、と。（中略）／そこで、たとえば、だれかが自殺すると、その原因は何かということになります。（中略）しかし、ビンスワンガーはもうそれはしないと宣言したんだ、とぼくは思ったのですよ。／要するに、他人のことは分析したり、何が原因で何が結果だとか言えるけれども、自分のことというのはそんなことではない。患者さんが自分のことを必死に考えているときに、他人がとやかくその原因とか結果とか言うのはおかしい、ビンスワンガーはそこから出発したのじゃないかと思ったのです。（中略）息子は死んだんだという事実、それがほんとに大事だ、というふうに思ったんじゃないかとぼくは思う」。

ニジンスキーとロモーラは動揺したが、結局ベルヴュー病院に留まった。しかし残念ながら病いが治ることはなかった。

このような興味深い話をききながら、河合氏はニジンスキー夫人に日本語を教えたのだった。彼女は、本を読む時に、ロシア語、ハンガリー語、英語そしてドイツ語の場合は、それが何語か意識せずに読めるくらいのすごい語学力を持っている。だから河合氏が家に入って行く折に、「グッドモーニング」と言えば英語で、「グーテンモルゲン」と言えばドイツ語で会話を続けるのだった。途中で電話がかかってきて、ハンガリー語で応対した後には、河合氏に向かってもハンガリー語で話しかけるという具合だった。

日本語はと言えば、「あの人は性格の悪い人でありました」という程度のことはしゃべれた。「それがまたほとんどの人がみんな性格が悪いんですよ。ところがニジンスキーの奥さんがほめる人が出てくるのですね、性格の悪くない人が。それが日本の秩父宮妃殿下なんです。すごくほめていました。どこかで会っているんですね」。

ニジンスキー本人は日本が好きで、歌舞伎役者の真似などをしていたらしい。そんなこともあって、ロモーラは日本にやってきたことがある。そして宝塚の少女歌劇を見て、そこでニジンスキーそっくりの人物――有名なA・Tさん――が登場しているのでびっくりする。すっかりA・Tさんに惚れ込んだニジンスキー夫人は、次回日本に行った時にはA・Tさんと日本語で話したいと思って、河合氏に家庭教師を依頼した、ということだったらしい。

またA・Tさんに日本語で手紙を書きたいというので、河合氏は何回も代筆したという。「彼女が英語で言うのを日本語に訳して、最後に彼女が片仮名で自分の名前を書くんですよ。A・Tはびっくりしていたと思いますよ、日本の字で手紙が来たと」。

河合氏はすっかりニジンスキー夫人に気に入られ、彼女は河合氏の自宅にまで遊びにきた。河合氏がスイスから帰国する直前のこと、いつものように華やかな雰囲気でしゃべっていたのに、急に深刻な顔になったニジンスキー夫人は、「これはだれにも言っていないけど、あなただけに聞きたいことがある」と切り出した。それはニジンスキーの発病に関わることだった。つまり、彼女は、ニジンスキーはディアギレフと同性愛関係を保つことによって踊り続けられたのではなかったか、そこに彼女が割り込んで結婚したので、それで発病したのではないか、と悩んでいたのだ。

それに対して河合氏は次のように答えた。「人生のそういうことは、なになにしたのでどうなるというふうな原因とか結果で見るのはまちがっているのではないか。ニジンスキーという人の人生は同性愛を体験し、異性愛を体験し、ほんとに短い時間だけ世界の檜舞台にあらわれて、天才として一世を風靡した。しかしその後一般の人からいえば分裂病になってしまった。しかし、ニジンスキーにとっては非常に深い宗教の世界に入っていったということもできる。そういう軌跡全体がニジンスキーの人生というものであって、その何が原因だとか結果だとかいう考え方をしないほうがはるかによくわかるのではないか」。それを聞いた夫人は大変喜んで、「それを聞いて自分はほんとにホッとする。このことはずっと心のなかにあったことだ」と言った。帰国してからも、彼女から手紙が来ていたが、やがて途切れてしまった。

ところで、『深層意識への道』では、ロモーラの書いた『ニジンスキー』を三日間、朝から晩まで読んで「すっかりイカレてしまい、夢のなかで、自分がニジンスキーになっている夢を見」たことが書かれている。

河合氏がその夢のことを話すと、女性の分析家であるフレーは、「夢でも、はっきりと他人になるのは珍しい。なぜニジンスキーになったのか」と問いかけてきた。河合氏は、すぐには答えられなかった。一方、男性の分析家であるマイヤー先生は、「怒ったような顔で私をにらんでいましたが、一言もいいませんでした」。それ以後長い間、河合氏は自分とニジンスキーとの関係について、ずいぶん考えさせられたと言う。

## 11　ディールスドルフ村の「ペンション河合」

中間試験を通って、いよいよ統制分析に入る頃、河合氏はザルツブルクに四週間、ドイツ語の講習を受けに行った。音楽祭で有名なザルツブルクのことなので、いろいろな催しがあった。しかしオペラは高くて行けないので、安い室内楽のコンサートなどに出かけた。モーツァルトの「魔笛」を人形劇で見たという。

当時のザルツブルクには、驚いたことに、風呂のある家はほとんどなかった。ときどき行水する程度だったらしい。それで講習会に来ている連中はよくプールに出かけて泳ぎ、風呂がわりにしていた。

そうした連中のなかで、河合氏はイタリアからの受講生たちとよくつきあった。彼らはとにかく外向的なので、本当に楽しかったという。河合氏はアメリカ仕込みのダンスで踊ったり、安ワインを飲んで得意のばか話をして、すっかり人気者になってしまう。

ある時、イタリアの連中と一緒にダンスに行った。「パッと入って行って、フッと見ると、一人異様なやつが向こうからくる。アッと思ったら、ぼくが鏡に映っているんですよ。つまりイタリア人と並んで歩いているところをパッと見たら、ぼくだけ異質なんですね、歩き方がちがうわけです。そのときに思いましたね。いや、この人らはこんなに一緒になってやってくれているけど、ぼくは本当はこれだけちがうんだ。また逆にいうと、これだけちがうやつが飛び込んできて、よく付き合ってくれたなあという気もした。身振りというか、立居振舞がちがう。ちょっとギョッとなりました」。

彼らとつきあって本当にわかったのは、外向のよさということだった。あるとき河合氏が、日本人は内向的だが、外向というのは本当にすばらしいと話したら、マイヤー先生かフレーさんかのどちらかが、「イタリア人は外向のよさそのものを持っていると言うのです。しかしそれに比べてアメリカ人は強制された外向なんだと。だから、自分はアメリカ人の外向性についてはちょっと嫌になっている、と言ったのです。それはものすごくうまい表現だと思いました」。

そろそろチューリッヒ留学も終わりが近づいてきた頃、河合氏はチューリッヒ大学の神学の教授であるコーラ先生と知り合うことになる。コーラ先生も日本がすごく好きな人だった。

彼は自ら資金を出して、チューリッヒにハウス・デア・ベゲーグヌング（出会いの家）というのをつくり、いろいろな国の学生を住まわせ、勉強させていた。日本からは内田伊佐男氏が留学していた。コーラ夫人のネリーさんはすばらしい人で、よく学生たちと一緒に食事をした。河合氏もそこに出かけ、コーラ夫妻や内田氏とよくしゃべったという。

コーラ先生は、日本人とか日本の宗教に関心を持っていたので、その意味でも大変面白かった、と河合氏は言う。先生は同志社大学でもたびたび教えていた。その先生の言った言葉で河合氏が忘れられないのがある。それは、「日本のクリスチャンは孔子様に白ペンキを塗ったような人が多い」というものだった。河合氏は、「それは日本人がキリスト教を本当にわかるというのは、どんなに大変なことかということなの」だろうと思った。

内田氏はスイスの女性と結婚する。『未来への記憶』が出た頃には、二人は三重県の教会で伝道していた。内田夫人は、河合氏の『昔話と日本人の心』や『明恵　夢を生きる』をドイツ語に翻訳している。

コーラ夫妻と話しているうちに、実は河合氏は金がないので、スイスでの楽しみをほとんど知らないでいる、ということが分かった。そうしたらコーラ氏が、「せっかくスイスにきながら、スイスの山をあまりにも知らないというのは気の毒だ、だから自分の山荘を貸してやる」と言ってくれた。コーラ氏は、有名な保養地のダボスの方に山荘を持っていたのだ。おまけにそこには、日本式の肩までつかれる風呂があった。コーラ氏はそれほど日本が好きだった。

「スイスの冬というのは、要するに、陽がぜんぜん照らない生活です。ちょっと薄陽がさすだけでも喜ぶくらい。ところが、山の上に行ったらもう陽が燦々《さんさん》と照っている。そりゃ高い山の上ですから。だから、みんな冬は山へ行って日光に当たることをしているんです。（中略）橇に乗ったりして、スイスの冬山のよさをコーラさんのおかげで体験した。そういうことをしてくれた人です」。

このように、実にさまざまな人との交流を体験した河合氏であったが、ディールスドルフ村での生活を最後に見ておくことにしよう。すでに見た如く、河合一家は質素な生活を送っていた。とは言え、ディールスドルフ村の家には多くの部屋があって、「ペンション河合」といわれるほど、多くの日本人が訪ねてきたという。

当時、まだ外国に行く機会が少なかったので、多くの日本人はみんなまいってしまうのだった。「食べ物だけでもまいる。うちに来たらスパゲッティをうどんみたいにしたりとか、豆をすりつぶしてあんころをつくったりしていましたから、ニセ日本食だけど、来た人が喜んで、その結果、口伝えでいろいろな人がやってきましたね」。

既して偉いプロフェッサーのような人の方がフラフラになっている場合が多く、若い人はそれなりに適応しているので礼儀正しかった。だから河合家ではその頃、「近ごろの若い者は礼儀が正しい、偉い人はだめや」とよく言っていたという。「つまり上の人は礼儀が悪いんじゃなくて、もう疲れ果てていたんでしょうね。／それでそんな方が来られたら、リフレッシュのためにその人を案内してジュネーブとかベルン（スイスの首都）とかに行ったりしました。その人はぼくの汽車賃も払ってくれますからね。おかげで、ちょっと山に登ったりもしましたよ」。

## 12　大きな影響を受けた本

最後に、河合氏がユング研究所に留学中に読んで、大きな影響を受けた本について、書いておこう。

ユング本人に関しては、先に全集をあちこちと読んだということを書いた。ユング夫人のエマ・ユングの書いた *Animus and Anima* (The Analytical Psychology Club of New York, 1957) という本も、河合氏は興味深く読んだ。この本は『内なる男性――アニムスとアニマ』という題で邦訳され（笠原嘉・吉本千鶴子訳、海鳴社、一九七六年）、日本でもよく読まれた。

ユング夫人にも河合氏は会うことができなかった（一九五五年没）が、ユング心理学の基本的な概念の一つであるアニムスとアニマについて、エマは女性の立場から分かりやすく書いているので、河合氏は喜んで読んだという。

エマ・ラウシェンバッハは、一九〇三年二月にユングと結婚した。時に彼女は二十歳、ユングは二十七歳。ユングの『自伝』によれば、エマと最初に会ったのは二十一歳の時で、彼女はまだ十四歳だった。会った瞬間にユングは、「あれは自分の妻だ」と直覚した。しかし、豊かな工場主の娘と貧しい医学生との取り合わせなので、誰もその結婚の可能性を信じなかった。経済的に自立し、地位も安定した二十七歳になって、ユングは求婚し、夢を果たすことになる。

二人の間には一男四女が生まれた。後年、エマはユングの分析を受け、自らも分析家としての仕事をする。『アニムスとアニマ』などの本を書き、聖杯伝説の研究をした。

次に影響を受けた本として、河合氏があげているのは、エリッヒ・ノイマンの *Origins and History of Consciousness* (Pantheon Books, 1954) である。邦訳は『意識の起源史』(上・下)(林道義訳、紀伊國屋書店、一九八四―八五年)として出ている。

ノイマンの考え方とは、無意識と切り離して自分というものを確立した自立的存在である西欧の近代的自我は、ヨーロッパ近代にはじめて誕生したもので、他の文化には全くなかったものだ、というところにあった。そしてその自我確立のプロセスは、神話によるイメージで考えるとよく分かるという。

「それは簡単に言うてしまうと、英雄が誕生し怪物を退治する、その男性の英雄像によって自我が表わされると考えます。その英雄の怪物退治というのは、言うならば、自我がいっぺん母なるものを退治して自分を確立するのです。自我を確立するのに母なるものを殺してしまって自立をするが、そのままだと関係が切れて孤立に陥りますから、その自我がもう一度、女性的なものと関係を結びなおすという意味で、ここで新たな、女性との結婚ということが出てきます。／だから、典型的な英雄の怪物退治の話というのは、男の英雄が怪物を殺して、そのあと捕らわれていた女性と結婚するという話が多いのですね。あれは、自我意識を確立するのを示す神話なのだということを、ノイマンが言ったわけです」(『深層意識への道』)。

河合氏は、この本を読んで、「なるほどなあ」と思った。ところで、こういう目で見ると、日本の昔話にはこうした典型的なものが見当たらないのだ。つまり、「結婚して、めでたし、めでたし」というのがほとんどない。桃太郎にしても、鶴女房にしても、浦島太郎にしても、西欧の場合とは違っているように見える。浦島太郎の場合、『丹後風土記』に出てくる話では、乙姫ではなくて亀姫なのだが、亀姫と結婚することはする。しかし結局、「帰ってきて、玉手箱を開けて年寄りになりました。終わり」となる(同)。

河合氏は子どものときに、それが不思議で仕方がなかったという。それで小学校の先生に「先生、なぜ乙姫さんは、あんな変な土産をやったんですか」と質問して、睨まれた(同)。そんなこともあって、ノイマンの本を読んで改めて、河合氏は「日本の文化いうのはすごく面白いじゃないか。英雄が怪物退治をして女性と結婚するという話がなかなか見つからない」と思った。そうしたら「スサノヲがヤマタノオロチを退治してクシナダヒメと結婚するという話があるんですね。それで、「神話のなかにあるやないか!」と思ったのですが、そのスサノヲというのは、天から追われた神ですね。アマテラスに怒られて逃げてきたのが怪物退治や結婚をしたけれど、正統派でそういうことをした者はいない。／そうすると、西欧の確立された近代意識に対して、日本人をどう考えるのか。これが私にとってのすごい課題になります」(同)。

というわけで、河合氏は資格論文のテーマに日本神話を取り上げることになる。それについては次章で詳しく見ることにしよう。ここで興味深いのは、河合氏が日本神話を詳しく分析することによって、日本文化の深層に肉迫することになったのと、あたかも並行するかの如く、河合氏も折々に言及する哲学者・中村雄二郎氏が、ノイマンの『意識の起源史』の図49に取り上げられている〝ラングダ〟（ランダ）に触発されて、ノイマンとは全く違った道を通ってではあるが、科学的知に代表される近代的な知に対して〝臨床の知〟を提唱していることだ。詳しくは拙著『哲学者・中村雄二郎の仕事――〈道化的モラリスト〉の生き方と冒険』（トランスビュー、二〇〇八年）を参照していただければ幸いである。

この他に、河合氏はスイス留学時代に読んで大きな影響を受けた本として、次の二冊をあげている（『深層意識への道』）。C. G. Jung, *Memories, Dreams, Reflections*（『ユング自伝――思い出・夢・思想』）と、物理学者ヴォルフガング・パウリとユングとの共著である *The Interpretation of Nature and the Psyche* (Pantheon Books, 1955)（『自然現象と心の構造――非因果的連関の原理』河合隼雄・村上陽一郎訳、海鳴社、一九七六年）である。

前者について、河合氏は次のように言う。「これを読むと、ユングという人が、自分の無意識の世界というものをすごく大事にして、それを大事にすることによって一生を生き抜いてきたということがわかるし、そのユングが問題にしているような無意識の世界というのは、われわれがいままで常識で考えてきたことをはるかに超えているすごいものだということが――私も分析を受けているから――ますます実感されてくるわけですね」（同）。

二番目の本のテーマであるシンクロニシティについては、すでにアメリカ留学の時代に出会っていることを見たが、河合氏はこの本を読みながら、「こんなことを日本で言ったら、いったいどうなるんだろう」と、いろいろ考えざるを得なかった。当のユングでさえ、シンクロニシティについて一九二〇年代の半ば以来ずっと考え続けていたが、長い間公表することはなかった。ようやく一九五二年になって発表しているのだ。

だから河合氏は、ユング研究所でさまざまなことを学んだのだが、それらについて「どんなふうに日本人に話をしようというのを、ほんとうに考えましたね。まだそのころは日本人は科学が絶対だと思っているし、物語とか昔話なんて話にならないと皆が思ってる時代ですから、夢なんて、ますますそうですね。「そういう日本へ帰っていくんだ」と思った」と書いている（同）。

# 第五章　西欧と日本

―神話研究に向けて―

## 1　日本神話を英語で書く

いよいよ資格論文を書くことになった河合氏は、そのテーマに日本の神話を選ぼうと思い始めた。とは言え、その当時は、河合氏自身のうちに、強い抵抗があった。なぜなら前に見たように、河合氏は軍隊に対して否定的で、ひいては日本の神話そのものに対しても、抵抗を感じずにはいられなかったからである。にもかかわらず、夢のなかではどうしても日本神話がテーマになってくるのだった。

それであれこれと日本神話を読んだ。そのなかで、河合氏がもっとも親近感を感じたのがスサノヲだった。スサノヲは、反体制的でとんでもない悪事を働いたりして、破壊的な存在であるが、場合によっては、新しい秩序の創造にも関わるような存在である。つまりトリックスターなのだ。

そこで、河合氏は「スサノヲをエジプト神話のセトとか、北欧神話のオーディン（ウォータン）とかロキとかと比べるとおもしろいなどと考えて、世界の神話をいっぱい読」んだ。

そして、夢分析の経過のなかで、マイヤー先生に対して、河合氏はとうとう次のように言うことになる。日本神話については抵抗を感じざるを得ないのだが、「こうなったらもう日本の神話で論文を書くよりしかたないんじゃないかと思う」と。するとマイヤー先生は、「日本人が日本の神話で論文を書くのはあたりまえじゃないか」と答えた。さらに先生は「ケレーニイに会え」と言った。

カール・ケレーニイは有名な神話学者だが、河合氏はもちろん会ったことはなかった。マイヤー先生はケレーニイの親しい友人らしいが、河合氏にとってはケレーニイと言えば大先生である。「そんな、ぼくが会うなんて……」と河合氏は驚いてしまった。

しかしマイヤーはそんなことには関わりなく、「いまケレーニイと話したけれど、何月何日にチューリッヒの中央図書館の閲覧室に行ったら、ケレーニイがいるから会え」と言う。河合氏が「そんな……、だいたいケレーニイには一度も会うたことがない」と言うと、先生は「いや、行ったらすぐわかるよ」「閲覧室に入ったらすぐケレーニイだとわかる、なんともいえない人物だから」と答えた。

「それでぼくはケレーニイに会いに行ったんです。そうしたら、たしかにマイヤーの言ったとおりだった。やっぱりオーラかなんかがあって、普通とはちょっとちがうおっさんがいました。背は低かったけれどもね。／もうそのときはだいぶ年でした。それですごい白髪でね。入って行って「河合です」と言ってパッと見たときに、ほんとにリスみたいな目をしている人やと思いました。クリクリッとした目で、すごく輝いた顔をしていました」。

二人は中央図書館の近くにある喫茶店に入った。ケレーニイが何語で話そうかと聞いたので、河合氏は英語でと答えたのだが、ケレーニイは「まあ、しゃべれないこともないが」と言うので、ドイツ語で話すことになった。ケレーニイのドイツ語による第一声は、「どんな夢があなたをここに導いてきたか」というものだった。

びっくりした河合氏は、自分の見た夢のことを語り、なぜ日本神話を資格論文の対象に選んだかについて話した。ケレーニイは「ぜひやれ」と言う。そして「ところで、テーマは何にするのか」と質問した。それに対して河合氏は思わず「ゾンネン・ゴッデス」と答えてしまった。スサノヲで書くつもりだったのに、どうしたわけか、「太陽の女神」と答えてしまったのだ。「なぜそういうふうに答えたのか、自分でもわかりません。これもおもしろいことでしょう。ケレーニイの力でしょうか」。

それを聞いたケレーニイは大喜びで、「それはぜひやったらいい、なぜなら世界のなかで太陽の女神はほとんどいないから」と言った。そして続けて「ギリシアの場合も太陽は男だ。しかし、ギリシア神話では太陽の娘たちという格好で太陽のもつ女性性が描かれている。だから太陽も女性性をもっている。けれども、そういう格好でしか描かれていない。日本の場合は、太陽が女性で、直接的にそのことが語られている。ぜひ書きなさい」と励ましてくれたのだった。

それで河合氏は、いろいろと勉強したことを含めて、自分のアイデアをしゃべった。例えば、ネイティヴ・アメリカンの神話には太陽の女神が出てくるとか、メキシコの場合はどうだ、といった具合に。ところがケレーニイは突然、「あなたは詩を書くか」と言いだした。河合氏は正直に、「詩はぜんぜんわかりません」と答えた。詩を読むことすら苦手だったのだ。

それに対してケレーニイは、「文献はあまり読まなくてよろしい。日本の神話を繰り返し繰り返し読みなさい。何度も何度も読んでいたら、あなたの心に自然に詩が生まれてくる。それを書いたら、それが最高の論文である」、と言った。

ケレーニイの著作自体、そういうふうにできている、と河合氏は言う。「だから文献学的には批判されますね。しかし、ケレーニイは自分の詩を書いているわけです。そう考えたら、ケレーニイの文章はようわかります。あれはなんともいえんものですよね」。

それで河合氏は、資格論文をアマテラスについて書くことに心を決めた。

しかし、不思議なことに、英語の論文がなかなか書けない。これまでさまざまなレポートを英語で書いてきて、どれもスラスラ書けたのだが。それで河合氏は、なるほどと納得する。つまり、「日本的なことがらを英語にするのは難しいのだ」。とりわけ日本神話の内容を英語にするのは、困難をきわめる作業であったと思われる。

資格論文 "The Figure of the Sun Godess in Japanese Mythology" の構成を見るならば、そのことが如実に分かるはずである。つまり論文は、第一部と第二部から成っているのだが、第一部はアマテラスにまつわる神話を、『古事記』の記述を中心に再構成したものなのである。第二部では、第一部で明らかにされた日本神話について、どのように考えることができるか、まことに大胆な仮説が展開される。そして驚くべきことに、その仮説はほぼ四十年後に刊行されることになる河合氏の主著、『神話と日本人の心』（岩波書店、二〇〇三年）の核心をなすものに他ならないのだ。

つまり、その後に展開される多様で膨大な河合氏の著作活動の原点が、この資格論文である、と言って過言ではないのである。

以下、具体的に第二部の内容を検討することを通して、そのことを明らかにしていこう。しかしその前に、第一部を書くことが、どれほど困難な作業であったか、追体験してみようではないか。

まず、資格論文の第一部の目次を、英文そのままの形で見てみよう（二四八頁）。

これをいきなり見せられたとすると、ほとんど何も分からないだろう。せいぜい理解できるのは、1の〝サン・ゴッデス〟とはアマテラスのことだろうとか、8の“an Eight-Forked Serpent”とはヤマタノオロチではないか、といった程度のことでしかない。

そこでいちばん手っ取りばやい方法として、論文の最初に付されている第Ｉ図“Genealogy of Gods”つまり〝神々の系図〟を見ることにしよう（二四九頁）。

これを見れば、『古事記』を読んだことのある人は、1から10までのおおよその流れを理解できるだろう。それにしても、Male-Who-Invites がイザナキであり、Impetuous Male がスサノヲであるといったことを頭にたたき込むのは容易なことではない。河合氏は、チェンバレン（B. H. Chamberlain）の英訳などを参考にしながら、こうした神々の名を英語で表現しているのだが、このこと自体けっして易しいことではなかったはずだ。ましてや神話には、もとの日本語でさえ意味不明のものが少なからずあるのだから。

## I. THE MYTH

1. The Birth of the Sun Goddess Amaterasu
2. An Oath Between the Sun Goddess and the Storm God
3. The Retirement of the Sun Goddess
4. The Beginning of the World
5. The Generation of the Lands and Gods
6. Male-Who-Invites' Descent into the Land of Gloom
7. Impetuous Male and the Goddess of Food
8. Impetuous Male slaying an Eight-Forked Serpent
9. Impetuous Male and Master-of-the-Great-Land, One of his Descendants
10. Transfer of the Land to Sun Goddess' Grand Son

河合氏は「はじめに」(Foreword) の中で、この論文を書く上での困難について語っているが、その筆頭にあげられているのが、神々の名前をどう表記するかということだった。日本人にとっては、子どもの頃から慣れ親しみさまざまな意味を持っている名前も、英訳することによってそれらは失われてしまう。おまけに、神々の名前は漢字で表わされているが、それは主として日本語の音を模しているにすぎない。しかし漢字そのものは、言うまでもないことだが、それ自体意味を持っているのだ。

その結果、神々の名前をどう理解するか、非常にややこしいことになってくる。さらに音に関して言えば、日本語には同音異義の言葉がやたらに多い。一例をあげると、〝カミ〟は神、紙、上、あるいは噛むこと、を表わす。といった具合で、河合氏は日本神話を英語

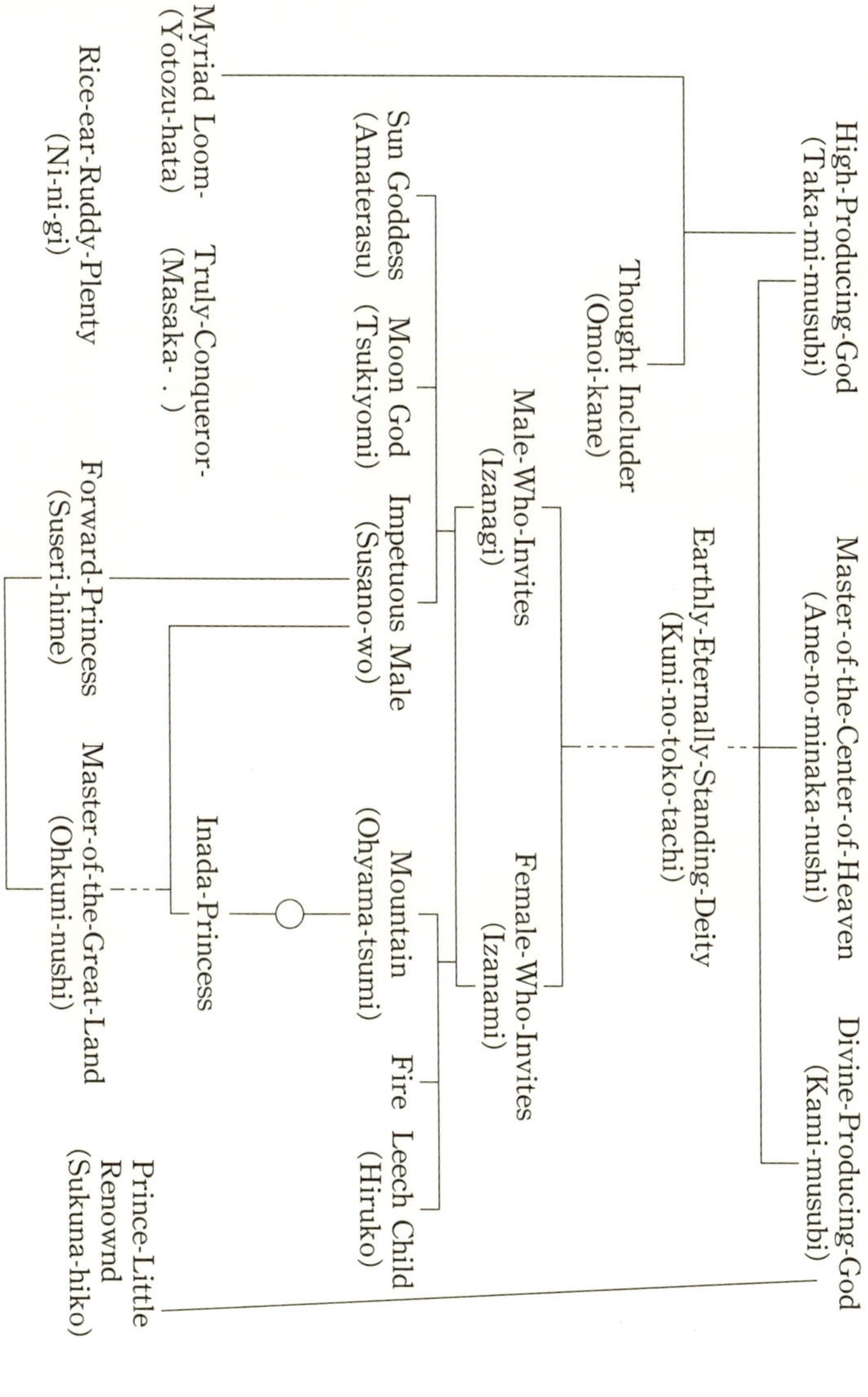
High-Producing-God (Taka-mi-musubi)
Master-of-the-Center-of-Heaven (Ame-no-minaka-nushi)
Divine-Producing-God (Kami-musubi)
Thought Includer (Omoi-kane)
Earthly-Eternally-Standing-Deity (Kuni-no-toko-tachi)
Male-Who-Invites (Izanagi)
Female-Who-Invites (Izanami)
Sun Goddess (Amaterasu)
Moon God (Tsukiyomi)
Impetuous Male (Susano-wo)
Mountain (Ohyama-tsumi)
Fire
Leech Child (Hiruko)
Myriad Loom- (Yotozu-hata)
Truly-Conqueror- (Masaka- . )
Inada-Princess
Rice-ear-Ruddy-Plenty (Ni-ni-gi)
Forward-Princess (Suseri-hime)
Master-of-the-Great-Land (Ohkuni-nushi)
Prince-Little Renownd (Sukuna-hiko)

Fig. I.　Genealogy of Gods

で書くこと自体に、大変苦労したのだった。しかも、河合氏自身この論文の中で言っているのだが、翻訳することそのものが、実は一つの解釈を提示することなのである。おまけに留学中なので、日本でなら膨大にある資料を十分に参照できない状態だった。

こうした困難のなかで、河合氏は、アマテラスに関わる日本神話の流れを、見事に英語で表現したのであった。

以下、ごく簡単に、第一部の内容について、1から10まで順番に見ていくことにしよう。

## 2　アマテラスの誕生とスサノヲの追放

「1　太陽の女神アマテラスの誕生」

アマテラスの誕生については諸説あるが、ここでは『古事記』の記述に沿って見ることにする。もちろん、アマテラスの誕生に至るまでに、『古事記』では、世界のはじまりの記述から出発して、最初に三柱の神のことが記される。つまり、アメノミナカヌシ、タカミムスヒ、カミムスヒである。それから十二の神々の名が連ねられ、その連鎖の後に、イザナキ、イザナミという男女の神があらわれる。そして結婚して、日本という国土を生み出す。その結婚の儀式に関して、また国生みの過程について、後に河合氏は詳しく神話を辿っているのだが、ここでは国生みの最後のところで火の神カグツチを生み出したときに、イザナミ自身火に身体を焼かれて、それが原因で死んでしまうことだけを記憶しておきたい。

イザナミの死を夫のイザナキは悲しみ、妻を連れ戻すために、黄泉の国を訪ねることにする。イザナキの冥界体験について、神話は詳しく語る。中でも有名なのは、イザナミが〝決して自分を見てはならない〟とイザナキに禁止したこと、それにもかかわらずイザナキはそれを破ってイザナミの恐ろしい姿を見てしまう条《くだり》であろう。その結果、イザナキはイザナミに追われ、黄泉の国から逃げ帰ってくる。

そして汚れた国に行っていたイザナキは、その汚れを洗い流そうと〝みそぎ〟を行なう。

河合氏の論文は、この時点から記述される。世界のはじまりからイザナキのみそぎに至るまでの記述は、資格論文ではあまり詳しく描かれることはなかった。しかし、四十年後の大著『神話と日本人の心』では、詳しく分析され、同時に他文化の神話との比較や、その心理学的意味の探究がなされることになる。

川に入る前に、イザナキは持っているものすべてを投げ捨てる。杖を捨てると衝立船戸神《つきたつふなどのかみ》が生じた。この神様の名前を、河合氏は“Deity-Thrust-Erect-Come-Not-Place”と訳している。これを見ても、神の名を英語で表現するのがいかに困難なことか、分かるであろう。次に帯を投げ捨てると、道之長乳歯神《みちのながちはのかみ》が生じるといった具合に、イザナキは次々に身にまとったものを捨てて、合計十二の神々が生まれた。これらの神々の名前は、イザナミの冥界からの逃走と邪悪なものに追われたことを示唆している、と河合氏は書く。

イザナキは「上《かみ》つ瀬《せ》は瀬速《せはや》し。下《しも》つ瀬は瀬弱し」と言って中つ瀬に入り、みそぎを行なう。すると冥界の汚れによって二つの神が生まれ、それらを「リフォーム」するために二つの神が生まれた。

さらに、イザナキが左の目を洗うとアマテラス-オオミカミ（Heaven-Shining-Great-August-God）が、右の目を洗うとツクヨミ-ノ-ミコト（His Augustness Moon-Night-Possessor）が、そして鼻を洗うとタケ-ハヤ-スサ-ノ-ヲ（Brave-Swift-Impetuous-Male-Augustness）が生まれた。短縮してスサノヲ（Impetuous-Male）と呼ばれるこの神は、嵐の神（the god of storm）でもあった。

イザナキは大いに喜び、「吾《あ》は子を生み生みて、生みの終《はて》に三はしらの貴き子を得つ」と言った。そして、アマテラスに対して「高天《たかま》の原を知《し》らせ」、ツクヨミには「夜《よる》の食国《をすくに》を知らせ」、スサノヲには「海原《うなばら》を知らせ」と命じた。

河合氏は、以上の『古事記』に見られる神話に続けて、より「合理的」な話として『日本書紀』を折々に参照しているのだが、それは原則的に省略する。

スサノヲは父の与えた仕事をしないで、泣いてばかりいた。あまりに激しく泣くので、「青山は枯山《からやま》の如く泣き枯らし、河海は悉《ことごと》に泣き乾《ほ》しき。ここをもちて悪《あ》しき神の音《こゑ》は、さ蠅《ばへ》如《な》す皆満ち、万《よろづ》の物の妖《わざはひ》悉に発《おこ》りき」という具合であった。

それでイザナキが、なぜそのように泣くのかとスサノヲにたずねると、「妣《はは》の国」に行きたくて泣くのだと答えた。イザナキは非常に怒って、「然《しか》らば汝《いまし》はこの国に住むべからず」と、高天原からの追放を言いわたした。

「2　アマテラスとスサノヲの誓い」

イザナキから追放されたスサノヲが、「然らば天照大御神に請《まを》して罷らむ」と言って、高天原へ向かうところから始まる。ところがアマテラスは、弟が上がってくるのは自分の国を奪うつもりなのだと誤解し、武装して雄叫びまであげて待ちかまえた。

　この間の難しい『古事記』の次のような記述を、河合氏は英訳している。いかに大変な作業であったか、想像に難くない。「すなはち御髪を解きて、御角髪《みみづら》に纏《ま》きて、すなはち左右《ひだりみぎ》の御角髪にも、また御鬘にも、また左右の御手にも、各《おのおの》八尺《やさか》の勾璁《まがたま》の五百箇《いほつ》の御統《みすまる》の珠《たま》を纏《ま》き持ちて、背《そびら》には千入《ちのり》の靫《ゆぎ》を負《お》ひ、ひらには五百入《いほのり》の靫《ゆぎ》を附け、また稜威《いつ》の高鞆《たかとも》を取り佩《お》ばして、弓腹《ゆはら》振り立てて、堅庭《かたには》は向股《むかもも》に蹈《ふ》みなづみ、沫雪《あわゆきな》如す蹶散《くゑはらら》かして、稜威《いつ》の男建《をたけび》蹈《ふ》み建《たけ》びて待ち」、なぜやってきたのかと質した。それに対して、スサノヲは邪心はなく、ただ別れのあいさつに来ただけなのだと説明したが、アマテラスは信ぜず、結局その〝清き心〟を証明するために、互いに子どもを生むことになる。

　二人は天《あめ》の安《やす》の河の両岸で誓約を行ない、まずアマテラスがスサノヲの十拳剣《とつかつるぎ》を乞い、それをかみ砕いて三人のヒメを生む。スサノヲはアマテラスの勾璁《まがたま》をかみ砕いて五人の男性神を生み出す。しかし、アマテラスは、この五人の男はアマテラスの物から生まれたので自分の子であり、三人のヒメはスサノヲの剣から生じたのでスサノヲの子だと言う。一方スサノヲは女子を生むことで〝清き心〟が証明されたとして、自らの勝利を宣言した。

　『日本書紀』にもほとんど同じ話が載っているが、誰が勝利したかは明らかでない。また『日本書紀』にある他のヴァージョン（一書曰《いっしょにいわく》）ではさまざまな説がとられている。しかし、これらのヴァージョンは、スサノヲこそ勝利者であるという一点で、一致している。
また、そこに至る過程については、実に多くの説が見られるヴァージョンではあるが、子どもたちの誕生以後のことに関しては、すべてのヴァージョンが次の説に同意するのだ。つまり、男たちは天に残されるが、三人の女たちは地上に送られるという説。三人の女神は、九州の宗像《むなかた》神社に祀られる航海の神である。一方、五人の男神は、日本国の主たる部族の先祖だと言われる。そのうちの正勝《まさかつ》吾《あ》勝勝速日《かつかちはやひ》天之《あめの》忍穂耳《おしほみみの》命（The-Truly-Conqueror-I-Conquer-Conquering-Swift-Heavenly-Great-Ears-Deity）は、日本の天皇の先祖と言われている。

「3　アマテラスの引きこもり」
スサノヲは誓約に勝ったので、勝利の喜びに乗じて次々と悪事を働くようになる。『古事記』の次のような記述を河合氏は英訳している。

天照大御神の営田《つくだ》の畔《あ》を離《はな》ち、その溝《みぞ》を埋《うづ》め、またその大嘗《おほにへ》を聞《き》こしめす殿《との》に屎《くそ》まり散らしき。汝《かれ》、然為《しかす》れども天照大御神は咎《とが》めずて告《の》りたまひしく、「屎如《くそな》すは、酔《ゑ》ひて吐き散らすとこそ、我《あ》が汝弟《なせ》の命《みこと》、かく為《し》つらめ。また田の畔《あ》を離ち、溝を埋むるは、地《ところ》を惜《あたら》しとこそ、我《あ》が汝弟《なせ》の命、かく為《し》つらめ。」と詔《の》り直《なほ》したまへども、なほその悪しき態《わざ》止《や》まずて転《うたて》ありき。天照大御神、忌服屋《いみはたや》に坐《ま》して、神御衣《かむみそ》織《お》らしめたまひし時、その服屋《はたや》の頂《むね》を穿《うが》ち、天《あめ》の斑馬《ふちこま》を逆剝《さかは》ぎに剝《は》ぎて堕《おと》し入るる時に、天の服織女《はたおりめ》見驚きて、梭《ひ》に陰上《ほと》を衝《つ》きて死にき。

故《かれ》ここに天照大御神見畏《みかしこ》みて、天《あめ》の石屋戸《いはやと》を開きてさし籠《こも》りましき。

これに続けて河合氏は、『日本書紀』と、その中の〃一書曰〃の説を紹介する。そしてこれらと『古事記』の記述の三つの間には、またしても興味深い違いがあることを明らかにする。つまり『古事記』では、アマテラスはスサノヲの暴力を見て驚いたとなっているのに対して、他の二説ではスサノヲの暴行に憤慨している、と言うのだ。もし、アマテラスがスサノヲの暴力を見て怒りのあまり、天の岩戸に引きこもってしまったとするのなら、それは理解しやすい。しかし『古事記』では、アマテラスはおびえているのだ。『古事記』で使われている「畏《かしこ》む」という動詞は恐れの感情を示している。『日本書紀』では合理的な説明をしているのに、『古事記』では偉大なる女神が嵐の神（スサノヲ）の蛮行を見て畏怖の念を抱くというのは、とても興味深いことだ、と河合氏は言う。

　アマテラスが岩戸に引きこもった結果、どんなことが起こったかを、『古事記』は次のように語っている。「ここに高天《たかま》の原皆暗《くら》く、葦原中国《あしはらのなかつくに》悉に闇《くら》し。これによりて常夜《とこよ》往《ゆ》きき。ここに万《よろづ》の神の声《こゑ》は、さ蝿《ばへ》なす満ち、万《よろづ》の妖《わざはひ》悉に発《おこ》りき。ここをもちて八百万《やほよろづ》の神、天《あめ》の安《やす》の河原《かはら》に神《かむ》集《つど》ひ集《つど》ひて、高御産巣日《たかみむすひ》神の子、思金《おもひかね》神に思はしめて、常世《とこよ》の長鳴鳥《ながなきどり》を集めて鳴かしめて、……」。つまり、思金神の指示で神々にさまざまなことを行なわせ、最後に天宇受《あめのうず》売《めの》命が奇妙な踊りを見せ、「天の石屋戸《いはやと》に槽伏《うけふ》せて蹈《ふ》み轟《とどろ》こし、神懸《かむがか》りして、胸乳《むなち》をかき出《い》で裳《も》緒《ひも》を陰《ほと》に押し垂れき。ここに高天の原動《とよ》みて、八百万の神共《とも》に咲《わら》ひき」ということになる。この部分については、河合氏はチェンバレンの翻訳を使用している。

続けて、河合氏は再び自らの手で、『古事記』の次の記述を英訳する。

ここに天照大御神、怪しと以為《おも》ほして、天の石屋戸を細めに開きて、内より告《の》りたまひしく、「吾《わ》が隠《こも》りますによりて、天の原 自《おのづか》ら闇《くら》く、また葦原中国《あしはらのなかつくに》も皆闇けむと以為《おも》ふを、何由《なにのゆゑ》にか、天宇受売《あめのうずめ》は楽《あそび》をし、また八百万《やほよろづ》の神も諸《もろもろ》 咲《わら》へる。」とのりたまひき。ここに天《の》宇受売白《まを》ししく、「汝命《いましみこと》に益《ま》して貴き神坐《いま》す。故《かれ》、歓喜《よろこ》び咲《わら》ひ楽《あそ》ぶぞ。」とまをしき。かく言《まを》す間に、天児屋《の》命、布刀玉《の》命、その鏡を指《さ》し出《いだ》して、天照大御神に示《み》せ奉《まつ》る時、天照大御神、いよよ奇《あや》しと思ほして、稍《やや》戸より出でて臨《のぞ》みます時に、その隠《かく》り立てりし天《の》手力男《の》神、その御手《みて》を取りて引き出《いだ》す即ち、布刀玉《の》命、尻《しり》くめ縄《なは》をその御後方《みしりへ》に控《ひ》き度《わた》して白《まを》ししく、「これより内にな還《かへ》り入りそ。」とまをしき。故《かれ》、天照大御神出でまし時、高天の原も葦原《の》中《つ》国も、自《おのづか》ら照《て》り明《あか》りき。

アマテラスが再びその姿を見せたので、神々はどれほど喜んだか。河合氏は『古語拾遺』の記述を引いているのだが省略する。

右の引用に出てくる〝鏡〟——それはアマテラスに奉献された、日本で最高の神社である伊勢神宮の、最も重要な信仰の対象である——について、『日本書紀』及びその〝一書曰〟、『古語拾遺』のそれぞれ異なった記述を紹介した上で、それらは古代日本の人々が彼らの至上神に、ある不完全さを感じていたことを表わすのではないか、と河合氏は言う。つまり、太陽のイメージは、ある影を自らのうちに持っていることが必要なのだ、それが完全であるためには。

次に河合氏は、『古事記』の次の記述を英訳した。「ここに八百万の神共《とも》に議《はか》りて、速須佐之男《の》命に千位《ちくら》の置戸《おきど》を負《おほ》せ、また鬚《ひげ》を切り、手足の爪も抜かしめて、神逐《かむや》らひ逐らひき」。

そして言う。しかしこれはスサノヲの物語の終わりを意味するものではなく、むしろ葦原《の》中《つ》国における文化英雄の冒険としてのスサノヲの物語の始まりなのだ、と。かくしてスサノヲは葦原《の》中《つ》国の出雲へと降りて行くのである。

その冒険について語る前に、河合氏はスサノヲの、ということはアマテラスの、両親について語る。そしてそのために、『古事記』の最初に立ち戻って日本神話の記述を辿ることになる。

## 3　世界の始まりとイザナキの魔術的逃走《マジック・フライト》

「4　世界の始まり」

日本神話の場合、世界の始まりに関わる諸説を交通整理するのは容易ではない。というのは、『古事記』、『古語拾遺』、『日本書紀』（これ自体七つの異説を含む）などで、諸説は混乱し、初期の神々についても定説がないからだ。

『古事記』と『日本書紀』の間にも顕著な相違があるとして、ここで河合氏はチェンバレンとアストンの訳を示す。まず、アストンの『日本書紀』（Aston, W. G. *Nihongi: Chronicle of Japan from the Earliest Times to A. D. 697*, London, Allen and Unwin, 1956）から冒頭の部分を引用する。

原文は以下のとおり。

古《いにしへ》に天地《あめつち》未《いま》だ剖《わか》れず、陰陽《めを》分《わか》れざりしとき、渾沌《まろか》れたること鶏子《とりのこ》の如《ごと》くして、溟涬《ほのか》にして牙《きざし》を含《ふふ》めり。其《そ》れ清陽《すみあきらか》なるものは、薄靡《たなび》きて天《あめ》と為《な》り、重濁《おもくにご》れるものは、淹滞《つつ》ゐて地《つち》と為《な》るに及《およ》びて、精妙《くはしくたへ》なるが合《あ》へるは搏《むらが》り易《やす》く、重濁《おもくにご》れるが凝《こ》りたるは竭《かたま》り難《がた》し。故《かれ》、天《あめ》先《ま》づ成《な》りて地後《のち》に定《さだま》る。然《しかう》して後に、神聖《かみ》、其の中《なか》に生《あ》れます。故曰《かれい》はく、開闢《あめつちひら》くる初《はじめ》に、洲壌《くにつち》の浮《うか》れ漂《ただよ》へること、譬《たと》へば遊魚《あそぶいを》の水上《みづのうへ》に浮《う》けるが猶《ごと》し。時《とき》に、天地の中に一物《ひとつのもの》生《な》れり。状《かたち》葦《あし》牙《かび》の如し。便《すなは》ち神《かみ》と化為《な》る。国常立 尊《くにのとこたちのみこと》と号《まう》す。

また『古事記』の冒頭部分（チェンバレン訳）を続けて引用する。原文を掲げてみよう。

天地《あめつち》初めて発《ひら》けし時、高天《たかま》の原に成れる神の名は、天之《あめの》御中主《みなかぬしの》神。次に高御産巣日《たかみむすひの》神。次に神産巣日《かみむすひの》神。この三柱《みはしら》の神は、みな独神《ひとりがみ》と成りまして、身《み》を隠《かく》したまひき。
次に国稚《くにわか》く浮きし脂《あぶら》の如《ごと》くして、海月《くらげ》なす漂へる時《とき》、葦牙《あしかび》の如く萌《も》え騰《あが》る物によりて成れる神の名は、宇摩志阿斯訶備比古遅《うましあしかびひこぢの》神。次に天之常立《あめのとこたちの》神。この二柱《ふたはしら》の神もまた、独神と成りまして、身を隠したまひき。

『日本書紀』における世界の始まりについての記述は、とても興味深い。しかし、これは中国から伝来した考え方らしい。一方、『古事記』では、最初の三《トリニティ》つの神々の名が記されている。この神々の名前は、〝中心〟と〝創造〟を示唆していて興味深い。最初の〝中心〟の名を持つ神は、以後二度とその名を表わさない。他の二神はしばしば登場するが、特にタカギ－ノ－カミ（High-Tree-God）とも称されるタカミムスヒの神は重要である。

そして、二四九頁に見られるような神々の系譜が連なるのであるが、アマテラスの両親であるイザナキとイザナミのペアが最も重要なのは、言うまでもないであろう。

「5　国と神々の生成」

イザナキとイザナミの国生みについて、『古事記』は次のように語っている。

ここに天《あま》つ神 諸《もろもろ》の命《みこと》もちて、伊邪那岐命《いざなきのみこと》、伊邪那美命《いざなみのみこと》、二柱の神に、「この漂へる国を修《をさ》め理《つく》り固《かた》め成《な》せ。」と詔《の》りて、天《あめ》の沼矛《ぬぼこ》を賜《たま》ひて、言依《ことよ》さしたまひき。故《かれ》、二柱の神、天《あめ》の浮《うき》橋《はし》に立《た》たして、その沼矛を指《さ》し下《お》ろして画《か》きたまへば、塩《しほ》こをろこをろに画《か》き鳴《な》して引き上げたまふ時、その矛の末《さき》より垂《したた》り落つる塩、累《かさ》なり積《つ》もりて島と成りき。これ淤能碁呂島《おのごろじま》なり。その島に天降《あまくだ》りまして、天《あめ》の御柱《みはしら》を見立《みた》て、八尋殿《やひろどの》を見立てたまひき。

そこでイザナキとイザナミは、結婚式らしき儀式をとり行なう。つまり、二人は天の御柱をそれぞれ別の側から回って、出会ったところで交接しようとしたのだ。

かく期《ちぎ》りて、すなはち「汝《いまし》は右より廻《めぐ》り逢《あ》へ、我《あれ》は左より廻り逢はむ。」と詔りたまひ、約《ちぎ》り竟《を》へて廻る時、伊邪那美《の》命、先《さき》に「あなにやし、えをとこを。」と言ひ、後《のち》に伊邪那岐《の》命、「あなにやし、えをとめを。」と言ひ、各《おのおの》言ひ竟へし後、その妹《いも》に告げたまひしく、「女人先《をみなさき》に言へるは良《よ》からず。」とつげたまひき。然れどもくみどに興《おこ》して生める子は、水蛭子《ひるこ》。この子は葦船《あしぶね》に入れて流し去《う》てき。次に淡島《あはしま》を生みき。こも亦、子の例《たぐひ》には入れざりき。

右の記述は、結婚式の手順を誤ったために、水蛭子《ひるこ》という不具の子が生まれたので、葦船に入れて流し捨てた、というのである。続けて『古事記』は次のように言う。

ここに二柱の神、議《はか》りて云ひけらく、「今吾《あ》が生める子良《よ》からず。なほ天つ神の御所《みもと》に白《まを》すべし。」といひて、すなはち共に参上《まゐのぼ》りて、天つ神の命《みこと》を請《こ》ひき。ここに天つ神の命《みこと》もちて、太占《ふとまに》に卜相《うらな》ひて、詔《の》りたまひしく、「女先《をみなさき》に言へるによりて良からず。また還り降りて改め言へ。」とのりたまひき。故《かれ》ここに反《かへ》り降りて、更にその天《あめ》の御柱を先《さき》の如く往き廻《めぐ》りき。ここに伊邪那岐《の》命、先《さき》に「あなにやし、えをとめを。」と言ひ、後に妹伊邪那美《の》命、「あなにやし、えをとこを。」と言ひき。

そして交接の結果生まれたのが、八つの大きな島であり、それらが日本の主要部分を成すことになったので、大八島国《おおやしまぐに》と言われた。

日本列島を生んだ後に、イザナミはさまざまな神を産み出すことになる。水、山、原っぱ、食物、等々の神である。しかし、火の神を産む時に焼かれて病いに臥せる。その吐瀉物、屎、尿から神々が生じた。そして遂にイザナミは死んでしまう。

河合氏は言う。「母なる女神は、自らの命と引替えに、人間にとってもっとも大切なものである火を産み出した」、と。

「6　イザナキの黄泉の国への下降」

イザナキは妻の死を悲しみ、彼女の枕の回りで泣くと、その涙から一人の神が生じた。イザナミを葬った後、イザナキは十拳剣《とつかつるぎ》を抜いて息子の火の神の頭を切り落とす。その血から八つの神が生まれたが、彼らの名前は刀剣の製作の過程を示している。そして、殺された火の神の身体からは、八つの山の神が生まれた。

イザナキは、死んだ妻に会いたいという思いを抑えられず、黄泉の国に彼女を訪ねる決心をした。黄泉の国に至ったイザナキは、イザナミに、共に作ってきた国々は未だ完成していないのだから、帰ってくるようにと頼む。続けて河合氏は『古事記』の次の文章を英訳する。

ここに伊邪那美命《の》答へ白《まを》しく、「悔《くや》しきかも、速《と》く来《こ》ずて。吾《あ》は黄泉戸喫《よもつへぐひ》しつ。然れども愛《うつく》しき我《あ》が汝夫《なせ》の命、入り来《き》ませる事恐《かしこ》し。故《かれ》、還らむと欲《おも》ふを、且《しばら》く黄泉《よもつ》神と相論《あげつら》はむ。我《あ》をな視《み》たまひそ。」とまをしき。

そしてイザナミは宮殿に入って行った。イザナキはじっと待っていることに我慢できなくなって、頭の左側に刺してあった櫛の歯をこわし、それに火をともした。それを持って宮殿の中に入ったイザナキは、蛆《うじ》にたかられた身体に八つの雷神がとりついている恐ろしい妻の姿を見た。この光景に驚いたイザナキは、逃げかえった。イザナミは、このような恥しい状況を見られたので怒って、黄泉醜女《よもつしこめ》にイザナキを追わせた。

ここで河合氏は『日本書紀』の「一書曰」の一つを引用する。これは後々にも大きな意味を持ってくると思うので、原文を示しておこう。

故《かれ》、伊奘冉尊《いざなみのみこと》、恥《は》ぢ恨《うら》みて曰《のたま》はく、「汝已《いましすで》に我《わ》が情《あるかたち》を見つ。我、復《また》汝が情を見む」とのたまふ。時に、伊奘諾尊《いざなきのみことまたは》亦慙ぢたまふ。

そして河合氏は、再びイザナキのマジック・フライト（魔術的逃走）の話を続ける。逃げながらイザナキが鬘《かつら》を投げすてると、それは野生のブドウとなった。黄泉醜女《よもつしこめ》はそれをひろって食べるために立ち停まった。しかし追跡は続くので、右の髪に差した櫛を取って後方に投げると、それは竹の子になった。醜女たちがそれを食べている間に、イザナキはさらに逃げる。

怒ったイザナミは、八つの雷神に黄泉の国の千五百人の兵をそえて、追跡させる。イザナキは十《と》拳《つか》剣を振りつつ逃げる。そして遂にこの世とあの世の境である黄泉比良《よもつひら》坂に来た時、彼が桃を三つとって投げつけると、ようやく彼らは逃げ帰った。イザナキは、その桃の実たちに対して、次のように言った。「汝《なれ》、吾《あれ》を助けしが如く、葦原中国《あしはらのなかつくに》にあらゆる現《うつ》しき青人草《あをひとくさ》［この世の人々］の、苦しき瀬に落ちて患《うれ》ひ惚《なや》む時、助くべし」。そして彼らに意富加牟豆美《おほかむづみの》命と名づけた。

　さらに続けて河合氏は、『古事記』の以下の記述を英訳する。

最後《いやはて》にその妹《いも》伊邪那美命《の》、身自《みづか》ら追ひ来たりき。ここに千引《ちびき》の石《いは》をその黄泉比良坂《よもつひらさか》に引き塞《さ》へて、その石《いは》を中に置きて、各《おのおの》対《むか》ひ立ちて、事戸《ことど》を度《わた》す時、伊邪那美命《の》言ひしく、「愛《うつく》しき我《あ》が汝夫《なせ》の命《みこと》、かく為《せ》ば、汝《いまし》の国の人草《ひとくさ》、一日《ひとひ》に千頭《ちがしら》絞《くび》り殺さむ。」といひき。ここに伊邪那岐命《の》詔りたまひしく、「愛しき我が汝妹《なにも》の命、汝《いまし》然《しか》為《せ》ば、吾一日《あれひとひ》に千五百《ちいほ》の産屋《うぶや》立てむ。」とのりたまひき。ここをもちて一日《ひとひ》に必ず千人《ちたり》死に、一日に必ず千五百人《ちいほたり》生まるるなり。故《かれ》、その伊邪那美命《の》を号《なづ》けて黄泉津大神《よもつおほかみ》と謂《い》ふ。また云《い》はく、その追ひしきしをもちて、道敷《ちしきの》大神と号《なづ》くといふ。またその黄泉《よみ》の坂に塞《さや》りし石《いは》は、道反之《ちがへしの》大神と号け、また塞《さや》ります黄泉戸《よみど》大神とも謂ふ。

　以上がイザナキの冥界下降の物語である。これで資格論文は1の話につながった。これからはスサノヲの葦原中国における冒険の物語になる。

## 4　スサノヲの冒険

「7　スサノヲと食物の女神」

ここで突如として、『古事記』にはスサノヲと食物の女神の話が挿入される。高天の原から追放されたスサノヲは、食物の女神である大気津比売《おほげつひめ》に食物を乞う。彼女はその鼻、口、さらには尻からおいしい食物を取り出し、スサノヲに与えた。ところがスサノヲは、オオゲツヒメは汚れた物を彼に奉げたと思い、彼女を殺してしまう。オオゲツヒメの殺された身体からカイコ、米、その他の穀物が生まれる。そこでカミムスヒの母神は、これらを取って種として用いた。『日本書紀』の「一書曰」にも、同様のエピソードがある、と河合氏は述べ、それを紹介しているが、ここでは省略する。ただ、このエピソードには、日本神話では唯一の月の神についての記述が見られることを記憶しておきたい。

「8　スサノヲのヤマタノオロチ退治」

高天原では厄介者であったスサノヲは、葦原中国では文化英雄として現われる。そのもっとも重要な働きは、言うまでもなく八俣《やまた》の大蛇《おろち》退治であった。

スサノヲは出雲に降りてきた。箸《はし》が河上より流れてきたので、人が住んでいるに違いないと思い、上流に向かった。そこで彼は年老いた夫婦と娘が泣いているのに出会う。スサノヲが質問するのに答えて、老人は「僕《あれ》は国つ神、大山津見神《おほやまつみのかみ》の子ぞ。僕《あ》が名は足名椎《あしなづち》と謂ひ、妻《め》の名は手名椎《てなづち》と謂ひ、女《むすめ》の名は櫛名田比売《くしなだひめ》と謂ふ」と言った。

スサノヲがなぜ泣いているのかと問うと、「我が女《むすめ》は、本《もと》より八稚女《やをとめ》ありしを、この高志《こし》の八俣《やまた》の大蛇《をろち》、年毎《としごと》に来て喫《くら》へり。今そが来《く》べき時なり。故《かれ》、泣く」と答えた。八俣の大蛇は、「その目は赤《あか》かがちの如くして、身一つに八頭《やかしら》八《や》尾《を》あり。またその身に蘿《こけ》と檜《ひ》榲《すぎ》と生《お》ひ、その長《たけ》は谿《たに》八《や》谷峡《たにを》八《や》尾《を》に度《わた》りて、その腹を見れば、悉に常に血《ち》爛《ただ》れつ」と言う。

スサノヲは老夫婦に、娘をもらえないだろうかとたずねた。老人があなたは誰かと問うので、スサノヲは「吾《あ》は天照大御神の同母弟《いろせ》なり。故《かれ》今、天《あめ》より降りましつ」と答える。それで老人は、娘を与えることに同意した。

スサノヲは娘を櫛に変えて、頭髪に差した。そして老人に言った。「汝等《なれども》は、八《や》塩折《しほをり》の酒を醸《か》み、また垣を作り廻《もとほ》し、その垣に八門《やかど》を作り、門毎に八《や》桟敷《さずき》を結《ゆ》ひ、その桟敷毎《さずきごと》に酒船《さかぶね》を置きて、船毎にその八塩折の酒を盛《も》りて待ちてよ」、と。

準備ができた時に、八俣大蛇があらわれる。そして船ごとに頭を入れて、強い酒を飲んだ。酔って寝入ってしまった大蛇を、スサノヲは十拳剣《とつかつるぎ》を抜いて切りきざんだ。中の尾を切った時に刀の刃がかけたので、不思議に思い、刀で尾を切り開くと、そこに鋭い大刀を発見した。スサノヲは、これは聖なる大刀だと思って、アマテラスに奉げることにする。これが後に草薙《くさなぎ》の大刀《たち》と言われた。

スサノヲは後に、出雲の地に宮を建てる場所を探して須賀《すが》に至った。そして「吾《あれ》此地《ここ》に来て、我《あ》が御心すがすがし」と言い、宮を建てることにした。

高天原では大層暴力的であったスサノヲは、今や日本神話における最初の詩の作者になるまでに、穏やかになっていたのだ。八俣大蛇を退治し、クシナダヒメとの結婚のために宮殿を建てたスサノヲは、次のような歌をよんだ。

八雲《やくも》立つ　出雲八重垣《いづもやへがき》　妻籠《つまご》みに　八重垣作る　その八重垣を

アマテラスの弟である天の神スサノヲは、こうして地の神、山の神の娘と結婚した。『日本書紀』によると、この結婚でオオクニヌシノミコトが生まれることになる。また国造りは息子にまかせて、黄泉国におもむいたと言われている。

「9　スサノヲとその子孫の一人としてのオオクニヌシ」

オオクニヌシは、日本の神々の中でも最も目立つ存在であり、さまざまな名前で呼ばれた。一説によれば、彼はスサノヲの五、六代後の子孫だとされる。以下、河合氏は『古事記』に基づきながらその話を語る。もっとも『日本書紀』では、それらは完全に無視されているのだが。

オオクニヌシには八十人の兄弟がいた。彼らの誰もが稲羽の八上比売《やがみひめ》と結婚したいと願い、一同で訪ねて行った。その時彼らは、オオクニヌシを従者として伴い、膨大な彼らの荷物を負わせた。途中で、彼らは毛皮をはがれて裸になった兎に出会う。彼らは兎に次のように注告した。海で身体を洗い、それから山の尾根で身体を風にさらすように、と。兎はその通りにしたが、痛みは増すばかり。兎は泣き伏していた。そこにオオクニヌシが、大きな荷物をかかえて遅れてやってきた。そして兎に、なぜそんなに激しく泣くのかと尋ねた。兎は彼に、次のような話を語った。

「僕《われ》淤岐《おき》の島にありて、この地《ところ》に度《わた》らむとすれども、度らむ因《よし》無かりき。故《かれ》、海の鮫《わに》を欺《あざむ》きて言ひしく、『吾《あ》と汝《な》と競《くら》べて、族《うがら》の多き少なきを計《かぞ》へてむ。故《かれ》、汝《な》はその族《うがら》のありの随《まにま》に、悉に率《ゐ》て来て、この島より気多《けた》の前《さき》まで、皆列《な》み伏し度《わた》れ。ここに吾《あれ》その上を蹈みて、走りつつ読み度らむ。ここに吾《あ》が族《うがら》と孰《いづ》れか多きを知らむ』といひき。かく言ひしかば、欺かえて列《な》み伏せりし時、吾《あれ》その上を蹈みて、読み度り来て、今地《つち》に下《お》りむとせし時、吾《あれ》云ひしく、『汝《な》は我に欺かえつ』と言ひ竟《を》はる即ち、最端《いやはし》に伏せりし鮫《わに》、我《あ》を捕へて悉に我が衣服《きもの》を剝《は》ぎき」

オオクニヌシは、兎に真水で身体を洗い、蒲《かま》の花粉の上で寝返りしてころがるようにと言った。兎はその忠告に従ったので、直った。そこで兎はオオクニヌシに約束した。「この八十神は、必ず八上比売を得じ。帒《ふくろ》を負へども、汝命《いましみこと》獲たまはむ」。

八上姫は、兎が言ったように、オオクニヌシと結婚すると八十神に答えたので、彼らは怒ってオオクニヌシを殺そうとした。

八十神はあの手この手を使ってオオクニヌシを殺そうとしたが、彼の母の配慮によって成功しない。ついにオオクニヌシは、母の意見を容れて、黄泉国にスサノヲに会いに行く。するとスサノヲの娘である須勢理毘売《すせりびめ》が出てきた。二人は目くばせして結婚する。彼女は父親に、葦原中国から大層美しい神がやって来たと告げた。スサノヲは出てきてオオクニヌシを見た。そして葦原《あしはら》色許男《しこを》(Ugly Male of the Reed-Plain)と呼んだ。それは娘の見方と正反対の、醜い神というものだった。

スサノヲは娘の亭主を蛇の室に寝かせた。しかしスセリヒメは、オオクニヌシに蛇のスカーフを渡し、蛇が近づいてきたらこのスカーフを三回振って追い払うように伝えた。オオクニヌシは、このスカーフのおかげで、夜はよく眠ることができた。翌日、彼は再び呉公《むかで》と蜂との室に入れられたが、妻が与えたスカーフのおかげで再び守られる。

そこでスサノヲは、野原の中に矢を放ち、オオクニヌシにそれを持ってくるように命じた。オオクニヌシが野に入ると、スサノヲは草に火を放った。今度ばかりは、賢いオオクニヌシの妻もなす術がなかった。オオクニヌシが火に囲まれて出口を見失った時に、一匹の鼠が来て「内はほらほら、外《と》はすぶすぶ」と言った。これを河合氏は“The Entranance is small, but the inside is large”と意訳している。彼が踏みつけると、彼はくぼみに落ちて、火は過ぎ去った。鼠は矢を口にくわえて持ってきた。

スセリヒメは泣き泣き葬式の準備を始めた。しかし驚いたことに、夫は生きていたのだ。矢を持って、妻に笑いかけた。

それでもスサノヲは、困難な仕事を息子に課すことをやめなかった。スサノヲは宮殿にオオクニヌシをつれて入り、頭の虱《しらみ》をとらせた。父の頭はムカデでいっぱいだった。再びスセリヒメの助けによって、オオクニヌシは椋《むく》の木の実をかんで赤土と共にはき出した。スサノヲは、息子がムカデをかんではき出したと思い、満足して寝てしまう。オオクニヌシは大神の髪を部屋のタルキに結びつけ、部屋の入口を大きな岩でふさぎ、妻を背負って、大神の大刀、弓矢と琴を持って逃げ出そうとした。しかし琴を樹にぶつけてしまう。大神はその音に驚いてとび起き、宮殿を引き倒した。若い夫婦は、大神の髪がタルキに結びつけられているので逃げ出すことができた。大神は彼らを追跡して、黄泉比良坂まできた。

ここで日本版「ジャックと豆の木」は、予期せぬ見事な結末を迎える。大神はオオクニヌシを遠くから見つけ、大声で叫んだ。「汝の兄弟たちを、汝が持っている大刀と弓矢で追いはらい、大国主神また宇都志国玉《うつしくにたまの》神となって、我が娘スセリヒメを正妻とし、宮殿を建てて共に住むように」。こうして厳しい父であるスサノヲは、自らに勇敢に立ち向かった若き神に、祝福を与えたのであった。

河合氏は言う。オオクニヌシは、義理の父の命じたことをすべて行なった。かくしてこの偉大な地の神は黄泉の国の姫と結婚した。そして国土をつくり始めた。それは、イザナミの突然の死によって中止されていた創造行為を続けることでもあったのだ、と。

オオクニヌシは、ヤガミヒメと約束通りに結婚する。ヤガミヒメは子を産み、オオクニヌシのところへつれてきた。しかしスセリヒメを恐れて、その子を木の俣《また》に差しはさんで帰ってきた。それ故、その子は木俣《きのまたの》神と言われた。

「10　アマテラスの孫への国譲り」

オオクニヌシは、アマテラスが愛する息子にそれを所有させようと決心する時まで、しばらくの間国土を統治していた。しかしながら、高天原の神々の間では何か異変が生じていたようだ。少なくとも天岩戸から再び姿を表わして以降、アマテラスの心の中では。そして興味深いことに、神々にとって重要な時期においては、タカミムスヒ——最初のトライアッドの一人——がいつもアマテラスの側にいるのであった。

そのタカミムスヒの位置に関して、『古事記』と『日本書紀』は多少違った形で語っているのだが、河合氏は『古事記』に基づいて以下のように語る。

アマテラスは、愛する息子正勝吾《まさかつあ》勝勝速日《かつかちはやひ》天忍穂耳命《あめのおしほみみの》を、日本国を領有させるべく送ることに心を決めた。その国は豊葦原《とよあしはら》の千秋長五百秋《ちあきのながいほあき》の水穂国《みづほの》(Luxuriant-Reed-Plains-the-Land-of-Fresh-Ears-of-a-Thousand-Autumns-of-Long-Five-Hundred-Autumns) とも呼ばれた。アメノオシホミミが天《あめ》の浮橋《うきはし》に立って眺めると、その国には悪しき神々が満ちている。彼はとって返してアマテラスに報告した。

そこでアマテラスとタカミムスヒは、天の安《やす》の河原《かわら》に八百万《やおよろず》の神を集め、オモイカネに考えさせた。その結果彼らは、天菩比神《あめのほひの》(アマテラスの勾玉から生まれた五人の息子のうちの一人) を派遣することにした。しかし彼は、オオクニヌシに従い、三年間帰ってこなかった。

そこで今度は、天若日子《あめのわかひこ》を送ったが、八年間帰ってこなかった。彼はオオクニヌシの娘と結婚していた。つまり地の神々は、天の神々を易々と同化してしまっていたのだ。
アマテラスとタカミムスヒは、オモイカネやその他の神々と相談し、今回は雉《きぎし》の鳴女《なきめ》を送り、アメノワカヒコになぜこんなに長い間帰ってこないのか、訊かせることにした。彼女がアメノワカヒコに会いに降りて行くと、彼はアマテラスからもらった弓で彼女を射た。矢はキギシノナキメの胸を射通し、アマテラスとタカミムスヒのいるヤスの川岸にまで達した。タカミムスヒが血の付いた矢を見ると、それはアメノワカヒコが地に降りて行くときに与えたものであった。彼はその矢を、「もしアメノワカヒコが邪まな心を持っているのなら、この矢で死ね」と言いながら、投げ降ろした。矢は、朝ベッドの中にいたアメノワカヒコの胸に当たり、彼は死んだ。

　高天原の神々は、事態の容易ならぬことが分かってきたので、ついに建御雷之《たけみかづちの》男《をの》神という強い神に天《あめの》鳥船《の》神をつけて送ることにした。二人は出雲の海岸に降りた。彼らは十《と》掬剣《つかつるぎ》を波の中に逆さまにして立て、その上に座った。そしてオオクニヌシに問うた。「アマテラスとタカミムスヒの両神が、現在汝が治めている葦原中国はアマテラスの息子が統治すべき、との命令を下した。汝の意向はどうか、譲るか否か」。オオクニヌシは答える。「私には何も言うことはない。息子の八重言代主《やへことしろぬしの》神が答える。しかし今は狩りに行っていて未だ帰ってこない」、と。

　それで二人はヤヘコトシロヌシを呼び、彼に同じことを訊いた。彼は父に、彼の治めている土地はアマテラスの息子に返上すべきだ、と忠告していたのだ。

　しかし、オオクニヌシにはもう一人、建御名方《たけみなかたの》神という息子がいた。タケミナカタは、指先で巨大な岩をぶらさげて現われ、力競《ちからくらべ》をいどんだ。しかし天からきた二人の神の方が強かったので、彼を殺そうとする。彼は命を請い、葦原中国を天の神々に譲ることを約束した。二人の神はオオクニヌシに再び訊ねる。二人の息子は天の神々に従うと言っているが、どう思うか、と。結局、オオクニヌシは、自らの宮殿をアマテラスの息子のそれと同様に大きく建てる、という条件の下に同意した。そして姿を消した。

　オオクニヌシが国土を譲り渡したので、アマテラスは、息子のオシホミミにそれを統治すべく降りて行くように命令した。しかし彼は答えた。降りて行くべく準備をしている間に、天邇《あめに》岐《き》志《し》国邇《くにに》岐《き》志《し》天津《あまつ》日《ひ》高《こ》日《ひ》子《こ》番《ほ》能《の》邇《に》邇《に》芸命《ぎの》という子が生まれた。それで自分の代わりに、この子に降りて行かせる方がよいのではないか、と。その子の母は万幡豊秋津《よろづはたとよあきづ》師《し》比《ひ》売命《めの》で、タカミムスヒの娘である。

　アマテラスは息子の言葉に同意して、孫のヒコホノニニギに葦原中国を統治するように命じた。この子どもはアマテラスの孫であるばかりでなく、タカミムスヒの孫でもあった。『日本書紀』では、タカミムスヒが最初からこの子を大切に育て、葦原中国を統治させようとしたとしている、と河合氏は言い、『日本書紀』の記述をいくつか引いているが、ここでは省略する。

　アマテラスはこの聖なる孫に、聖なる鏡を与えて、この鏡を見る時は私を見ていると思え、と言った。さらに彼女は草薙剣《くさなぎの》と勾玉を与えた。これらの三種の神器は皇室の象徴となる。これらの他に、アマテラスはオモイカネ、タジカラノヲ、アメノイハトワケといった神々に供をするように言いつけた。そして、汝の治める王朝が末長く繁栄するように、と言った。

　それでヒコホノニニギは、『古事記』によれば、「天《あま》の石位《いはくら》を離れ、天の八重《やへ》たな雲を押し分けて、稜威《いつ》の道分《ちわ》き道別《ちわ》きて、天の浮橋にうきじまり、そり立たして、竺紫《つくし》の日向《ひむか》の高千穂《たかちほ》のくじふる嶺《たけ》に天降りまさしめき」。

かくして、葦原中国つまり日本は、スサノヲの子孫によって一度は治められたものの、アマテラスの子孫に対して、流血の闘いを見ずに譲られたのであった。

## 5　「太陽の女神」の比較神話学

以上が資格論文の第一部である。つまり、主として『古事記』によって、日本の国造りの神話の輪郭を辿ったことになる。そこに河合氏の、日本神話に対する新しい知見が盛られているわけではない。しかし、日本神話を英語という思考回路において対象化しなければならなかった河合氏は、その困難を克服するために費した膨大なエネルギーに見合うかの如く、後の壮大な仕事の核になる大きな発見をなしとげたのであった。

以下、第二部「太陽の女神の像」(The Figure of the Sun Goddess) の内容を具体的に検討することによって、それを明らかにしよう。次頁に掲げる目次立てを見ることから始めたい。

「1　父の娘」

太陽の女神つまりアマテラスの誕生の物語は、きわめて興味深い。彼女は父親の左目から生まれた「父の娘」である。それはケレーニイの言う如く、ギリシア神話におけるアテーナー女神の、

II. THE FIGURE OF THE SUN GODDESS

1. The Father's Daughter
2. The Triad
3. The Sun and the Moon
4. Male and Female
5. Male Intruder
6. Mystery of Female
7. Female Suns in Other Cultures
8. Confrontation
9. Conclusion

父からの誕生と同じである。つまり、アテーナーの誕生に当たって、父は母より重要な役割を果たしたのだ。アマテラスの母は、彼女の生まれる前に死んでいた。

イザナキは妻を追って黄泉国に降って行った。ということは、最高の女神の誕生の前に、父は最下層の地に行かなければならなかったのだ。他の文化圏の神話にも、これと同様な、神の冥界下降の話がたくさんある。その中から河合氏は、古代オリエント神話の女神イシュタールの例をあげる。彼女は亡くなった夫の神タンムーズを冥界に訪ね、彼をこの世に連れ戻そうと試みる。つまり、日本と古代オリエントの神話ではテーマは同一なのだが、男と女の役割が逆なのだ。

また、イザナキの冥界下降についてては特に記述がないのに対して、バビロニアの場合にはイシュタールの下降について詳しく描かれている。彼女は七つの門を超える度に、身につけた品物を一つずつ取り去られ、最後には裸になってしまうのだ。日本の冥界を訪ねるのは、帰ってくるのは困難だとしても、容易であるように見える。つまり、死者と生者との間のこの薄い仕切りこそ、日本神話の特徴の一つと言えるだろう。

黄泉国でイザナキは、イザナミの禁止にもかかわらず、彼女の恐ろしい姿を見てしまう。彼女は怒り狂って、「汝は私の魂を見た」と言う。女性の魂の真実はあまりにも早く男性の前に明らかにされてしまったのだ。だから彼は、その恐ろしい光景に耐えることができなかった。彼は恐れたが、それは後に彼の娘アマテラスが彼女の兄弟の行為に抱いた恐れと、同一の感情であった。真実があまりに早く明らかになると、それから彼を守るものはなにもなく、ただ恐怖のみが残る。それ故、イザナキの魔術的逃走《マジック・フライト》が始まる。

イザナミは、文字通りのグレート・マザーである。彼女は日本列島を含めて、ありとあらゆるものを産み出した。そしてついに火を産んだが、それによって彼女自身死んでしまう。人間に火をもたらすことは、一般的に神話の重要な要素となっている。例えば、プロメテウスのように。彼の英雄的行為だけが人類に火をもたらしたのだ。そのために、彼は難儀をこうむることになったのだが。

他の多くのものの中でも、火は変換の有力な手段であるが、同時に、グレート・マザーの死を招いた如く、破壊的なものでもある。ギリシア神話では、英雄的神―人が火を盗み、それで難儀をこうむる。一方、日本神話の場合には、グレート・マザー自身が、自らの生命を犠牲にして人間に火をもたらす。

グレート・マザーは死んだ。そして日本神話が語るのは、夫の嘆きについてだけなのである。しかしバビロニアのイシュタールの場合には、世の中の性的生産性が損われてしまうのだ。例えば、ろばは雌ろばを妊娠させず、人間の男は娘をはらませることがなくなってしまう。ということは、日本神話では、バビロニアの場合にこのような多くの混乱をもたらした女神の消滅は、後に生じる出来事を準備すべく留保されているように見える。つまり、グレート・マザーであるイザナミの娘アマテラスの引きこもりのために。

イザナキは、女神の暗部である「女性の魂」を見て、恐れを抱く。グレート・マザーの怒りは、黄泉国の醜女をして彼を追跡させた。この態度はまさに、もともとシュメールの神話であったイシュタールのイナンナのそれと対応している。女神イナンナは、夫を冥界からつれ戻すために、悪魔に引き渡すのだ。

ここではイザナキの魔術的逃走について論じることはしない。誰でも容易に、これと対応する多くの例を見出すことができるであろうから。

遂にイザナキとイザナミは離婚の言葉を交わし、女神は一日に千人の人間を殺すと宣言する。イシュタールと同様に、イザナミも二重の性格を持っているのだ、生命を与える者と破壊する者との。かくして、すべてのものを産んだグレート・マザーは、冥界の神になった。

このイザナミの破壊的恐迫に対して、イザナキは、一日に千五百の産屋を建てると答えた。これは一種の、「洗練されたとは言えない妥協の方法」である。これは日本神話における最初の例であるが、同様な妥協はくり返し現われることになる。そしてこれこそ日本神話の主要な特徴なのだ。

現実の世界に戻ったイザナキは、自らの浄めを行なう。彼は河の中流でそれを行なった。つまり彼は高くもなく低くもなく、真ん中にいたのだ。黄泉国でこうむった汚れは、悪い神々に姿を変えた。しかしその誕生の直後に、それらの悪を浄化する神が生まれる。そして遂に、太陽の神、月の神、嵐の神というトライアッドが、彼らの父から生まれた。神話における誕生は、始まりなのではなく、新しく生まれた可能性を介しての持続なのである。かくして太陽の女神アマテラスは、火の出現によって死んだグレート・マザーの死の直後に誕生する。これは、日本語で太陽も火も同様に〝ヒ〟と言われるように、持続という考え方を証拠だてることだと思われる。火はグレート・マザーを死に追いやるほど破壊的であるが、同時に変換の積極的な手段でもあったのだ。

本章の冒頭で河合氏は、アマテラスはアテーナー女神と同様に、父の娘であると述べた。事実、アテーナーは、アマテラスと同様な側面を数多く持っている。とりわけ、アテーナー誕生の物語は、アマテラスを理解するために大変示唆に富んでいる。

アテーナーの母は、議論をしても勇敢さにおいても、ゼウスと対等の人物だった。しかしゼウスは彼女をあざむいた。そして彼女が雷より強い何かを生み出すのではないかと恐れて、彼女を喰べてしまう。ここで河合氏は、ケレーニイの『ギリシアの神々』を引用する。「パラス・アテーナーは遠くまで届く闘いの叫びをあげて飛び出した。それ故、天と地はおののいた。金色に輝くよろいを着けたアテーナーは、父の聖なる頭より生まれたのだった」。

最も強い男性の神であるゼウスが、妻が生み出そうとするものに恐れを抱かなければならなかったことは、実に興味深い。日本神話では、妻に喰われそうになり逃げた父が、アマテラスを産むのだ。彼女は金色に輝くよろいをまとってはいなかったが、光り輝いていた。そして、男性であるゼウスと同様に、日本の神々の最高位に就いたのである。もし、ゼウスが妻を喰べることに失敗していたら、はたしてどうなったろうか。その場合には、雷よりも強いアテーナーがギリシアの神々の最高位に就いたに違いない。そうなれば、日本神話と同じようなことになったかも知れないのである。

三貴子の誕生の前に、彼らの父は、妻をこの世に連れ戻すことに失敗していた。激怒した彼らの母は、父を黄泉国に留めることができなかった。強い望みを持っているのにもかかわらず、両親が何事かをなし遂げるのに失敗したとすれば、その仕事は意識的にか無意識にか、子どもたちに課されることになるであろう。これこそ、太陽・月・嵐の三神がその下に生まれることになった、運命であった。次節では、彼らの運命をさらに追究することにしよう。

## 6　トライアッドの構造と「太陽と月」

「2　トライアッド」

イザナキが左の目を洗うとアマテラスが生まれた。そして右目からツクヨミが、鼻からはスサノヲが生まれた。

この短い文章から、われわれにとって、さまざまな課題が生じてくる。左と右の意味、太陽と月、男性と女性といったことを考えなければならない。そしてそれらのありようは、西欧の場合とは大いに違っているように思えるのだ。

このような難しい問題を論じる前に、世界の始まりの時に現われたトライアッドについて考えておこう。つまり、アメノミナカヌシ、カミムスヒ、そしてタカミムスヒである。日本神話には、同様なテーマに関わって、多くの反復が見られるのだが、それらは往々理解の鍵を与えてくれる。というわけで、われわれは、最初のトライアッドについて考えてみることにしたい。『古事記』の冒頭の文章――それは世界の始まりを描いているのだが――は次の如くである。

天地《あめつち》初めて発《ひら》けし時、高天《たかま》の原に成れる神の名は、天之《あめの》御《み》中主《なかぬしの》神。次に高御《たかみ》産《む》巣《す》日《ひの》神。次に神《かみ》産《む》巣《す》日《ひの》神。

大ざっぱに言って、すべての宇宙発生論は二つのタイプに分類することができる。例えば姉崎正治は、「自然発生」(spontaneous generation) に基づく説と、「命令による創造」(creation by fiat) 説に分ける。後者の場合、主要な関心は「誰が」(from whom) ということであり、それは最終的な存在である創造者の発見にまで至る。一方、前者では「誰が」ということには、あまりこだわらない。この意味では、「命令による創造」は直線的性格を持つのに対して、「自然発生」の方は円環的で開かれた性格を持つと言えるだろう。

その一方の極を、われわれは聖書に見ることができる。そこでは唯一の神がすべての物を創造したのだ。他の極にあるものとして、われわれは中国の道教の考え方をあげることができるだろう。そこでは、自然発生的な見方が強調されていて、円環的で開かれている。

日本神話は自然発生的であるが、最初のトライアッドでは、二人の「作る」神 ("producing"

gods）が出てくる。これは、言うならば、神々の系統に強い力点を置いているので、直線的性格のものである。とは言え、「神話的系譜とは身元確認に関わるもので、時間的なそれではない」。アマテラスの両親以前に現われた数多くの神々は、いわば偉大な太陽の一種の後光なのである。だから、これらの神々の名前の意味は、直線的な系統が自然発生的な性格をも併せ持つことを示唆しているのだ。

同様のことを、イザナキとイザナミに「天《あま》つ神」から命令を与えられた時に、見ることができる。ここでわれわれは、彼らは「聖なる仕事」を与えられたのだが、それを「誰が」与えたのかは古代の日本人にとって重要な問題ではなかった、と知るだけで満足しなければならない。そういう次第で、最初のトライアッドは厳密な意味では創造者ではないのだが、彼らは決して重要でないわけではないのである。

さて、ここで最初のトライアッドについて考えることにしよう。最初の神のアメノミナカヌシは、その名が示すように、中心の神である。しかしその活動については何も語られていない。他の二つの神は、日本神話でかなり活躍するのだが。アメノミナカヌシは、中心、場所、不動のものであり、それ自身活動的ではないが、すべての活動（生産）の基盤《マトリックス》なのである。

二人の「作る」神の相違については、日本神話では明らかにされている。タカミムスヒについては前章で述べたが、彼はいつもアマテラスの側にいた。彼の息子の一人であるオモイカネは、神々の会議では最重要の役割を果たした。このことは、タカミムスヒが考えることと強い関係にあることを示している。さらに、アマテラスの最愛の息子がタカミムスヒの娘と結婚し、その結果アマテラスの孫が日本の国へと降りて行くことが、必要だったのだ。

タカミムスヒの他の名前はタカギノカミであるが、彼は実際に高天原で生産の神であった。ところで、彼と対をなす神がカミムスヒノカミと呼ばれているのは、いささか奇異な感じを与える。というのは、タカイ（“High”）とカミ（“Divine”）という言葉は、対をなしていないように見えるからだ。ここでは、カミは神としてごく普通に訳されている。しかし、もし日本神話におけるカミの本来の意味を考えるなら、カミムスヒノカミ（Divine-Producing-God）は“Miraculous-Producing-God”と訳した方が、彼の活動に、より即したものになるのではなかろうか。

公的な神話である『日本書紀』には、彼の行為はあまり書かれていない。が『古事記』には、その奇跡的な治癒について述べられている。オオクニヌシが八十人の兄弟たちに焼き殺された時に、母はカミムスヒに生き返らせてくれるように頼んだ。カミムスヒは、蚶貝比《きさがひひ》売《め》と蛤貝《うむぎ》比売を送り、オオクニヌシを蘇生させた。またこの神は、スサノヲが食物の女神オオゲツヒメを殺したことと関わって、『古事記』に再び登場する。オオゲツヒメの死体から米やその他の穀物が生じた後に、カミムスヒはそれらを取って種として用いたのである。ここで彼は、アマテラスと対をなすスサノヲと関係を持ち、また多産性とも関係が生じた。

次に、スクナビコナ（Prince-Little-Renowned）の話に触れよう。それはカミムスヒの性格を理解する上で、大変重要だからである。

スクナビコナは、その名前が示すように、小びとのような神で、オオクニヌシが出雲の海岸にいた時に、鵝の皮の衣服を着て、羅摩船《かかみぶね》に乗って現われた。誰も彼が何者であるか知らない。ただ、ひきがえる（谷蟆《たにくく》）が、かかし（崩彦《くえびこ》）に聞くといい、と言った。かかしは、彼はカミムスヒの息子の一人だ、と答える。それでカミムスヒに質ねると、「こは実《まこと》に我が子ぞ。子の中に、我が手俣《たなまた》より漏《く》きし子ぞ」と答えた。

後にスクナビコナはオオクニヌシの兄弟となり、二人で協力して出雲の国をつくることになる。ある地方の伝承によれば、スクナビコナの行なったことが数多くあり、その中には「治癒《ヒーリング》」も施した、と記されている。また彼はいたずら好きの神だったので、ある時、オオクニヌシとどこまで遠くに行けるかを競ったことがある。一人は重い荷をかつぎ、他の一人は排便をせずに。

こうしたエピソードの意味は明らかであろう。つまりオオクニヌシにとって、その国を発展させるためには、小さく、快活で、しかし弱い小びとの神の協力が必須だったのである。また極めて興味深いのは、ひきがえるとかかしという、土地に根ざし、かつ弱いものだけが、彼のことを知っていたということだ。スクナビコナは、地の神々と深い関係を持つというカミムスヒのある要素を、真に体現している。それはタカミムスヒがいつも天にいるのと対照的だ。『出雲風土記』には、オオクニヌシがカミムスヒの娘と結婚するという話が出てくる。これは、アマテラスの息子がタカミムスヒの娘と結婚するのと、正に対応している。

という次第で、われわれはこの二つの神の相違について、明らかにできるところまできた。タカミムスヒは、思考、秩序の形成に関わり、いつも高天原のアマテラスの側にいる。一方、カミムスヒは、劣った側、地の神、神秘的治癒に関わっている。違いは明白である。前者は男性的原理に基づいており、後者は女性原理によっている、と言うこともできよう。

しかし河合氏は、前者が男性的神で後者は女性的神であると言うことはしない。その区別が、それほどはっきりしているわけではないからだ。おまけに、この二つの神の間での混同がある。例えば、いつもタカミムスヒの方を強調する『日本書紀』では、スクナビコナはタカミムスヒの息子であって、カミムスヒの息子ではないとする。しかし『出雲風土記』――カミムスヒの方を強調する――では、カミムスヒこそが、アマテラスの子孫のためにスサノヲをして大きな神社を建立するように命じたのだと言う。

最初のトライアッドの神々は、すべて性別が定かでない、というのは興味深いことである。つまり、彼らは未だ十分に人間化されていないのだ。また一説（『旧事記』、『先代旧事本紀』のことか）によれば、この三神は両性具有的性格を持つとも言う。しかしながら、われわれはこの三神に、それぞれ異なる役割があることを見てきた。つまり、見える形で活動することはないが、すべての活動の基盤であるもの（アメノミナカヌシ）と、高天原と地上での生産活動に関わるもの（タカミムスヒとカミムスヒ）である。

ここで河合氏は、この最初のトライアッドと、第二のトライアッドとも言うべきアマテラス、ツクヨミ、そしてスサノヲとの対応関係を検討すべく問題提起するのだが、その問題に入る前に、日本神話における太陽と月について考察を加える。

「3　太陽と月」

太陽と月のシンボリズムに関する研究は数多い。それらを通覧すると、一般的に以下のような関係が認められているようである。つまり、太陽―男―意識―天と、月―女性―無意識―地である。

とは言え、ユングは錬金術の研究（*Mysterium Coniunctionis*）の中で慎重な意見を述べている。そして、「女性においては、月は意識に対応し、太陽は無意識に対応する」とさえ述べている。こうなると、問題は複雑になってくる。おまけに、西欧のシンボリズムを日本に単純に当てはめることができないのは、言うまでもないことである。

古代の日本において、太陽と月のイメージがどんなものであったか、見ておくことにしよう。神話においては月に対して無視の状態に近いのと対蹠的に、日本最古の詩集である『万葉集』には、多数の月に関わる詩が収められている。そして四千五百首もある中で、太陽を詠んだ詩がほとんどないのは不思議なことだ。

河合氏は天智天皇の次の歌を、ピアソン（J. L. Pierson）の訳によって引用する。ここでは、佐佐木信綱『新訂新訓万葉集』上・下（岩波文庫、一九二七年）によって見ることにしよう。

渡津海《わたつみ》の豊旗雲に入日さし
今夜《こよひ》の月夜《つくよ》清明《あきらけ》くこそ　〔一巻一五〕

ここで天皇は、入日の美しい光景を見て、直観的に夜の月の輝きを把えている。
次に河合氏は、柿本人麿の歌を、同じくピアソンの訳によって引用する。

東《ひむかし》の野《の》にかきろひの立つ見えて
かへりみすれば月西渡《かたぶ》きぬ　〔一巻四八〕

これも単なる日の出の歌ではない。ここでも輝く太陽が昇るのを見るとともに、沈もうとしている月を見ているのである。

河合氏は意図的に太陽と月の歌を選択したのではなかった。太陽の歌を探しに探した結果、このような歌に出会うことになったのだ。一方、月については、実に多くの歌があるのである。続いて河合氏は、九世紀につくられた月とカツラの木についての歌を、姉崎正治の著作から引用するのだが、ここでは省略する。

さて、それでは昔話の場合にはどうなのだろう。「お月お星」という話を、河合氏は関敬吾編の『日本の昔ばなしII』（岩波文庫、一九五六年）から要約して引用する。

お月の継母（お星の実の母である）は、お月を殺そうとする。しかしお月はいつもお星に助けられる。ついに継母は石の唐櫃《からと》にお月を入れて、地中に埋めてしまった。お星はお月を救いにきたが、お月は泣きくらしていたので目が見えなくなっていた。二人は抱き合って泣いた。お星の涙が彼女の左目から流れてお月の右目に入り、お星の右目の涙がお月の左目に入ると、ふしぎなことにお月の目が開いた。……後に彼らの父親が娘たちを探しにきた。彼の目は、いなくなった娘を思って泣き続けたので、見えなくなっていた。三人は出会って喜んだ。そしてお月の涙があふれて父の左目に入り、お星の涙が右目に入ると、父親の両眼は開いた。

お月は、継母にいじめられている「父の娘」である。ここで河合氏は、もう一つ有名な「父の娘」の話を紹介する。『竹取物語』に代表される、竹林で老人に発見される女性の物語であり、最後は満月の夜に、不死の薬を残して天に昇って行く話である。

続けて河合氏は、月と兎に関わるインド起源の話を紹介する。一人の老人に変装した天の神が、猿、狐、そして兎に食物を請う。兎は火の中に飛び込み、老人に自らを食べさせようとした。神は、それに報いるために、兎を月に住まわせた。

これらの話を読む人は、月―不死とか月―食事―女といった関係を見出すかも知れない。が、事はそんなに単純ではない、と河合氏は言う。例えば、すでに見たように、日本では兎の性格は複雑であるし、月についても簡単に述べることはできない。例えば『万葉集』では、月は往々にして「ツクヨミ―オトコ」と呼ばれる。「ツクヨミ」は月の神の名であるが、「オトコ」は日本語で男性を意味する。また月は、「ササラエ―オトコ」つまり天の好い男、とも呼ばれる。しかしそれは、詩の中でいつも男性であるわけでもない。雲に半ば隠れた月とか、登る月、山の端にかかった月などは、恋人のイメージを与えるものとして、男性からも女性からも好まれてきた。だからと言って、月はいつでも恋人の象徴ではない。

そう言って河合氏は、その複雑な情感を示すものとして、『万葉集』の以下の三首を掲げる。

天《あめ》の海に雲の波立ち月の船
　星の林にこぎ隠る見ゆ　〔七巻一〇六八〕

ひさかたの天《あま》照る月は神代にか
　出でかへるらむ年は經につつ　〔七巻一〇八〇〕

靫懸《ゆきか》くる伴の雄ひろき大伴に
　國榮えむと月は照るらし　〔七巻一〇八六〕

そして次のように言う。最初の詩は、エジプトの太陽神レエ（Re）が舟に乗って旅する話を思い出させる。最も驚くのは、最後の歌で、月の輝きが日本の繁栄のアレゴリーとして用いられているることだ。つまり、月の輝きは、太陽のそれと同等に強いものとして感じられているのである。さらに、二番目の歌では、「アマテル」つまり「天が輝く」という形容詞が月に対して用いられている。それは河合氏にアマテラスを思わせる。違いは、動詞が他動詞か自動詞かだけなのだと言いつつ、河合氏は次の歌を引用している。

あかねさす日は照らせれどぬばたまの
夜渡《よわた》る月の隠《かく》らく惜しも　〔二巻一六九〕

これは、柿本人麿が皇子の死を悼んでつくった歌である。もし読者が、天皇や皇子が古代ではしばしば「ヒ-ノ-ミコ」(August-Son-of-the-Sun)と呼ばれていたという事実を知るならば、この歌はきわめて興味深いものとなる。この歌では、月は皇子を表わしているのだ。

こうした『万葉集』における事例を見ると、古代の日本においては、月は男性的性格を持っていたようで、その輝きは、他文化における太陽の如く、重要視されていたのである。

河合氏は、以上に述べたことを要約して、次のように言う。つまり日本では、月こそその明るさとともにその暗さによって、大切にされている。古代人にとっては、月の方が太陽よりも魅力的で印象深いものなのだ。もっとも神話に関しては、太陽の方がより重要なのではあるが。あるいは、次のように言うこともできるかも知れない。日本人は、太陽を見る時には、直観的に月のイメージを把え、月を思い巡らす、と。彼は月の中に、太陽の輝きを見てとることができるのである。

ところで、聖なるトライアッドが生じる話を考える際に、他にも複雑な問題が表われてくる。それは左と右の問題である。そしてそれは、直ちに太陽と月の問題とも連動してくる。河合氏は、エジプトや中国、そして北条政子の夢物語の例をあげながら、左と右、太陽と月との考察をするのだが、ここでは省略する。

ただ、さまざまな例を見たからといって、軽々に「左は右に優越する、なぜなら日本人は無意識を強調するから」とか、「日本では、西欧の場合と対蹠的に左は意識を示す」といった結論を引き出すことはしない、という河合氏の言葉を記憶しておく必要はあるだろう。

## 7　男性と女性

「4　男性と女性」

いよいよ資格論文の核心に近づいてきた。

男性と女性という問題が最初に生じたのは、アマテラスの両親であるイザナキとイザナミが結婚したときである。すでに見たように、彼らはヒルコという不幸な子を持つことになる。というのは、女性の方が結婚の儀式において先にしゃべったからであった。しかし、この誤ちはよく理解できる。なぜなら古代の日本社会は母系制だったから。また、アマテラスが母の死の直後に生まれたことと、アマテラスが天を治め、母は黄泉国を治めていたという事実は、右の母系制社会という考え方を支持するものである。

とするならば、ここに一つの問題が生じる。母系制社会において、女性が最初にしゃべったとして、なぜ悪いのか。彼らが結婚しようとしたとき、男の神はいつも女の神に何をすべきか指示を出して、主導権をとっていた。しかし、『古事記』によれば、彼は彼女に対して、先に柱の周りを回るように言った。ということは、積極的な方が必ずしも優れているわけではないのだ。ここでの女性の役割は、「受動的優越」（passive superior）とも言うべきもので、河合氏は、これこそ女性が優越するための真の方法だと言う。

結婚の儀式において、すべての行動は男性の主導の下になされたが、実は女性の方が優越していた。女の神の方が優れていたのだが、彼女は夫より先に口をきくことで大きな誤ちを犯し、最終的にその受動性から足を踏みはずしてしまったのである。その結果、彼らが得た不幸な子は男の子だった。つまり、女性より劣る男性だった。そしてヒルコは葦の箱に入れて流されてしまう。

この話は、同様ないくつかの例を思い出させる、と河合氏は言う。例えば、葦舟のモーゼ、アッカド神話のサルゴン（Sargon）、エジプトのハルポクラテス（Harpokrates）など。彼らの中には、大成功を収めてこの世界に再び戻ってくるものもいた。しかし、ヒルコは戻ってこなかった。ヒルコという名前は、月 - 子（Noon-child）あるいは太陽 - 子（Sun-child）をも意味する。そしてオオヒルメ（Great-Noon-Female or Great-Sun-Female）と呼ばれるアマテラスと、対をなすとも考えられた。

『日本書紀』では、注目すべきことに、ヒルコの誕生は、太陽、月、嵐の神のトライアッドの誕生と関わって語られている。とすれば、図（次頁）に示したような関係を考えることができる。

この関係は、女性が最高位にいて、その下に三人の男性がいるわけで、大変興味深い。しかし、アマテラスの対であるヒルコは、極めて速やかに姿を消してしまう。また、月の神について語られることはほとんどない。その結果、アマテラスとスサノヲの関係のみが、日本神話の底流をなすことになる。

後代にいたって、ヒルコと他の神々を同一視する考えが生じた。第一に、平田篤胤は、小さな舟に乗って海の彼方からやってきた小人の神、スクナビコナと同一視した。河合氏は、それが正しいか否かは分からないと言う。しかし心理学的には正しいのでは、とも言う。スクナビコナは小さく、父の指の間から落ちて生まれた、本当に劣った存在である。誰も彼のことを知らなかった。ただ、ひきがえるとかかしという、自然の知恵（これはオモイカネの天界の思考とは対極にある）を持っているものだけが知っていた。これは、偉大な者はその大きな仕事をなしとげるために、劣った者の助けを必要とするという、古来からの真理である。天にいることのできない劣った存在は、出雲の地に戻ってきた。そしてアマテラスと対をなすスサノヲの息子に仕えることになる。

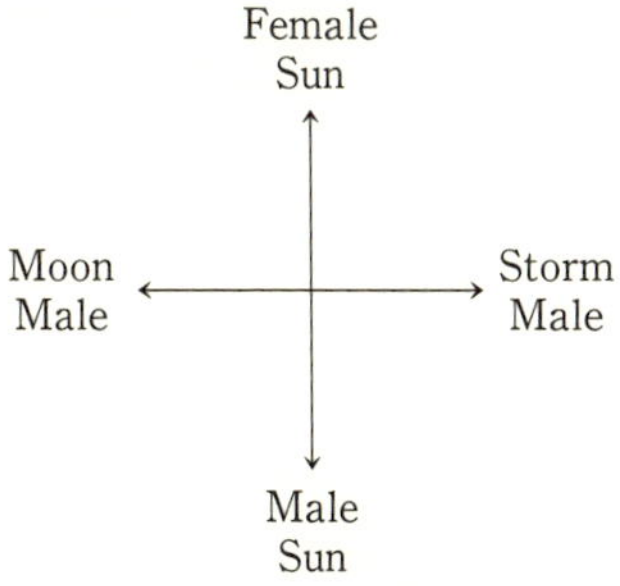


河合氏は、ここには不具で発育不全の子であるハルポクラテス（癒しの神の一人でもある）との類似性があって、興味深いと言う。このような事どもを考慮するならば、黄泉国の昆虫であるガの皮の衣服をまとってこの世に戻ってきたスクナビコナは、ヒルコの生まれ代わりだと想像しても、そんなにおかしなことではないとも言う。

次に興味深いのは、ヒルコを幸運の七神のうちの一つであるエビス神と同一視する考え方である。エビスは、右手に釣りざおを持ち、左手には幸運の象徴である鯛を抱えている。彼は最初は漁師の守り神と考えられていたが、現在では商人たちから金持ちの神として崇拝されている。ところで、日本の封建的な時代には、商人は武士、農民、職人に次ぐ最下層に位置していた。商業は、アマテラスの最も弱い側面であり、それを彼女の国に統合するためには長い時間が必要だった。

また、ヒルコとエビスの同一視を支持する、もう一つの民間信仰がある。そこでは、エビスは十月に出雲で行なわれる神々の集いに参加しない唯一の神だ、と言われている。エビスは、日本の神々にとっては、結局、異人（a stranger）なのである。

ここで河合氏は、ヒルコが速やかに流された後に残ったトライアッドについて語る。そしてここでも、以前のトライアッド、つまりタカミムスヒ、アメノミナカヌシ、カミムスヒと、アマテラス、ツクヨミ、スサノヲとの対応を見ることができる。この対応の考え方は、「月の国」とも言われる日本で、なぜ月の神について語られることがほとんどないのかを、説明してくれる。後に見るように、多くの月の特性は、スサノヲのみならずアマテラスによっても、譲り受けられているのである。

ここで河合氏は、以前の二つのトライアッドを次頁のように図式化する。

ツクヨミは、アメノミナカヌシと同様に、そこで他のすべての活動が生じる無為の基盤（a non active base）である。他の神々との対応は明らかではない。アマテラスとタカミムスヒは彼らの位置が高いという点で対応し、スサノヲとカミムスヒはその低い位置で対応している。

一方、アマテラスとカミムスヒは彼らの「女性的」性格で対応し、スサノヲとタカミムスヒはその「男性的」資質によって対応している。もっとも、この二つのつ、く、る、神の性については明瞭

に語られてはいないのだが。

この混交した関係こそ、日本神話の最も重要な特徴である。そこには強い対抗関係は全くない。誰も、月の光の下では、黒と白といったはっきりした区別を立てることはできないのである。次節で見るように、アマテラス自身、男性的側面を持っているし、スサノヲにしても女性的側面を持っているのだ。アマテラスは父の娘であり、スサノヲは父の意向に抗って母を訪ねようとした、母の息子である。次節では、アマテラスとさまざまな意味で対蹠的なスサノヲについて考えることにしよう。

## 「5　男性の侵入者」

このトライアッドの子どもたちが生まれた時、『古事記』によれば、父親のイザナキは喜び、次のように言った。「吾《あ》は子を生み生みて、生みの終《はて》に三はしらの貴き子を得つ」。そして彼らに、世界を治めるように命令した。ケレーニイは言う、「神話とはけっして神々の伝記ではない」と。

このトライアッドが生まれるやいなや、各々天、黄泉国、そして海を治めるように命じられた。この命令については様々な説があるが、アマテラスが天の一番高い位を得るという点では一致している。霊的な処女であるアマテラスが天を支配し、一方、死の偉大な女神であるイザナミが黄泉国にいるということは、極めて意味深い。この女性の宇宙は、ギリシア神話のそれと強いコントラストを成している。

アマテラスが、父の指示した通りに高天原を支配している一方で、スサノヲは大変面倒な存在であった。父の命令に従わずに、「八拳須心《やつかひげむね》の前に至るまで、啼きいさちき」。彼は、いなくなった母を恋しがって泣いたのだ。彼は強い男だったが、「母の息子」だった。

スサノヲの厄介さは、エジプトの最高神オシリスの絶えざる敵対者であったセト（Set）を思い出させる。彼もまた嵐の神であった。オシリスの兄弟であるセトは、最高神の「影」を測って、絶頂期にある彼をわなにかけた。スサノヲもセトと同様に、太陽の暗い側面である乾燥性を持っていた。彼の号泣は緑の山々を枯らし、川と海のすべてを乾あがらせる。しかし、アマテラスとスサノヲが光と闇、生と死といった明瞭な対抗関係にあるとは言えない。むしろ微妙に対をなしているのだ。アマテラスがいつも正しいとは限らず、スサノヲもいつも厄介者ではない。事実、スサノヲはセトとは異なり、最初に天へ登っていった時には、悪い意図を持っていなかった。ただ姉に別れを告げたかっただけなのである。それを大変だと誤解したのは、アマテラスの方だった。父の娘であるアマテラスは「私は女だが、なぜ臆しなければならないのか」と思い、男のように完全武装し、挑戦的な叫びをあげて、真正面からスサノヲに挑んだのである。

ここでわれわれは、「金色に輝くよろいを着けて、遠くまで届く闘いの叫びをあげて飛び出した」他の偉大な女神の姿を思い出す。こうした女神の勇敢な行為について、どう説明すればよいのだろうか。その男性性は、彼女の生まれついての性質と言うべきなのか。なぜなら、彼女は父から生まれたのだから。あるいは、アマテラスの母がかつて結婚の儀式においてしたように、男性的活動に踏み込んでしまったのだ、と説明するのか。

同様な疑問は、スサノヲの態度に関しても生じてくる。恐らく彼は、下の世界へ降りて行く前に、「霊的な女性」と会いたくて天へ登って来たのだ。あたかも、彼の父親が妻を黄泉国から地上の国に連れ戻そうとしたように。

あるいは、アマテラスの疑いは正しかったのだろうか。かつてスサノヲの母が夫を食べてしまおうとしたように、アマテラスの領分を取ろうと、彼は意図していたのか。

河合氏は、どちらが正しかったか否かを追究することはしないと言う。ただし、その両親に由来する姉―弟（brother-sister）間の闘いは決定的なものであったと言う。アマテラスが男性的活動により深く踏み込んでしまったことは、明らかである。それ故、二人の間での誓いはスサノヲの勝利に帰した。その点に関しては、諸説は一致している。しかし前に見たように、二人の誓いの物語については様々な説があるのだが、それは女性的観点から男性的観点への移行と一致している。その中で『古事記』は、スサノヲがその女の子どもの故に勝利した、という独自の説を出している。河合氏もこの考え方に従うと言う。

アマテラスは、男性的役割を演じすぎたので、闘いに負けることで女性性を欠いていることを理解しなければならなかった。つまり彼女は男性だけを、一方、相手のスサノヲはすべて女の子どもを、得たのだ。

男系制的観点から書かれた諸説では、右の考えとは違う見方が述べられている。しかし、河合

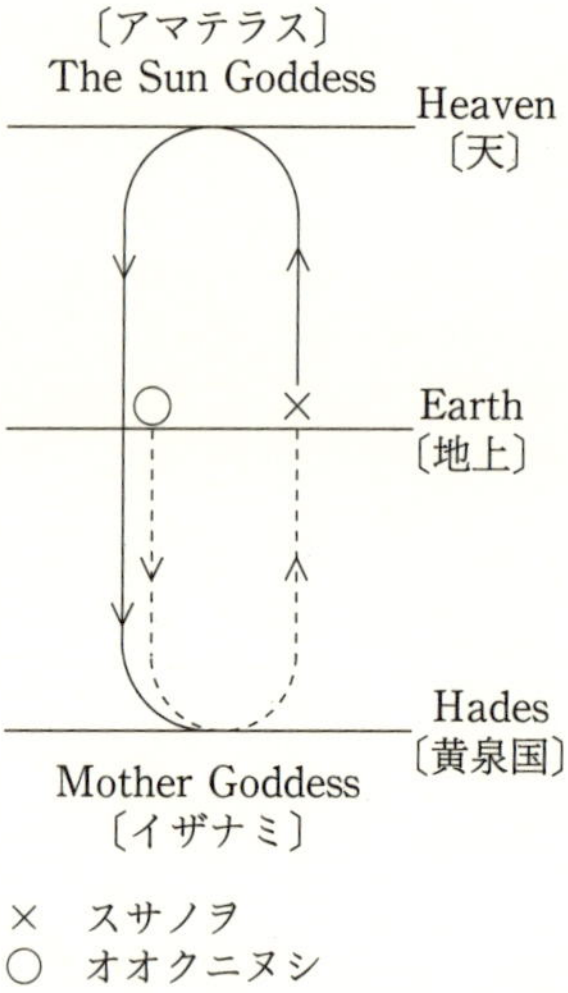


氏はその細部に立ち入ることはしない。ただ一つだけ疑問が残ると言う。それは、なぜ古代の著者たちはアマテラスとスサノヲの結婚について語ろうとしないのか、ということだ。それは明らかに示唆されていることなのに。彼らの両親は兄―妹のカップル (a brother-sister couple) だったし、彼らも姉―弟のカップル (a brother-sister) だった。つまり父の娘と母の息子である。もし彼らが結婚するなら、これこそ典型的な聖なる結婚である。しかし後に見るように、機は熟していなかった。アマテラスとスサノヲの間の誓い、あるいは闘いは、次の二つの重要な問題を提起する。第一に、日本の嵐の神であるスサノヲは、他の悪い神々、セトとかリキ (Liki) のように、完全に邪悪なわけではない。第二に、闘いはあったが、殺しも切りきざむこともなかった。アマテラスは負けたが、オシリスのように殺されることはなかった。

ここで河合氏は、男性の侵入者であるスサノヲの性格について触れる。彼は最も重要なアマテラスの相手である。しかし、彼を単一のカテゴリーにあてはめることは難しい。彼はさまざまな反対の要素を持っているから。天では厄介者だったが、地上では偉大なヒーローだった。そして黄泉国では厳しいけれども好意的な父親だった。彼はヤマタノオロチを退治するほど強かったが、同時に日本で最初に詩をつくるという栄誉も担ったのである。右上の図に見られるように、彼は地上—天—地上—黄泉国と移動した。

彼の子孫の一人であるオオクニヌシ（もう一人の男性の侵入者である）は、黄泉国に降りて行き、スサノヲの娘を伴って地上に戻ってきた。つまり、スサノヲの子孫は、彼が行なわなかった円環運動を完成させたのである。

## 8　女性性の探究

「6　女性の神秘」

アマテラスは、闘いで負けた後にも、殺されることはなかった。スサノヲは激越になった。今度は彼が、勝利に喜びすぎて、極端な危険へと踏み出す。かつて完全武装で闘いにのぞんだアマテラスは、まったく受動的になって弟の恐ろしい暴力に耐えた。彼女は、「屎如《くそな》すは、酔《ゑ》ひて吐き散らすとこそ、我《あ》が汝弟《なせ》の命《みこと》、かく為《し》つらめ」と、典型的な女性的言い訳さえして、彼を守ろうとした。兄弟の暴力と関わって、物語はアマテラスが多産の神でもあることを示している。彼女は稲田を管理していた。そしてついに、私たちは聖なる織部屋にいる彼女を見出す。ノイマンは『グレート・マザー』の中で、織ることと紡ぐことの意味について、詳しく述べている。

> 織ることと紡ぐことの原初的な神秘は、生の布を織り運命の糸を紡ぐグレート・マザーに投影されて経験されてきた。彼女が偉大な織姫であろうと月のトライアッドの一員であろう

と関係なく。

糸を交差させるのは、性的合一の象徴である。そして性の交差こそ、そこで元型的女性が生を「織る」基本的な形である。

また、スウェーデンの古い歌では次のようにうたわれている。

女王の太陽は裸の石の上に座った
そして黄金の糸巻棒で糸を紡いだ
日の出前の三時間というもの

アマテラスは今や、女性の仕事である糸紡ぎに専念している。彼女は以前よりもより女性的になったが、まだ十分ではなかった。完全な女性になるためには、彼女はいわば完全な接触、運命的な一吹きを得なければならない。彼女は、その時がくるまで、自らの運命を織っていた。織っている最中に、彼女は男性の侵入者によって驚かされる。彼は「その服屋《はたや》の頂《むね》を穿《うが》ち、天《あめ》の斑馬《ふちこま》を逆剝《さかは》ぎに剝《は》ぎて堕《おと》し入」れたのである。

この話は直ちに、他の男性の侵入者ハデスを思い出させる。彼は不死の駿馬に乗って、牧場で花をつんでいる少女ペルセポネーの前に、開かれた大地から飛び出した。少女は、「ゼウスのみならずヘリオスとも対をなす邪悪な」冥界の神によって、強姦される。

日本の神話では、男性の侵入者は駿馬に乗ってはいなかった。しかしその代わりに、彼は、男性性の本能的側面である皮を剝いだ斑馬を、後方に向かって投げたのである。ワカヒルメ（Young-noon-female）は、「驚いて織機から落ち、手にしていた梭《ひ》で自らを傷つけ、死んだ」。彼女は、アマテラスの妹あるいは娘と言われる。

十分に研究されたペルセポネーの話の光の中で見ると、日本神話の意味が明らかになる。アマテラスは、スサノヲという男性の侵入によって、自らを知ることになる。処女の女神は母親になった。日本神話では、母と娘の同一視は、これまた明瞭に見られることである。あるいは、むしろデメーテルとペルセポネーのような母と娘という区別は明らかでなく、日本神話では同一視の方に強調が置かれていると言うべきだろうか。この一体観は、アマテラスと処女ペルセポネー、嘆き悲しむデメーテル、観察者ヘリオス、そしてついには究極の支配者であるゼウスにまで、至ってしまうのである。

という次第なので、われわれはギリシアの例との違いを明らかにしなければならない。自らの女性性を知った女神は、最強の神ではないとしても至高の神であった。ペルセポネーは、最高の支配者である父に助けを求めて泣き叫んだ。しかしわが女神は、誰に助けを求めることができたか？　また彼女は激怒することもなかった。われわれは、グレート・マザーの憤怒についてよく知っているのだが。彼女は畏れの感情を抱いた。その畏れは、かつて彼女の父が「妻の魂」を黄泉国で見た時に抱いたのと同じだった。そして女神は岩戸にかくれてしまう。彼女はもはや輝くよろいを身に着けてはいなかった。

葦原中国とともに高天原も暗くなった。その永遠の夜から、すべての悪い神々が生じた。このような状況を、イシュタールやデメーテルがいなくなって生じた混乱と比較するならば、アマテラスの精神的要素が、多産性よりも強調されていることが分かる。つまり、日本人にとっては、至高の存在であるアマテラスを、性から自由にしてやる必要があったのだろう。

アマテラスが岩戸にかくれてしまうと、聖なる姉―弟（the divine siblings）間の問題は八百万神のそれになる。しかし、そこにはハデスやデメーテルを説得して和解させることのできるゼウスのような神はいない。なぜなら、至高の女神自身が岩戸の中にいるからだ。八百万神にできたことと言えば、それはアマテラスを「おびき出す」ことだった。彼らは、タカミムスヒの息子であるオモイカネを信頼し、考えることによって方法を見つけなければならなかった。

河合氏は、彼らはいろいろなことを行なったが、その中で最も重要なのは、奇妙な舞踊と聖なる鏡の使用だと言う。

アメノウズメは、「胸乳《むなち》をかき出《い》で裳緒《もひも》を陰《ほと》に押《お》し垂《た》」らして踊った。「ここに高天の原動《とよ》みて、八百万の神共《とも》に咲《わら》ひき」。この「上品ではない舞踊」は、ユングが書いているように、明らかに元型的な春の祭りである。その霊的な、あるいは明るい側面が強調されたアマテラスは、暗黒の中で自身の他の側面に向かいあわなければならなかった。彼女は、もし自分が岩戸の中にいたら、外では完全な闇の故に、誰一人として楽しむことができないと信じていた。しかしながら、彼女は八百万神の楽しげな笑いによって完璧に裏切られる。彼らは楽しんでいたのだ、言うならば太陽の暗い部分を。アマテラスは、至高の存在ではあったが、好奇心に負けて、彼らはなぜあんなに笑っているのか尋ねた。

そして、「汝命《いましみこと》に益《ま》して貴き神坐《いま》す。故《かれ》、歓喜《よろこ》び咲《わら》ひ楽《あそ》ぶぞ」という答えを聞いて、彼女の好奇心は大きな驚きに変わった。事実、岩戸の外に輝く女神を見た。それは、言うまでもなく、聖なる鏡に映った自身の像だった。鏡の象徴的意味は多数あるが、ここで日本語における鏡という語のもつ意味を考えてみよう。鏡は、カゲ－ミから来ており、カゲは反射とか影を、ミは見ることを意味している。アマテラスは、自身の映された像に対面しなければならなかった。そして驚いたけれども、その霊的処女の暗い側面を受け入れたのである。

その暗さを体験したのは、八百万の神々だけではなく、アマテラス自身でもあった。なぜなら、石の洞窟にいる女神は、ノイマンによれば「容器、子宮、大地を結ぶものであり、また冥界の暗い領域に属する」からである。そこでアマテラスは、冥界の大神と呼ばれた母・イザナミに会っていたのかも知れない。アメノウズメは、冥界のグレート・マザー神の現われだったのかも知れない。彼女の「上品ではない踊り」は、アマテラスにとって必要とされるものを示しているのだ。

岩戸から出たアマテラスは、天と地を照らした。しかし、アマテラスの像である鏡は戸にぶつけられ、かすかな疵をおった。太陽の輝きは以前より軟らげられた。つまり、アマテラスは、完全であるためには、自らのうちに「影」を持たなければならなかったのである。彼女はもはや、「影なき女」ではなかった。それは、太陽が月の光をも含むことになった、とも言える。

問題は、何の強制や説得を伴うことなく、解決された。天の神々はスサノヲを罰した。鬚《ひげ》は切られ、手足の爪も抜かれた。彼は天から追放された。しかし実は、これは葦原中国における彼の冒険の始まりにしか過ぎなかった。

アマテラスとスサノヲの間に起こったのは、大きな出来事であった。ここで河合氏は、太陽神アポロンとトリックスター神のヘルメスの闘いについて述べた、ケレーニイの一文を思い出すと言う。「しかしここでヘルメスの言葉を引くのは余分なことだろう。というのは、神々はゲームを楽しんだのだということが、よく分っただろうから」。

アマテラスとトリックスターの間に起こったことが、ゲームだったのか、あるいは本当の闘いだったのか、河合氏は分からないと言う。結局のところ、人間には、神々の世界で起こることを完全に理解することはできないようだ。

「7　他文化における女性の太陽」

これまで、日本における太陽の女神について論じてきた。しかし、太陽を女性とみなすのは日本だけではない。以下ではごく簡単に他の諸文化における女性の太陽の例を述べ、日本における太陽の姿を補強することにしよう。

河合氏は、北米における女性を太陽と見なす例を、三つのグループに分けて考える。エスキモー、チェロキー、そしてユチ（Yuchi）である。

ユチ族の人々は、自分たちを太陽の子孫、あるいは太陽の息子の子孫と考える。「太陽は女性と考えられ、その子どもたちは彼女（あるいは月）の経血から生まれた」。多くのアメリカ・インディアンは、太陽を自分たちの先祖だと見なす。そしてふつう、太陽を「父」とか「両親」とと考えるのだ。

呼ぶ。しかしユチ族の場合は異なる。興味深いことに、彼らは自分たちを「太陽の息子」の子孫と考えるのだ。

これは、よく知られた「一人の母と一人の息子」というコンステレーションを示している。日本人も自らを太陽の子孫と見なす。『古語拾遺』には、母である太陽の女神とその息子という関係が、美しく描かれている。しかしながら、公式の神話では、彼女の霊的な処女という側面が、彼女の母性よりも強調されている。それは恐らく、太陽の女神は処女の母であったが、後代になって神々の中での彼女の地位が高まり、天皇家の祖先と見られるに従って、彼女の霊的で処女の側面が強調されるようになった、ということであろう。

エスキモーとチェロキーの物語も興味深い。昔、太陽と月は神ではなかった。したがって不死ではなかった。姉が太陽で、弟は月だった。ある時、弟の月が姉の太陽と近親相姦の関係になった。彼女は恋人の素性を知って、恥じた。彼女は胸の乳房をもぎとり、弟に投げつけて言った。「私の身体がよいのなら、これも味わいなさい」。そして彼女は空に逃げた。弟は追う。二人ともたいまつを持って。姉のたいまつは強く燃えて、輝いた。一方、弟のたいまつは消えて、燃えさしになった。こうして、姉は太陽になり、弟は月になった。

この物語は、男性の侵入者の話と類似しているように見える。つまり、アマテラスとスサノヲの近親相姦の話に。エスキモーの場合には、太陽は不快な言葉を発しながら、乳房を弟に投げつけた。これは女性の太陽を霊化するための、あまり洗練されていない非性化の試みだと言えるかも知れない。かくして、木の「低い」火のたいまつは、「より高い」太陽の輝ける火となったのである。

また、古代南アラビアでは、太陽は女性の神であり、月は男性の神であった。しかし、それらは後のシュメール文化に吸収されてしまい、南アラビアにおける女性の太陽について知ることができないのは、残念である。

ところで、例え太陽が男性であったとしても、彼には母や娘たちがいるはずで、彼女たちは女性的側面を持っている。男性神であるヘリオスの場合、多数の女性の親族を持っていた。中でも興味深いのは、ヘリオスの娘と孫娘であるキルケとメデイアだ。彼女たちは二人とも女魔法使いとして知られていた。彼女たちは、ヘカテの娘たちとも言われた。このことは、太陽の神ヘリオスと冥界との関係を示すものである。ヘリオスの子どもであるアイエテスとキルケは、父の冥界的な暗さを表わしている。アイエテスは、父の冥界的側面を表現する冥界の王である。しかし、キルケは父の明るく天上的な半面を持っていて、彼女の姉妹の女魔法使いとしての役割をも具えている。キルケも糸を紡ぐ人だった。アマテラスが糸紡ぎに従事していたこととその意味については、すでに見た通りである。

ヘリオスの孫娘であるメデイアは、これまたよく知られた女魔法使いであった。彼女は太陽の暗い側面を持っていた。ここで河合氏は、日本神話と「ジェイソンとメデイア」の物語の類似性について述べる。つまり、オオクニヌシとアマテラスの甥（nephew, 神話の人物は性別が明らかでないことを表わそうとしているようだ）であるスセリヒメの関係である。スセリヒメは、メデイアと同じく、冥界に住んでいた。そこは太陽と対をなす暗黒に満ちている所だ。メデイアの、翼のついた蛇に引かれる有名な戦車は、父のヘリオスからもらったものである。殺人者メデイアの暗いエネルギーの源は、太陽であるヘリオスにあった。メデイアとキルケは悪名高い女魔法使いであった。ノイマンの彼女たちに対する意見は極めて意味深い。つまり、彼女たちは元来、女神であったのだが、父系制的につくられた神話では魔女になった、というのである。

日本神話では、アマテラスは女神であり続け、ギリシア神話の太陽の娘たちが辿った運命を辿ることはなかった。一方、アマテラスの対に位置するスサノヲは、天から追放されて、後には冥界の王になった、と言われている。

もし男性の太陽は女性的側面を持つことができないと考えるなら、それは単純すぎる。男性は女性的側面を表わすことができるし、その反対もなりたつ。相互貫入ということは、象徴の世界においては絶えず生じることなのである。例えば古代メキシコの神話は、女性的要素を含む男性の太陽という見本を示してくれる。

メキシコの神々は、太陽を創造しようと望んだ。そのために、一人の神が聖なる炉に自らを投じるという犠牲を払わなければならない。そうすれば彼は、自らを太陽に変えることが可能になるから。二人の志願者があらわれた。一人は傲慢なテクシズエカトル（Tecucizécatl）であり、一人は謙虚なナナフアツィン（Nanahuatzin）であった。傲慢な神が、最初に火に身を投じようとしたが、恐怖のあまり失敗した。謙虚な神は、自らを火の中に投じることができた。これを見て、傲慢な神が続こうとしたが、手遅れだった。謙虚な神は太陽になり、傲慢な神は月になった。しかし彼らは動かなかった。太陽と月が動き出すためには、すべての神々が自らの命を犠牲にしなければならなかったのである。

ここで強調されているのは謙虚さであり、「二番目」であることの重要さである。第一の傲慢な神は、恐怖の故に失敗した。日本神話では、「二番目」の重要さを強調する物語を数多く発見することができる。例えば、イザナキとイザナミの結婚の儀式において、またアマテラスとスサノヲの闘いにおいて。そこでアマテラスは、強硬すぎる態度の故に最初は失敗する。しかし二番目に、岩戸へ隠れるという受動的行為によって、スサノヲの追放に成功するのである。アマテラスが岩戸にかくれてしまうことによって、彼女とスサノヲの問題は、天上の神々すべての問題になった。かくして、太陽を動かすためには、全神々のエネルギーが必要だったのである。

## 9　対決と妥協

「8　対決」

太陽の女神は、天上で再び輝く。しかしその輝きは、柔らかになっていた。その変化は、天上の支配に関して彼女はもはや一人ではない、という事実を表わしている。タカミムスヒがいつも彼女の側にいるのだ。『日本書紀』では、命令を与え会議を召集するのはタカミムスヒだということになっている。アマテラスは、彼の後ろに控えているように見える。つまり、アマテラスは天上において、その「受動的な優越」を達成したと言えるだろう。

地上でもいくつかの重要な変化が生じた。まず、スサノヲのヤマタノオロチ退治がある。竜とか蛇退治について十分に議論するためには、一冊の本が必要になる。したがってここでは、日本神話におけるいくつかの特異性を指摘するに止める。大蛇を退治した日本神話の英雄は、現実的に天上の太陽の、暗黒の対をなすものである。ギリシア神話で竜を退治するのは、太陽の神アポロンである。バビロニアでは、マルドゥク（Marduk）はティアマット（Tiamat）を破り、天と地を創造した。太陽のために門を築き、月も輝くことができるようにしながら。これは、スサノヲが蛇を殺したのは、彼が姉に敗れた後のことだという日本神話と、驚くべき対蹠をなしている。

またスサノヲが蛇との闘いのために「酒」を使ったというのも、興味深いことだ。同様な工夫は、ヒッタイトの竜退治の神話にも見られるが、そこには母系制の特徴を見ることができる。

スサノヲが受け取った宝、つまり剣とイナダヒメのことを考察するのは、大変重要なことである。なぜなら、これらの宝は、ノイマンの言うように、「闘いによって象徴される過程の結果産物」であるから。彼は原初の怪物を殺すことでこの剣を得た。しかし、その剣を保持することなく、太陽の女神に献じた。「これは聖なる剣です。どうして私の物にすることができるでしょうか」と言いながら。彼は、闘いによって得たこの結果産物を、彼を天上から追放した当の本人に贈ったのである。

このことこそが、河合氏をして、アマテラスとスサノヲの闘いは聖なるゲームなのではないか、と疑わせるものであった。いずれにしろ、彼がアマテラスに剣を奉じたことは、後の天と地の妥協に影響を及ぼしている。剣を必要としたのはアマテラスであったが、一方スサノヲに必要なのは他の宝物、つまりイナダヒメであった。天の神である彼は、山の神の孫娘である地上の女神と結婚したのである。

それは、怪物退治と同様の達成であった。われわれは、彼の父がかつて黄泉国に「侵入した」が、妻を連れ戻すことに失敗したことを知っている。スサノヲ自身も、高天原の聖なる織屋である女性の部屋に侵入した。しかし、それは、アマテラスとスサノヲの結婚を、それとなくほのめかすものでしかなかった。今や、この男性の侵入者は、ついに地上で成功したのである。このスサノヲとイナダヒメの聖なる結婚から、オオクニヌシという文化英雄が生まれ、また最初の詩もつくられたのだ。

スサノヲは、いくらか輝きを増したように見える。それは、太陽の輝きが穏やかになるという天上の変化に対応している。しかしこれは驚くべきことではない。というのは、暗い部分は常に否定であるのではなく、しばしば多くの積極的なことが暗さから生じるからである。

スサノヲは、マーキュリーのように、決してひとところに留まることがなかった。これら二つの大きな達成の後に、彼は黄泉国に向かった。それは母に会うためであった。冥界に行く時に、彼は地上にオオクニヌシを残し、天上に聖なる剣を残した。これは、彼の母であるイザナミの死を思い出させる。彼女の精神は、いわばアマテラスの中に変換されたのである。

次に河合氏は、もう一人の男性の侵入者、オオクニヌシについて語る。彼は、多くの英雄的行為を行なうことによって、黄泉国の女神と結婚する。オオクニヌシは最初に、賢い兎が予言したように、ヤカミ姫と結婚することに成功する。彼は、八十人の兄弟の迫害を避けながら、父と相談するために冥界に降って行った。そして、彼の異父姉妹（あるいは実の姉妹）であるスセリヒメに会った。それは運命的な出会いであった。「二回目くばせをして、結婚した」のである。

彼らは直ちに結婚したのであるが、彼には義理の父（実の父）によって課せられた「困難な仕事」があった。この若いカップルの努力は、ジェイソンとメデイアのそれを思い出させる。つまり彼らは、太陽と深い関係をもっていたのである。メデイアは太陽神ヘリオスの孫娘であったし、スセリヒメはアマテラスの甥（nephew）であった。かつて、彼ら二人の若い神々の祖父であるイザナキは冥界に降ったが、驚嘆して黄泉国から逃走した。しかし、この若い神は、妻の助けを得て、勇敢に困難な問題に立ち向かった。

かつて、この若い妻は夫が火に焼かれてしまったと思った。が実際には、夫は穴に隠れていた。グレート・マザーの死によってもたらされた火は、若い神の隠れている穴の上を過ぎ去って行った。ついに、若いカップルは、父親の武器と琴といった宝物を盗み出して、逃走しようとする。その琴が父を目覚めさせた。この物語の最後の場面は、たいそう示唆的である。厳しい義理の父は、突如として同情的な父親になり、若い神に心の籠った祝福を与えた。その若い神は、地上―天上―地上―冥界―地上という円環的動きを完成させたのである。

河合氏はスサノヲの行なったことを要約するに当たって、ユングがトリックスターについて語った文章を引用する。

典型的なトリックスター主題の奇妙な組み合せを、ヘルクリオスの錬金術的像のうちに見出すことができる。例えば彼の悪賢い冗談や、意地の悪いいたずら、変身する能力、その半

ば動物的で半ば聖的な二重の性格、あらゆる性質の拷問にさらされるものとしての存在、
——そして最後にしかし最少にではなく、救世主の像への近似、といった具合に。

さてここで、河合氏は、天上と地上の双方で生じた変化について、要約を試みる。処女である女神は自らの本性を知り、母親になった。彼女の霊的側面は、女性としての俗世的側面に直面しなければならなかった。完全武装した男性の如く闘うことのできた彼女は、「受動的優越性」という女性の特質を理解したのであった。そしてアマテラスとタカミムスヒ両方の孫である子どもが生まれる。

一方、太陽の暗い側面であるスサノヲは、より輝くようになる。乱暴な神は建設的になった。彼はアマテラスに、竜を退治して得た聖なる剣を献げる。天の神と俗世の姫の結婚から、一人の文化英雄が生まれた。彼は、黄泉国から女神を連れ戻すことに成功する。オオクニヌシは、タカミムスヒの指の間から落ちた小人の神の助けによって、国を発展させた。また、オオクニヌシとカミムスヒの娘の結婚の話もあるが、この結婚は、天上におけるアマテラスの息子とタカミムスヒの娘の結婚と、まさに対応している。

対決の時が来た。しかしながら、それは極端に対極にある二者の対決ではない。それは、女性と男性、天上と地上、高いと低い、といったものの間での対決なのだが、それらはすべてあらかじめ微妙に織り込まれているのだ。その結果、対決は妥協なのである。とは言え、それはやはり困難な仕事であった。アマテラスとタカミムスヒは何回もメッセンジャーを送った。そして遂に

オオクニヌシと話すことができる。このキジの物語はとても面白い。真っ直ぐ行くことしか知らぬ男性のキジは、仕事に失敗する。その仕事を完成させたのは女性であった。ついに地上の神々は、彼らの国土を天上から来た神々に移譲することに同意する。

しかし、それは決して天が地を征服したことを意味するものではない。タカミムスヒはオオクニヌシに、大きな宮を建てること、天の神々が公けの事柄をとり行なうこと、そして地上の神々が聖なる事柄を支配することを約束した。それは大いなる妥協であった。そこに流血の闘いがあっても不思議ではない。対抗者の間での絶えざるすり合わせこそ、極端に対立する二者を妥協に導くものであった。このことが、日本神話の主たる特徴なのである。

鏡、勾玉、剣の三種の宝物を持った孫は、葦原中国に降り立った。後に彼は、山の神の娘と結婚する。やがて、彼らの息子たちの一人は海の宮殿に行き、海の神の娘と結婚する。このように結婚によって領土を拡大していき、ついには太陽の女神の子孫である最初の天皇が王座についたのであった。

「9　結論」

最初に河合氏は、本論文で今まで述べてきたことを要約する。アマテラスを囲む主たる神々を図示すると、三一三頁に掲げるようなものになる。そして河合氏は、注のような形で図の下に説明を付している。

以下、いよいよ資格論文の結論へと入って行く。

彼らのうちで、最も重要なのはスサノヲである。彼はアマテラスと対をなす主たる人物であった。この二神を囲んで、他の六つの神々が置かれている。この図は、そこにある秩序を表わしている。例えば、男―女、高―低といった軸を。しかし河合氏は、それを取り出そうとはしない。過度の単純化は神話を損なってしまうかも知れないから。

図に見られるように、アマテラスは至高の存在ではあるが、中心にはいない。神話全体は、彼女と中心との関係を描いている。事実、中心という名を持つ神、アメノミナカヌシがいる。しかし河合氏は、図中に彼の名を書くことをしなかった。なぜなら、彼は「隠れた神」だから。これはツクヨミについても当てはまることだ。彼らは中心にいるのだが、他の神々のかげにいるのである。

日本神話における主題は、兄―妹のカップル（a sister-brother couple）でありアマテラスの両親である、イザナキとイザナミの闘いから生じている。イザナキは黄泉国で「女性の魂」を見て、恐怖を抱いた。この男性と女性との対決というテーマは、神話の中で何回も反復される。それは、スサノヲの息子とアマテラスの孫との大いなる妥協で、最高潮に達する。この過程において、アマテラス（男性性をいくらか持った霊的な処女）は、受動的な優越者である母になった。彼女の輝きは穏やかになる。この過程は、中心に対する彼女の接近、つまりツクヨミという隠れた存在との接触の成立として見られるかも知れない。アマテラスは、隠れたり衰退することによって、より高い次元に高められる。これこそ、この過程の持つパラドックスである。

穏やかな太陽の光の下では、高―低、善―悪、天―地、あるいは神々―人間を、はっきり識別

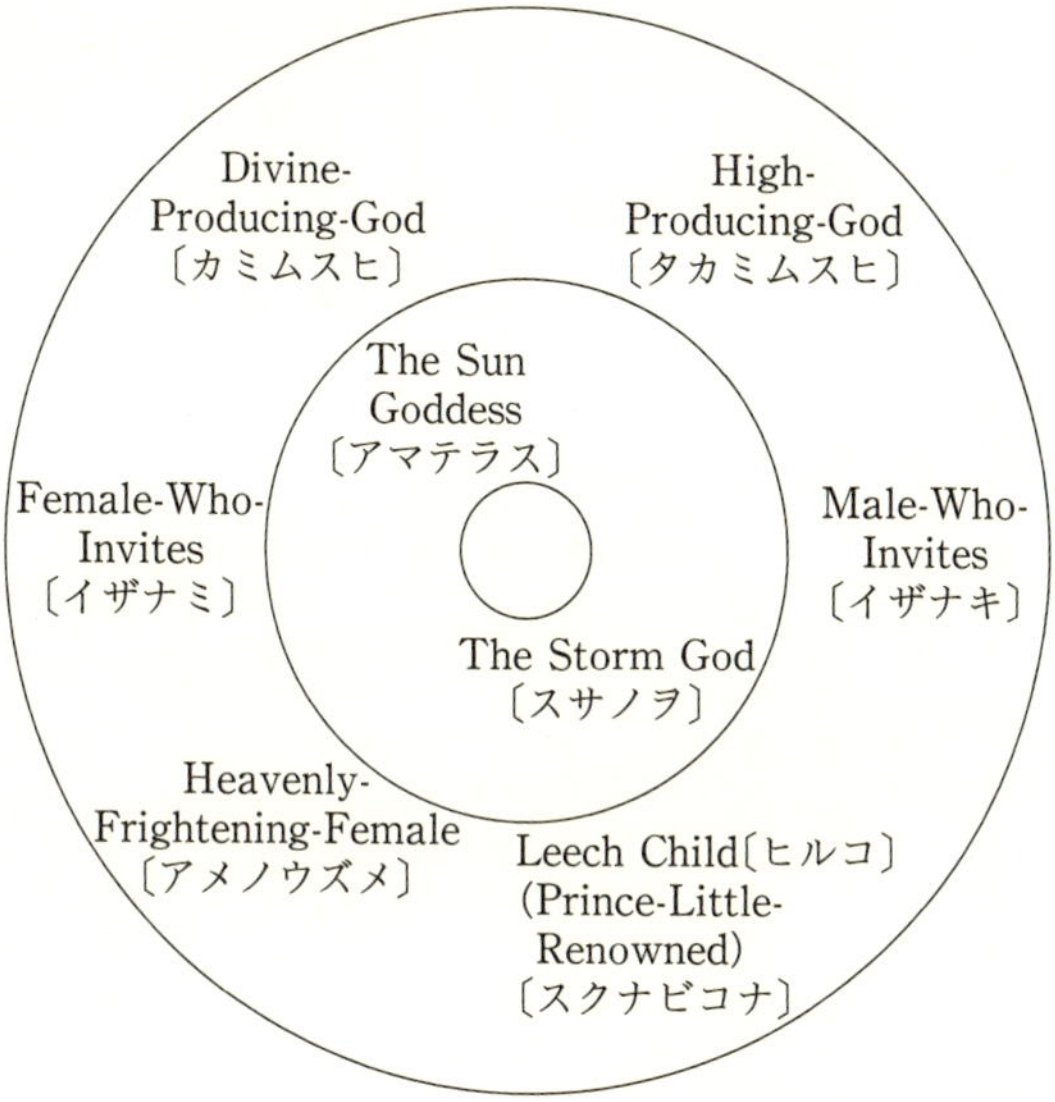


| | |
|---|---|
| タカミムスヒ・カミムスヒ | 最初のトライアッド（アメノミナカヌシを含めて） |
| イザナキ・イザナミ | 両親 |
| アマテラス・スサノヲ | トライアッドの子どもたち（ツクヨミを含めて） |
| ヒルコ | 不具で劣った男の子 |
| アメノウズメ | 天岩戸の前で元型的な春の踊りを行なった女神 |

することが難しい。このことこそが、日本神話の、つまり日本人の心の重要な特徴である。

エジプトの神話が、ノイマンが言うように、「母系制的」象徴に基づいている（後には父系制が優勢になるとはいえ）とするならば、日本神話との多くの近似が見られるのは、大変興味深いことだ。河合氏は、フランクフォートらの『哲学以前』（*Before Philosophy*, Penguin Books, 1949）所収のウィルソンの言葉を引用する。「エジプトでは、最も異なる観念が寛容にも受け入れられ、近代の我々からすれば哲学的システムの欠落とも見なしかねない（古代人はそれを認めていたが）ように織り成されていた」。

事実、この寛容さあるいはシステムの欠落が、日本神話の主たる特質なのである。したがって、どんな対決も、すでに見たように、妥協へと変わるのだ。

河合氏はこの論文を書く上で、ノイマンの「母系制的意識」という考えから、多くの示唆を得てきた。しかし、最後に、ノイマンとはいくらか違った考えを展開する。

それは、ノイマンの「母系制的意識」という考え方自体、すでに父系制的な考え方によって先入観を与えられている、ということだ。ノイマンは、あまりにも明白に区別している。河合氏の見方によれば、母系制的意識とは、ノイマンが言う母系制的意識と父系制的なそれ——それらは実際に互いに分離したものとして区別することができない——を含むものである。この論文で書いた日本神話が、その一つの例である。日本神話は、男性と女性、太陽と月、光と暗黒を含む。

河合氏は、それを何と呼べばよいのか分からない、と言う。ノイマンは、「母系制的意識」とか「月—意識」とか言うのだが。あえて言うならば、女性—太陽の意識と言えるかも知れない、と河合氏は言う。それは区別のない混沌、あるいは微妙な補完物を備えた調和的全体と見ることもできる。しかし、河合氏は一つの説に固執することはない。なぜなら、女性の太陽の光の下では、双方ともが正しいのだから。

## 10　四十年の熟成

以上が資格論文の概要である。この論文が提出されたのは、一九六四年の十二月のことであった。

論文試問を受けなければならなかったが、マイヤー先生は非常に高く評価してくれて、「このペーパーは六十歳の人間が書いたようだ、ここには六十歳の知恵がある」と言った。そしてこの内容を日本人に知らせる必要がある、とも言ってくれた。それに対して河合氏は、「いま日本に帰って神話の話をしたら右翼とまちがえられるかもしれません。だから、いつかかならず本を書くけども、いまはできない」と答えた。マイヤー先生も「ゆっくりやったほうがいい」と認めた。それから四十年の後、河合氏は『神話と日本人の心』を書いた。二〇〇三年七月に岩波書店から刊行される。それはまさに、ユング研究所に提出された資格論文を、四十年もの間ゆっくりと熟成させてできあがった書物であった。河合氏は、四十年後にマイヤー先生との約束をはたしたのである。

左に『神話と日本人の心』の章立てを並べてみよう。資格論文の内容を見てきた私たちには、それが資格論文を当初の問題意識に沿って発展させたものであることが、明瞭に理解できる。

序　章　日の女神の輝く国
第一章　世界のはじまり
第二章　国生みの親
第三章　冥界探訪
第四章　三貴子の誕生
第五章　アマテラスとスサノヲ
第六章　大女神の受難
第七章　スサノヲの多面性
第八章　オオクニヌシの国造り
第九章　国譲り
第十章　国の広がり
第十一章　均衡とゆりもどし
第十二章　日本神話の構造と課題

ところで、最終的に『神話と日本人の心』をまとめるまでに、河合氏は実に多くの予備的作業を行なったのであった。

帰国後、最初に神話の問題に言及したと思われる論文、「自我・羞恥・恐怖――対人恐怖症の世界から」（『思想』一九七五年五月）をはじめ、「『古事記』神話における中空構造」（『文学』一九八〇年四月）など多くの論文を、河合氏は書いた。それらは折々にまとめられて単行本になり、『母性社会日本の病理』（中公叢書、一九七六年）や『中空構造日本の深層』（中公叢書、一九八二年）のように大きな影響を与えた。

しかし、それだけではなかった。あまり知られてはいないが、河合氏は一九八三年の四月から九月にかけて、NHKの教育テレビで二十六回もの講義を行なったのであった。それは「NHK市民大学」の講座の一つで、「日本人のこころ」というテーマで行なわれた。内容的に見ると、第9回から第22回の主要な部分は、すべて日本神話の分析に当てられている。河合氏は、「開講にあたって」という短い文章の中で、次のように書いている。

　日本人のこころを知る上において、本講では主として日本の神話を取りあげる。今更神話など……と思う人もあろうが、私は日本の神話の構造のなかに、日本人のこころの深層構造を見出してゆくことが可能であり、また、それは極めて重要なことと思っている。現代に生きているわれわれの日常生活の背後に神話が存在し、それらがどれほど密接に関連し合っているかを具体的に示していきたいと思っている。

河合氏は、四月七日付の短い手紙と、この市民大学のテキストを私宛てに送ってくれた。その手紙の一部を引用する。

今度、TVで日本神話の話をすることになりました。テキスト同封しておきます。昔話に続いて、日本神話の分析についても貴社から出版して頂くと有難いのですが。（テキストのよりももっと固くしますが）いかがですか。

この手紙をもらった私は、ただちに『昔話と日本人の心』と同規模のヴォリュームを想定して、単行本の企画をつくった。

しかしこの企画が実現するためには、さらに二十年という長い年月が必要だったのである。『神話と日本人の心』の「あとがき」で、河合氏が感慨ぶかげに次のように記しているのを、その足跡を追体験してきた私たちは、よく理解できると思う。

本書の出版で、マイヤー先生との公約をやっと果たすことになったのだが、一九六五年以来なので、相当な年月が経ったと思う。先生は既に他界しておられる。しかし、私は、これはほんとうによいタイミングだと思っている。現在では、あまり説明しなくても、神話の意味について知っている人は多い。それと、最近の急激なグローバリゼーションの波の高まりのなかで、日本人や日本文化のあり方について考えようとする人も増えてきた。ナショナリズムの偏狭さではなく、世界全体のなかで、日本人としてのルーツを探ろうとすることが、現代は非常に大切になってきている。しかし、それは閉鎖的なものではなく、「開かれたアイデンティティ」でなければならない。

本書のなかで解明されている日本神話のあり方は、日本人にとって「開かれたアイデンティティ」を探索してゆく上において、多くの示唆を与えてくれるものであろう。

こうして、河合氏の資格論文は、好評裡に受領された。いよいよ最後の資格試験だけが残されることになる。

# 終章　新たな物語のはじまり

## 1　箱庭療法の紹介

最終的な資格試験について述べる前に、ここで帰国して以降、河合氏の仕事の上で大きな意味を持つことになる、箱庭療法との出会いについて記しておこう。

それは河合氏がユング研究所に留学して、一年ほどたった頃のことだった。河合氏は、当時箱庭療法の個人開業をしているドラ・カルフさんと出会った。

河合氏は、その著『トポスの知――箱庭療法の世界』（中村雄二郎、明石箱庭療法研究会との共著、TBSブリタニカ、一九八四年）の「箱庭療法と〈私〉」で、その出会いについて書いている。

それによれば、当時ユング研究所に留学していたアメリカ人の友人に、最初カルフさんを紹介された。カルフさんは大金持ちの夫人で、チューリッヒ郊外のツオリコンという所にある由緒ある家に住んでいた。その入口には、「一四八五」という年代が記されていたと言う。カルフさんは鈴木大拙と親しく、彼から贈られたという棟方志功の涅槃《ねはん》図の版画が壁にかけられていた。彼女はかつてピアニストを目指したこともある人で、メニューヒンや海野義雄氏なども友人だった。たまたま、ユングが彼女の別荘の近くに、孫たちを連れて避暑に来たことがあった。孫たちはよくカルフさんの家へ遊びに出かけたが、ある時ユングは、そのことによって子どもたちが大変よい影響を受けることに気がついた。それで二人が最初に会った時、ユングは彼女に、「あなたは子どものための治療者になるべきです」と言った。

心理学とは全く関係のないカルフさんだったが、ユングの言葉をきっかけにして、いろいろと勉強することになる。その当時、ロンドンの小児科医であるマルグリット・ローエンフェルトが、子どものための心理療法として、"World" あるいは "The World Technique"（世界技法）という方法を考案していた。その頃、子どものための心理療法としては、メラニー・クラインやアンナ・フロイトなどの精神分析理論に基づく「児童分析」が盛んに行なわれていた。しかしローエンフェルトは、その分析の方法があまりにもフロイト理論を当てはめて解釈しすぎる傾向があることを批判し、「解釈や転移なしに治療できる方法として、この箱庭療法を思いついた」と言う。

カルフさんは、ローエンフェルトのもとに赴き、この技術を学び発展させた。というのは、ローエンフェルト自身は、その後も「モザイク・テスト」などいろいろな技法を発表したが、世界技法そのものを深く発展させることはしなかったからである。そうした経過を経て、カルフさんは箱庭療法の技法を確立し、それを武器に子どものための治療者としてチューリッヒで開業した。そしてユングの直観どおりに、彼女は極めて優秀な箱庭療法の治療者になる。

河合氏によれば、カルフがローエンフェルトの方法を発展させたこととして、次の二点があると言う。

一つは、治療者と患者との関係に注目したこと。箱庭をつくるという一見簡単に思えることも、患者自身の内界を開示することであるので、それを行ないうる安定した基盤が必要になる。その基盤となるのが、治療者と患者の関係であり、カルフはそれを「母子一体性」(Mutter-Kind-Einheit) と呼ぶ。そのような関係があってこそ、治療は進む。とすれば、治療者の存在が決定的な役割を占める。

もう一つは、彼女がユング心理学を用いて、箱庭の表現を象徴的に解釈する道を開拓したことだと言う。ユングの「自己実現」の考え方によって、治療者と患者の間に右に見たような関係が成立すれば、患者の自己実現の過程が促進される。換言すれば、「患者は自分自身による自己実現の力に頼ることによって、みずから治ってゆくものであるということを明確にしたことである」。

カルフの力によって飛躍的に発展したこの技法は、現在 "Sandplay Therapy" として国際的に定着している。

河合氏はカルフと初対面の折に、彼女の前で箱庭をつくった。それについてカルフさんは簡単なコメントをくれたが、それらは実に興味深く、河合氏にとって考えつづけなければならない課題を与えてくれるようなところがあった。そして「あなたのように木をたくさん使う人は、こちらでは珍しい」と言われた。これは、河合氏の意見では、一般的傾向のようで、日本人は欧米人に比して、はるかに多く植物を用いるという。

河合氏は箱庭をつくりながら、この技法はとても日本人向きにできていると考えた。日本には「盆栽づくり」の伝統があるし、大人でも子どもでも抵抗なくできるだろうということ。また、ユング派の分析では、イメージやシンボルを重視するが、患者に絵を描いてもらうのは難しい場合が多い。さらに日本人にとって、「言語」よりも、このような非言語的コミュニケーションの方が得意であることが多いので、この技法は日本人に適しているだろう、ということであった。その後、河合氏はしばしばカルフさんを訪れ、箱庭療法の技法を身につける。

それで河合氏は、一九六五年に帰国して後、さっそく箱庭療法を紹介すべく、在職していた天理大学の教育相談室などで、この療法を使ってみた。その結果、相当に治療効果があがることが分かった。というわけで、河合氏は積極的にセミナーなどを開いて、全国的にこの療法を広めていった。

そうした活動で得られた成果を、河合氏は『箱庭療法入門』(誠信書房、一九六九年)にまとめた。しかし、箱庭療法が相当広まりを見せたにもかかわらず、河合氏はすぐに学会のようなものをつくろうとはしなかった。なぜなら、日本で「学会」をつくると、特有のヒエラルキーができて、真の発展のさまたげになる、と考えたからであった。学会の代わりに、日本各地で自由な「研究会」がつくられ、活発な活動を行なっているという。

一九八二年には、カルフさん主催の第一回国際箱庭療法学会がスイスで開かれた。スイスはもちろん、アメリカ、イギリス、イタリア、オーストリア、日本から多くの参加者が集まり、多数の事例発表と熱心な討議が行なわれた。やがて河合氏はカルフの後を継いで、第二代目の国際箱庭療法学会会長になる。

ここで、『未来への記憶』で箱庭療法について語った最後の部分を引用しておこう。

ぼくは日本へ帰ってきて、なによりも箱庭療法ならできると思ったので、すぐ紹介したわけですよ。そうしたら、いろいろおもしろいことが生じてきますね。それで、すぐカルフさんを日本へ呼んだんです。それで日本人がやっているのを見せると、カルフさんはとても喜んでくれました。箱庭療法の考え方もだんだんぼくら日本人に影響されていくし、日本人の寄与は大きいと思います。

そういう相互関係はじつにおもしろいのですが、当時、箱庭療法はユング研究所にはなかなか入りませんでした。しばらく抵抗がありましたね。やっぱり、ユングの直系の弟子でかためているようなところもあったのですよ。また、カルフさんというのは独特な人で、力をもった人ですから、ちょっと敬遠されていましたが、いまはユング研究所のなかでも箱庭療法をするようになった。それでも、日本でやっているほどではありません。だから、箱庭療法は日本で爆発的に進歩したわけです。カルフさんと知り合ったことはほんとに大きい体験です。

留学以前のロールシャッハ研究もそうであったが、この箱庭療法についても、河合氏は徹底的に研究し、それらの技法の発展に大きく貢献した。これらのことだけでも大変な偉業と言わねばならないだろう。しかし河合氏は、そこに止まることはなかった。ロールシャッハや箱庭療法の研究と実践で得た知見を基に、さらに深い心理療法の確立を目指して、邁進して行ったのである。

次節では、その前提となるユング研究所での資格取得試験について、見ることにしよう。

## 2　口頭試問の波瀾

最終的な資格試験は九科目ほどあり、いずれも口頭試問だった。ある科目の試験の主査はヨランド・ヤコービで、陪査としてフレー先生がいた。

この試験のことについて、河合氏はちょうど十年経過した一九七五年に、もう「一昔の歳月も過ぎ去ったし、この話のなかで重要な役割を占めるJ女史も亡くなってしまわれたので、話してみる気になった」として、雑誌の『図書』に「ユング研究所の思い出——分析家の資格試験を受ける話」（四月号）を書いている。

前にも書いたように（二二五頁）、河合氏は物事をあまりにも単純に割り切りすぎるヤコービに対して、好感を抱いていなかった。「彼女はどうせ単純なことを聞くのだから、その場では私の考えを主張せず、彼女の気に入るように答えることにしよう。J女史の重視する「理論や知識」など、三時間もあれば覚えこめる」と考えたのだった。だから彼女の科目についてはあまり勉強せずに、試験当日に三時間前に研究所に行って、そこでノートを読んで一気に準備するつもりであった。

試験の日、予定通り三時間前に研究所に着いた。が、肝心のノートを、河合氏は家に忘れてきていた。片道四十分かかるので、ノートを取りに行っても意味がない。「これは何か意味のあることが起こるぞという予感のようなものがあって、図書室でもいくらかは準備ができたのだが、居合わせた友人と馬鹿話をしてすごしてしまった」。

試験場に入って行くと、ヤコービがいつになく優しい様子で、「ミスターカワイ、自己《セルフ》の象徴としてはどんなものがありますか」と質問した。言うまでもなく、ユング派にとって自己《セルフ》とは重要な概念であり、心全体の中心ともいうべきものである。ユング自身、自己《セルフ》の象徴について多くの研究を発表しており、とりわけ東洋のマンダラを重視していた。

だから、そのような答えをすれば問題はなかったのだが、河合氏にはその時ふっと「森羅万象」という言葉が浮かんだと言う。それで英語で「エブリシング」つまり「世界中のもの、すべてのものです」と答えてしまった。とたんにヤコービの目が厳しくなって、「すべてのもの！ではこの机もそうですか」とたたみかけてきた。「机もそうですし、椅子もそうでしょう」と河合氏は応じる。大変な事態になってしまった。

「それは試問というよりは対決に近い様相になった。しかしながら、その間にJ女史は何度も事態を柔げようと努力し、陪査として同席していたフレイ先生は、場をとりなすような発言をしてくれ、私自身も何とかスムースに事が運ぶようにとは努力するのだが、駄目なのである。それは雪道でスリップを始めた車のように、いくらハンドルをまわしても運転者の意図を無視した暴走を続け、衝突を避けることができない」。

ヤコービと河合氏は、フレー先生のとりなしにもかかわらず、喧嘩の状態を続け、結局一時間中、論戦したのだった。

試験終了後、河合氏は、悔恨の気持ちを交えつつも、むしろすっきりした気分だったという。つまり、大切な試験にごまかしをせずに済んだ、ということでもあった。

数日後、フレー先生が、ヤコービは相当怒っていたと教えてくれた。そして「カワイは全く知識が不明確で貧困であるので、落第にするところだが、感情の深さという点で非常にいい素質をもっている。それに日本からはるばる来たことも考慮して、一応パスにしておこう。彼が自分の素質を生かしつつ、もっと理論や知識の勉強を積むことを条件にして認めよう」とも言った、と伝えてくれた。

それを聞いて、河合氏はおかしいと思った。それは感情の深さや知識の有無の問題などではない。もっと根本的なユングの理解に関する問題だ。自分は自分としての生き方があるので、単なるお情けで資格を与えるというのなら、そんな資格はほしくない。そこまで河合氏は言ったのだった。

フレー先生は、河合氏の言い分は理解してくれたが、ヤコービも合格にしようと言っているのだから、今さら事を荒だてることはないと言った。しかし河合氏は、根本問題を無視することはできないし、これはユング研究所全体の在り方にも関係することだ、と主張した。

フレー先生は、「そこまで言うのなら、あなたの主張を資格委員会で代弁してみよう」と言ってくれた。ただし、他の委員がどこまで理解してくれるか分からないし、ヤコービもそうなれば落第を主張するだろうから、資格をもらえない可能性が大きいが、その覚悟があるかと念を押された。それに対して河合氏は、「私は生まれながらに、河合隼雄という名があって、それだけで十分です。その上にユンギァンという飾りがついてもつかなくても、私の存在には変りがありません」と答えた。

このように見得を切った河合氏であったが、フレー先生の家から出たとたんに、デプレッションに襲われてしまった。「先ず妻子の顔が浮かんだ。それに日本で、私が資格を取るのを期待している人達のことも思った。私が資格を取れずに帰国して、そのいきさつを話したとき、そのうちの何人かは私の考えに同調してくれるだろう。しかし、多くの人は私が失敗したことの自己弁護をしているとしか思わないだろう。決定が下されるまでの幾日かを私は全く憂うつな気持ですごした。一時はJ女史に和解の手紙を出そうとさえ思ったが、どうしても書けなかった」。

資格委員会は、河合氏に資格を与えることを決定した。しかしその決定に至るまでには、長時間にわたる激論があった。その様子は、リックリン所長が河合氏に免状を授与する時に、次のように言ったことでも推測できる。

「ミスターカワイ、あなたは今まで何事もあまりスイスイとやってゆくので、イエスマンではないかと、われわれは危惧していた。しかし、最後になって研究所をゆるがすほどの大きいNo！を言ってくれた。これで、われわれは安心してあなたに資格をあげられると思いました」。

『未来への記憶』で河合氏は、三時間にもわたった委員会での、バーバラ・ハナーとヤコービのやりとりを語っている。ハナーは、前にも見たように、フォン・フランツの友人で、研究所では大変人気のある人だった。しかし河合氏は、彼女がユングを大先生とたてまつるので、一度も彼女の講義を聞いたことがない。ハナーにしたら、カワイは一回も自分の講義に顔を出したことがないことを知っているわけだ。そのハナーが、ヤコービが「絶対に通さへん」と主張している時に、ところで「あなたはどういう質問をしたのか」と聞いた、という。ヤコービが「セルフのシンボルはなにかと聞いた」と答えると、ハナーはそんな馬鹿げた質問をするからカワイもおかしな答えをしたのだ、と大笑したという。

後に河合氏は、フレー先生と資格試験のことについて話し合った。河合氏は、「私は日本人としての自分を主張して、Noと言ったのだが、事態をまるく収めようとせず、あくまで自己主張を通そうとしたところは、むしろ西洋的で、結局ユング研究所で学んでいる間に、私もある程度西洋的な自我をつくりあげることができたと言えるのではないか」と言った。

それに対してフレー先生は賛成してくれた。その上で「しかし西洋人なら自分の方が正しくてJがまちがっている、だから免状を呉れるべきだと言ってけんかをするだろうが、あなたは免状はいらないと言ってけんかをしたのだから、そのところは日本的と言うべきだろう」と言った。これには河合氏も、なるほど参ったと思わざるを得なかった。

またフレー先生は次のようにも言った。資格を取得しようとする人は、教育分析の過程で一度は相当な危機におちいる。そしてそれを乗り越えることが大切なプロセスなのだ。ところがあなただけは、一度も危機におちいることなく成長してきた。とても不思議だった。しかし、一番最後の段階になって、あなたは大変なデプレッションを体験した、と。

当時のユング研究所では、資格を取得できるのは年に二、三人だった。資格を得ると、所長主催のパーティが開かれる。河合氏の場合も、リックリン所長がお祝いの会を設営してくれた。先に引いたリックリンの言葉も、この時に言われたものだ。

パーティが終わりに近づいた時、ヤコービが現われた。そして、「不可解な笑を浮かべながら、帰ってからみるようにと白い封筒を手渡して立去った」。帰宅後開封すると、真紅のバラの絵のカードに「コングラチュレーション！」と書かれていた。それを見ているうちに河合氏は、「これらのすべてのことが、まるで私という人間が分析家として一人立ちしてゆくためのイニシエーションの儀式として、巧妙に仕組まれたものではなかったのかとさえ感じ」たのであった。

すべてのことが、あまりにもうまくできている、とマイヤー先生に報告すると、「まったくうまくできてるね」と満足そうであった。そして「ところで、そのすべてをアレンジしたのは誰だろう」、と河合氏に問いかけた。マイヤー先生は言葉をついで、「私でもないしお前でもない。まして J でもなく研究所が仕組んだのでもない」と言った。しばらくの沈黙後、「誰がアレンジしたのだろうか」と再び問いをくり返したが、それは自分自身に向かって発せられているようでもあった。

最後に、河合氏は次のように書いた。「これに何と答えるかはあまり重要でないかも知れない。大切なことはこのようなアレンジメントが存在すること。そして、それにかかわった人たちがアレンジするものとしてではなく、渦中のなかで精一杯自己を主張し、正直に行動することによってのみ、そこにひとつのアレンジメントが構成され、その「意味」を行為を通じて把握し得るということであろう。このことを体験に根ざして知ることが、分析家になるための条件のひとつででもあったのであろう」。

## 3　生き方のレベルの体験

分析家の資格も取得したので、予定通り帰国することになった。それはまさに、当初考えていたように、スイスに留学してから三年後のことであった。三年という最短の期間で資格を取得するのがどんなに大変なことであったか、河合氏の体験を追体験してきた私たちは、十分に理解することができる。

日本に帰ることになってから、河合氏は「帰る準備の夢」を数多く見たという。当時の日本では、ユング心理学のことをほとんど誰も知らないのだ。そういう日本に、ユング派の分析家の資格を持って帰って行くのだから、そのための準備に河合氏がどれだけ気を配ったか、とても余人が推察できるものではない。そうした「帰る準備の夢」について、河合氏はマイヤー先生とよく話し合いをした。

例えば、第二章で見たように、当時の日本ではカール・ロジャーズの考え方が非常に強かった。つまり、「臨床心理学者はほとんどロジャーズ派だと言えるなかに帰って行くわけですから、そういう人たちとどういうふうに接していくかなんてことが夢のなかに出てくるんですよ。しかも、それはほんとに象徴的に出てきて、ロジャーズはこう言うんだけど、ユングはこうだとか、夢の中で議論するわけです。それから日本に帰っていってスーッと軟着陸する夢とかね」。

それに対して、マイヤー先生は、「ナッシング・トゥ・オブジェクト」つまり「(ロジャーズの言うことに)反対することはなにもない」と言った。というのは、マイヤー先生はロジャーズの基本姿勢についてよく知っているので、ロジャーズ派の人々とは一緒にやれると言ったわけだ。そして続けてマイヤー先生は言った。「しかし、あの考え方だけだったらスクールにはなれない。学派になるためにはコミットして、中身を言わなければならない」。

このマイヤー先生の言葉について、河合氏は次のように理解する。「つまり、基本姿勢としてはだれにも通用することだが、そのようにして見出した人間の心の現実に対してコミットして、それについて語らねばならない、ロジャーズはそれを言っていない。フロイト、ユングなどはそれを語っている。しかし、それが普遍的に正しいかどうかわからんわけです。それがないから、ロジャーズの言うことはなんら反対することはないんだけど、はたしてあれでスクール(学派)と呼べるかどうか、と言うのです。そういう点はほんとに的確ですね」。

こうして河合氏は、帰国のための心の準備を整えるのと同時に、ユング研究所での教育のことやユング派のあり方といったことにも、改めて考えをめぐらせたのであった。河合氏は次のように言う。「ユング研究所での体験は、いわゆる大学の教育とはぜんぜんちがうものでした。やはり単なる知識の獲得ではなく、体験を通じて学ぶことが多い。分析家を育てるというのはまた別の訓練が必要だということなのです。/それからスクール(学派)のありようとかについても、下手をするとユング主義になってしまうけれど、ぼくの場合にはその臭さが薄いと思います。ぼくはマイヤーについていたということもあるし、ぼく自身の性格もあるけれども、そういう傾向から自由だったのでよかったと思います」。

さて、このようにこの三年間の体験についてふり返って見る河合氏であったが、何といっても最も重要だったのは、家族と一緒の留学であったということだ。ユング研究所からは、「最初から家族と来ないとだめだと言われました。つまり、ぼくの内面的なことがいろいろ起ってくるときに、自分一人ではだめで、家族と行っているから意味があるわけでしょう。（中略）やっぱり生きているということが大事ですからね。家族に支えられたことはじつに大きいです」。河合氏は次のようにも言う。「それが必要条件だったのです。それは文化の違いの体験を家族全体のなかで受けとめて生きるということだったのです。だから、いわゆる留学で一年間行って、何かの学問を勉強して帰ってくるというのとは、まったくちがうことを体験したのだと思っています」。

いよいよ帰国するという時に、河合氏はマイヤー先生のところに挨拶に行った。マイヤー先生は「ユング研究所の経験をどう思うか」と質問したので、河合氏は「もちろん大変意味があってよかったけど、一つだけ残念だったのは友人ができなかったことです。ほんとうの意味の友人ができませんでした」と答えた。それを聞いたマイヤー先生は「それはあたりまえだ」と言った。そして続けて、「おれが友人だから大丈夫だ」「おれ一人いればいいだろう」と言った。河合氏は感激した。と同時に、クロッパーやシュピーゲルマン、そしてマイヤーの的確な判断（つまり、カワイはアメリカの大学でドクターを取るよりも、ユング研究所で資格を取得した方がいいという）と配慮、そして友情に、改めて思いをめぐらせたのであった。

思い起こせば、河合氏は丹波篠山に生まれて兄弟たちと一緒にそこで育ち、専門学校で電気を、大学で数学を学んだ。大学卒業後は高校教師となり、途中から心理学に興味を抱き、ロールシャッハや臨床心理学の勉強をする。天理大学に職を得た後に、ロールシャッハの研究がきっかけとなってアメリカへの留学希望を持ち、フルブライトの試験に通ってＵＣＬＡに留学、クロッパーに師事する。ユング心理学に興味を抱いた河合氏は、クロッパーの推薦でシュピーゲルマンの分析を受けるようになる。河合氏の素質を見抜いたクロッパーとシュピーゲルマンは、河合氏をユング研究所に送り込むべく手配した。その結果、河合氏は家族とともにスイスに留学したのであった。

『未来への記憶』の最後の部分で、河合氏は次のように言っている。

ぼくは不思議なことに、小さいときからふつうの日本人よりも合理的に、あるいは論理的に考えたりするのが好きだったから、自分の意見をパッと言うて怒られたりして、日本人のなかで苦労していたわけですね。そういう意味では、日本が戦争に負けてありがたいと思っています。そして憧れの西欧に行って、そのなかで文化の差、カルチャーの差というものを身をもって体験したことが、ぼくにとってはいちばん大きなことだったと思います。

その体験のしかたも、いわゆる芸術とかそういう次元のことではなくて、生き方のレベルで体験したわけです。だいたい自分がそういう人間ですから、ふつうに生きていて、ここはどういうふうに感じるんやろとか、ここはどんなふうに言うんだろうとか、考えた。しかも、その考えたことをつねに分析家のところへもって行って検討していたわけです。つまり、ぼくにとっては文化差というものを自分の生き方のなかで一つ一つ踏まえてやってきたということが、もっとも重要なことだったのではないかと思います。

そして、河合氏にとって大きな意味を持つことになったのは、文化差について、日本語ではなく英語によって認識し、それを外国の人に伝える努力をしなければならないことであった。第三章で見たように、シュピーゲルマンという分析家は、河合氏の十分ではない英語をよく理解してくれた。しかし、何とか伝えようと努力を重ねることによって、やがてそれは河合氏の身につくものとなる。

したがって、河合氏は最後に次のように言うことができたのであった。

その両方を踏まえて生きてきたので、アメリカとかヨーロッパで習ったことを持って帰ってきて日本で仕事をするときに、日本でどうしたらいいかということをつねに心のなかで考えてきていたわけですから、それこそ「ユングの勉強をしてきました、ユングはこうです」なんてことはぜんぜん言う必要がなかったのですね。

それよりも日本人はこれからどう生きていくかという問題のほうへ入って、それを考えるためにユングはどれだけ役に立つか、というふうに課題を設定することができた。そういう点でほんとによかったと思います。

## 4 心理療法の核心

一九六五年に帰国した河合氏は、翌六六年に園原太郎教授の勧めによって、京都大学文学部で十三回の「分析心理学入門」という講義を行なった。この講義が基になって、河合氏の最初の著作『ユング心理学入門』（培風館、一九六七年）が刊行されることになる。

第三章で見たように、河合氏はこの著作について、ユングの *Two Essays* の〝剽窃〟であると言っているが、章の立て方などが少し類似しているところはあるものの、まったくの別物である。というのは、この本の「はしがき」で河合氏が書いているように、「結局のところ、ユングの考えを全般にわたって解説するような無謀なことはやめにして、筆者が自分の体験を通じてそれなりに理解できた範囲を、自分の言葉で表現するように努めることにした」からであった。

この一九六七年に、河合氏はユング研究所との約束であった博士号を、京都大学から授与された。その博士論文が、一九六九年に『臨床場面におけるロールシャッハ法』として刊行されたことは、すでに見たとおりである。

また同じ年に、本章で見た如く、『箱庭療法入門』を出版したのであった。

つまり、帰国してからわずか四年のうちに、ユング心理学についての解説を皮切りにして、留学以前のロールシャッハ研究の成果をまとめるとともに、スイス留学中にその存在を知り、帰国後精力的に日本への定着と発展に努力した箱庭療法についても、一書をまとめたのである。

この時点において、河合氏の心理学者としての評価は定まったと言ってよいであろう。そしてその後、岩波新書の『コンプレックス』をはじめとして、より広い読者に迎えられる数多くの著作を、河合氏は次から次へと発表していった。

　この時点から河合氏は、修業時代に別れを告げて、新たな物語をつくるべく船出したのであった。その新たな物語の内容については、別途まとめてみたいと考えているので、ここで触れることはしない。

　心理療法家としての河合氏について言えば、これ以降八面六臂の活躍をするとともに、後進の育成に心を砕いた。また心理療法士の資格を確固たるものにするために、努力の限りを尽くした。京都大学教授を退官するに当たって、河合氏はそれまでの長年にわたる心理療法の実際経験を基に、『心理療法序説』（岩波書店、一九九二年）をまとめる。

　実は、それに先立つ数年前の一九八七年一月に、私は次のような手紙を河合氏からもらっていた。お許し願って、その一部を引用する。

> 　新年早々お願いがあります。それは、小生、来年には六十歳になりますので、還暦祝に一仕事と考えています。それで、今年の十月から京大の後期の講義で心理療法特論をして、それをまとめて「心理療法序説」のような本にして、昭和六三年六月の還暦祝に間に合わしたいと考えています。
> 　それで厚かましいことですが、それを貴社から出版して頂くと、私としては真に嬉しいこ

となので、ここにお願いする次第です。心理療法に関する本を貴社から出して頂くことは、いろ〳〵と意義が深く、是非お願いしたいと思っています。

長い間心理療法をやってきて、最近になってようやく井筒〔俊彦〕先生のおかげで、自分のしていることの哲学的背景が大分明らかになってきたと感じています。そのような点に特に重点をおいて書いてみたいと思っています。井筒先生によって——明恵上人も——明らかにされた華厳哲学が、哲学的背景として、小生のやっていることにぴったりという気がしています。

残念ながら還暦には間に合わなかった同書だが、京大の退官記念に刊行することができた。ここには心理療法に対する河合氏の考えが、整理した形で述べられている。三十年間の体験と、そこで得られた蓄積がまとめられているのである。その意味で、大変重要な著作であると思うが、「はじめに」には、とりわけ重要なことが書かれている。

心理療法の行なっていることは、敢えて言えば「人間科学」とでも言うべきことになるだろう。心理療法は全人的な関与を必要とするもので、人間と人間との主観的なかかわりを不可欠とする。と言っても、自分の在り方を何らかの方法によって対象化することを怠っていると、まったくのひとりよがりになってしまう。そのようなときに、自分がよっている学派を明確にすることは、その対象化を行ないやすくする利点をもっている。

（中略）

ある学派を選ぶのは、それが正しいからではなく、自分にとって適切だから選ぶのである。あるいは、自分の判断を照らす適切な鏡として、それを選んでいるのである。

このようなことを自覚した上で、筆者はユング派に属していることを明らかにしておきたい。これは、C・G・ユングが行なった自己分析の方法と理論が、今までのところ自分にとって意味をもち、自分の心理療法の仕事を対象化して論じる際に、もっとも適切な理論をもつと筆者が判断していることを示している。従って、ユングの言ったことがすべて「正しい」とか、ユングの言ったとおりのことを自分がしなくてはならない、などと考えているのではないのである。

こうした言葉は、ユング研究所に留学して以来、三十年間の体験と蓄積があってはじめて言えるのであろう。私は、河合氏のこの文章を読んで、クロッパー先生やマイヤー先生のことを思わずにはいられなかった。真に優れた心理療法家とは、そうした存在なのだと思う。

また同書に河合氏が序説と付したことについて、すでに第一章で氏の意図について見たが、還暦を迎えた氏にとって、この本はまさに「はじまり」であることを意味していたのであった（「はしがき」）。

その言葉どおりに、河合氏は『心理療法序説』の後に、さらに多彩で豊かな仕事を続ける。それは、河合氏自身が新たな物語を語ることによって、それを読んだ読者に対して、それぞれの物語を語るように促すことでもあった。それは広い意味での心理療法の一部であったはずである。

一九九二年三月六日、東京・麹町の東條会館で、河合氏の京都大学退官と、二冊の著作（『心理療法序説』と『子どもと学校』）の同時刊行を記念して、「河合隼雄　その多様な世界」という〈講演&シンポジウム〉が開かれた。河合氏の講演「現代人と心の問題」に続いて、今江祥智、大江健三郎、中村桂子、中村雄二郎、柳田邦男の諸氏によるシンポジウム「河合隼雄とは？」が行なわれた。司会は私が務めた。この会合は、午後一時から七時三〇分までの長時間にわたる、熱気にあふれたものであった。

この講演の最後の部分で、河合氏は次のように言っている（『河合隼雄　その多様な世界——講演とシンポジウム』岩波書店、一九九二年）。

そうしますと、私の職業はどういう職業かというと、こられた方が自分の話をどうつくられるか、それを助けることです。だから、その人が話をつくられるのであって、私が理論をその人に適用するのではないということです。「フロイトによればこういう理論がありますから、あなたは理論的にいうとなにを抑圧しているのです」ということをいうのではなくて、こられた方が「私の人生をこうみていましたら、こう物語れるのです」というふうにいって、「しかも腹におさまったんです」「ああ、おさまりましたか」というところまでいかなくてはならない。そのあいだにもちろん私はいろいろ助けることができます。なぜ助けることができるかというと、私はたくさんの物語を知っているからです。そして不思議なことに、新しい物語はなかなか生まれてきません。

（中略）

……私という人間がその物語をつくり、私という人間が物語をつくるだけではなくて、物語を生きるということがあると思います。つまり生きながらつくっていくのです。いま現在つくっているのです。だから、その人の個性がそこに出てくるのではないか。ただしベーシック・パターンというか、深いパターンをみていくと、非常に普遍性をもっている。だからこそ、考え方がちがうようでも、お互いに相互理解ができるのではないかと私は思っています。

そういう相互理解ができるものを基本にしながら、私はこう生きていますというときに、「私が」ということがほんのちょっぴりでもあるということには、私がこの世に生きたということの意味があるのではないか。それが個性にかかわることではないかと思っています。

そういうことによって、地球の歴史、あるいは人類の歴史、まさに全体のコンステレーションのなかのひとつの星のようなものとして私たちが生きているということが意味づけられるのではないかと思っています。

## 5　約束を実行する

一九七〇（昭和四十五）年に初めて会って以来、二〇〇七（平成十九）年の河合氏の逝去に至るまでほぼ四十年間、私は氏に大変お世話になってきた。新書の『コンプレックス』以降、『昔話と日本人の心』をはじめとして、数多くの本を書いてもらった。「精神の科学」（全十巻別巻一、一九八三―八四年）、「転換期における人間」（全十巻別巻一、一九八九―九〇年）、「宗教と科学」（全十巻別巻二、一九九二―九三年）といった講座の編集委員もお願いした。講座といえば、河合氏の単独編集で「心理療法」（全八巻、二〇〇〇―〇一年）をつくってもらったが、これは『心理療法序説』を基に構想したものであった。

雑誌の対談や座談会に何回も出席してもらい、連載をお願いしたこともある。講演会や市民講座などでは、どれほど登場してもらったことか。そしてついには、著作集をI期（全十四巻、一九九四―九五年）、II期（全十一巻、二〇〇一年―〇四年）にわたって刊行することになる。

氏が文化庁長官に就任（二〇〇二年一月）して以後は、美術展のオープニングの際などに偶然顔を合わせることはあったが、会う機会は少なくなった。それでも、二〇〇三年には「グーテンベルクの森」という読書推進のための企画を出発させるに当たって、新年元旦用の『朝日新聞』の全面広告に、私が聞き手となって登場してもらったことがある。

そして二〇〇三年、河合氏のライフワークとも言うべき『神話と日本人の心』の「あとがき」では、序章に引用した文章の前後に、次のように書いてくれたのであった。

本書の出版に際し、ひとつ残念に感じるのは、この出版が岩波書店の大塚信一社長の退任後になったことである。やはり、長官の仕事のためもあったりして、予定より原稿執筆が遅れ、本来なら大塚社長の任期中の五月に出版するはずだったが、それを果たすことができなかった。ほんとうに申し訳なく思っている。

（中略）

その後、大塚さんの直接、間接のかかわりのなかで、岩波書店から多くの書物を出版していただいた。そのなかで、『昔話と日本人の心』（一九八二年）は、大塚さんの強いすすめと支援によってできたものであるが、ある意味では、それの続篇とも言える本書を同じ出版社から出版できるのは、ほんとうに嬉しいことである。

『神話と日本人の心』の企画を作ってから二十年もの後に、約束を果たしてくれた上で、このように書いてもらえたことは、編集者にとってこの上ない幸せである。

社長退任後、三年間という時間を置いた後に、私は『理想の出版を求めて――一編集者の回想1963-2003』を書いた。その中で河合氏の著作から引用したいと思い、許諾願いの手紙を出した。それに対する二〇〇六年七月十日、奈良西局の消印のあるハガキが、左に記すものである。これが河合氏からもらった最後の通信になった。

拝復

お便り拝見しました。

回想を出されるとか、大変嬉しく大いに期待しています。私こそ大塚さんにいろいろとお世話になった頃を思い出し感謝しています。引用はもちろんOK。他にもあればいちいち言って下さらなくとも御自由にして下さい。

一昨日も鈴木忠志さんのところで、大塚さんのこと話をしていました。出版を心待ちしています。


今度は、私の本が間に合わなかった。河合氏は二〇〇六年八月十七日に脳梗塞で倒れて手術を受け、入院していた。『理想の出版を求めて』の見本ができあがってから数日後の十月十二日、天理の病院に見舞いに行き、嘉代子夫人に本を手渡した。しかし、読んでもらうことはできなかった。「ぼくらは、いつも、手おくれでなければならないのだろうか？」という『影の獄にて』の最後の言葉が胸をしめつける。

私は、この本の最後に次のように書いた。


私は、X氏から一本の電話をもらったことで、四十年間編集者をしてきたことに大きな意味があった、と心の底から思った。と同時に、四十年間探し続けてきた〝ユートピア〟を、ついに垣間見ることができた、とも感じたのだった。そして正直にいうならば、この一事を言いたいがために、私は本書を書く気になった、ということもできる。

もう逝ってしまわれたので、言ってもよいだろう。X氏とは、河合隼雄氏だった。

河合氏は、第三章で見たように、シュピーゲルマンが分析料を一ドルにすると言った時に、大いに悩んだ。そのあげくに、一ドルという提案をありがたく受け入れるに当たって、河合氏はシュピーゲルマンに対して、「あなたがしてくれたことを、私はいつか必ず誰かにする」と約束したのだった。

その後四十年以上も、河合氏はその約束を心を病む人々に対して行なってきた、と私は思う。そして氏は、心を病む人にだけでなく、多くの人々に同様の行ないをしてきたと思われる。その中の一人に私も入っていた、ということだろう。

とするならば、河合氏の生涯は、シュピーゲルマンとの約束を実行するためのものだった、と言うことができるかも知れない。

# あとがき

一九九八年五月一日、私は、後に岩波新書『未来への記憶』（上・下）としてまとめられることになる、雑誌『図書』連載の最初のインタビューを行なった。

それは京都でのことだったが、その後足かけ四年間に約十回、東京をはじめいろいろな所で、つまり多忙を極める河合氏の都合に合わせて、インタビューを続けた。多くの場合、簡単な食事をとりながらのことだったので、昼食か夜の食事の時間をあてていたのだと思う。

河合氏には、あえて何の準備もせずにインタビューに臨んでもらうようにしていた。初回だけは、話をまとめるのに少し時間がかかった。が、それはあたかも〝記憶の底からいろんな事象を汲みあげる〟ための回路を構築するために必要不可欠な時間のように、私には思えた。二、三本のビールを飲み終わる頃には、その回路を通って興味尽きないさまざまな事象が、眼前に展開された。そう、実際に目の前にそうした事象を見る思いだった。以後、河合氏の回想は途切れることなく続いた。

インタビューをしている最中に、私は幾度となく、インタビューを専門にする心理療法家に対して問いを発することの意味を、考えずにはいられなかった。だから、本になった時に、河合氏が「あとがき」で次のように書いてくれたので、本当にホッとしたことを覚えている。

何しろ、大塚さんが聞き手ということなので、興に乗ってどんどんと話すことができた。不思議なことに、話しはじめると眠っていた記憶がつぎつぎと起こされてきて、やはり、「聞き手」の力というのを感じさせられた。話をしながら、その内容が結構、未来へもつながっていると感じ、「未来への記憶」というのは、本当にいい題だと思った。

本書は、『未来への記憶』を中心にして、その他の河合氏の著作を助けとしながら、河合氏が心理療法家となるまでの過程を辿ったものである。その過程を可能な限り具体的に辿ることによって、インタビューの時にはその意味が分らなかった多くの事象の真の意味が、理解できるようになった。

例えば、ロールシャッハについて。ロールシャッハの実践と研究が、河合氏にとってどんなに大きな意味を持っていたのか、私は本書を書き終わって初めて理解することができた。それは、ロールシャッハ研究がきっかけとなってクロッパー教授の所へ留学することになったという実際的なことだけではない。ロールシャッハ・テストを読み解くという営為は、ユング心理学の本質的理解と根底においてつながっていたのだ。

このように、今まで四十年近くも河合氏の仕事を見てきたのにもかかわらず、本書を書いたことによって初めて思い至るようになったことが、何と多いことか。とすると、本書を書くように仕向けたのは、ひょっとすると河合氏なのではないか。そして河合氏の兄弟に引き合わせてくれたのも、他ならぬ河合氏の力だとも思う。河合雅雄氏に会ったことで、どれほど深く私の河合氏理解が進んだか、とても言葉では表現できない。

本書を書き終わって考えざるを得なかったのは、すったもんだの資格取得の口頭試験の後にマイヤー先生が発した言葉のように、河合氏の半生を〝アレンジしたのは誰か？〟ということだった。それは本書で書いた如く、両親であり、兄弟であり、篠山や京都、ロサンゼルスやチューリッヒというトポスであり、多くの友人たちであり、家族であり、さらには近代日本のありようであったかも知れない。また、クロッパー、シュピーゲルマン、マイヤーといった先生たちであり、ひいてはC・G・ユングその人であったかも知れない。

そうした人々、トポス、時代が〝コンステレーション〟となって、河合氏の生き方をアレンジしたのだろう、と私は思う。同時に、河合氏の人知れぬ努力が、河合隼雄という稀有の心理療法家を誕生させたのに違いない。

本書を書きながら、『未来への記憶』のためのインタビューを、そのあれこれの場面を思い出さずにはいられなかった。換言すれば、約一年間ずっと河合氏と対話を重ねてきたとも言える。その意味では、なんと幸せな一年間であったことか。改めて、河合氏に心からのお礼を申し上げたい。

私が本書をまとめたいとお伝えすると、ご遺族の方々、とくに嘉代子夫人と河合雅雄氏はたいへん喜んでくださった。そして格段のご助力を頂戴することができた。お二人からご教示いただいたさまざまな事柄が、本書の骨格を成している。また河合氏の著作からの多くの引用と私信の公開を許してくださり、さらに未公刊のユング研究所の資格取得論文を読ませていただけたのは、実にありがたいことであった。加えて嘉代子夫人、河合俊雄氏、河合雅雄氏には、本書のゲラに目を通していただくことができた。そして貴重なご教示をいくつも頂戴した。（とは言え、万一本書に不備な点や誤りがあるならば、それはすべて私の責任である。）このお三人には、感謝の言葉を見つけることができない。深く頭を垂れるだけである。

少年時代の篠山の地図をつくり、その本書への掲載を認めてくださった河合雅雄・迪雄両氏に、衷心より感謝したい。

ご著作からの引用を許諾してくださった、河合雅雄、中井久夫、富山太佳夫氏およびその他の方々に、あつくお礼申し上げる。

本書もまた、トランスビュー社の中嶋廣氏にお世話になった。中嶋氏のおかげで、この困難な時代にもかかわらず、私の編集者体験に関わる四部作を完成させることができた。ありがたいことである。改めて衷心よりお礼申し上げたい。四冊の本すべてを手がけてくださった校正の三森曄子さん、装幀の高麗隆彦氏にも深謝する。

二〇〇九年　春

大塚信一

# 人名索引

**大塚信一**（おおつか　のぶかず）

1939年、東京に生まれる。63年、国際基督教大学卒業。同年、岩波書店入社。雑誌『思想』編集部をスタートに、岩波新書（青版・黄版）、「岩波現代選書」「叢書・文化の現在」「新講座・哲学」など数々のシリーズ・講座・著作集を世に送る。また84年、編集長として季刊誌『へるめす』を創刊、学問・芸術・社会にわたる知の組み換えと創造を図る。97年〜2003年、代表取締役社長。現在、つくば伝統民家研究会（古民家再生コンサルティング等）代表、社会福祉法人日本点字図書館理事、東アジア出版人会議最高顧問。著書に『理想の出版を求めて——編集者の回想1963-2003』『山口昌男の手紙—文化人類学者と編集者の四十年』『哲学者・中村雄二郎の仕事—〈道化的モラリスト〉の生き方と冒険』（いずれもトランスビュー）がある。

河合隼雄　心理療法家の誕生

二〇〇九年六月五日　初版第一刷発行

著　者　大塚信一

発行者　中嶋　廣

発行所　株式会社トランスビュー

東京都中央区日本橋浜町二-一〇-一

郵便番号一〇三-〇〇〇七

電話〇三（三六六四）七三三四

URL http://www.transview.co.jp

振替〇〇一五〇-三-四一一二七

印刷・製本　中央精版印刷



ISBN978-4-901510-75-2 C1011